La Cuisine Végétarienne pour tous

LA CUISINE
Végétarienne
POUR TOUS

KÖNEMANN

Murdoch Books®, a division of Murdoch Magazines Pty Ltd, 213 Miller Street, North Sydney,
NSW 2060

Editorial Director : Susan Tomnay
Creative Director : Marylouise Brammer
Editors : Wendy Stephen, Deirdre Blayney, Jane Price
Photographer (cover and special features) : Luis Martin
Stylist (cover and special features) : Rosemary De Santis
Food Editors : Kerrie Ray, Tracy Rutherford
Additional recipes : Jody Vassallo
Additional text : Maggie Pickering, Karen Hammial

Titre original : The Essential Vegetarian Cookbook

© 1997 pour l'édition française :
Könemann Verlagsgesellschaft mbH
Bonner Str. 126, D-50968 Köln
Traduction de l'anglais : Delphine Nègre, Paris
Réalisation : Bookmaker, Paris
Coordination éditoriale : Noémie de La Selle
Mise en pages : Atelier Régine Ferrandis
Chef de Fabrication : Detlev Schaper
Impression et reliure : Leefung Asco Printers Limited
Imprimé en Chine

ISBN : 3-89508-553-7

PRÉFACE

La cuisine végétarienne ne figure plus au rang des nourritures de second choix et n'est plus associée au concept de «riz complet-lentilles» qu'on lui attribuait autrefois. Nos habitudes alimentaires ont tellement évolué qu'en fait, nombreux sont ceux qui ne mangent pratiquement pas de viande sans se considérer pour autant comme de stricts végétariens, ni adhérer à une quelconque philosophie, ni encore obéir à des raisons de santé ou d'économie. L'engouement actuel pour la gastronomie, la découverte constante de multiples plats exotiques et la diversité croissante des légumes, des céréales, des fruits et des légumes secs s'allient pour faire de la cuisine végétarienne une activité aussi passionnante que créative qui développe le sens de ce qui est bon.

SOMMAIRE

L'AVENTURE VÉGÉTARIENNE

Une bonne alimentation végétarienne répond à toutes les exigences de la vie actuelle : elle est nutritionnelle, facile à préparer et très savoureuse. L'époque des légumes trop cuits et des variations infinies autour du soja est depuis longtemps révolue ; de nos jours, le menu végétarien est la gastronomie suprême d'un nombre croissant d'amateurs de tous âges et de tous milieux.

LE CHOIX VÉGÉTARIEN

On peut suivre un régime végétarien pour de multiples raisons, par exemple pour obéir à des principes d'éthique ou de santé, ou respecter des règles religieuses. Mais l'on peut tout aussi bien choisir une alimentation végétarienne pour des motifs esthétiques ou gastronomiques. La variété des ingrédients, l'abondance des plats et les possibilités innovatrices et nutritives de la cuisine végétarienne sont souvent négligées ou non reconnues par les amateurs de viande.

Dans les pays développés, la viande, et dans une moindre mesure la volaille et le poisson, a toujours constitué une solution de facilité, figurant généralement comme l'élément principal d'un repas. Cette tradition a favorisé l'alimentation peu variée et souvent mal équilibrée que nous connaissons, provoquant maints problèmes de santé liés à la surconsommation de graisses saturées. Une alimentation fondée sur la viande est un produit de l'abondance, et n'est pas forcément une bonne alimentation.

Nombreux sont ceux qui ont constaté un déséquilibre dans leur façon de se nourrir et tentent de modifier la quantité de viande incluse dans leur alimentation. C'est souvent ainsi que commence la découverte du végétarisme. À mesure que les personnes prennent confiance, expérimentent et découvrent les plaisirs de la cuisine végétarienne – la richesse des couleurs, des goûts, des textures et des arômes –, elles retrouvent leur vitalité et disent adieu à leurs problèmes de poids. D'autres constatent même un embellissement de la peau et une diminution de la constipation. C'est ainsi qu'elles finissent par éliminer définitivement la viande et le poisson de leur alimentation.

Le terme «végétarien» est très librement employé. Certains se déclarent végétariens (ou semi-végétariens) alors qu'ils consomment un peu de poisson ou de volaille, mais pas de viande rouge. D'autres, lorsqu'ils excluent toute viande et poisson de leur régime alimentaire. Les végétaliens, quant à eux, éliminent tous les produits d'origine animale, comme le lait, le fromage et les œufs, en plus de la viande. La plupart des végétariens, toutefois, consomment des œufs et des produits laitiers.

Les repas sans viande ne sont pas inévitablement fades ou ennuyeux. Ils peuvent être très variés, stimuler l'imagination et offrir parfois l'occasion de découvrir de nouvelles façons de cuisiner. La cuisine végétarienne, pourrait-on ajouter, offre maintes opportunités au cuisinier de développer ses talents de cordon-bleu.

À PROPOS DE L'OUVRAGE

Ce livre propose des recettes totalement dépourvues de viande ou de poisson, mais incorpore occasionnellement de la sauce de poisson en guise de condiment. Il ne s'agit pas d'un livre de cuisine végétalienne, aucune restriction n'étant faite sur les œufs, le beurre ou la crème. Toutefois, de nombreuses recettes conviendront aux végétaliens, en particulier celles à base de céréales. Cet ouvrage n'a pas non plus pour vocation de proposer des succédanés de viande. Les recettes s'adressent à quiconque aime préparer, servir et savourer une bonne cuisine.

Tous les plaisirs des aliments riches sont à la portée des végétariens : l'ouvrage comporte de nombreux desserts savoureux. Sans être un livre de régime ou de diététique, cet ouvrage a été conçu pour multiplier les

CI-CONTRE : ces Crêpes frites aux champignons (page 94) et ces Petites Crêpes au poivron et aux olives noires (page 95) prouvent que la cuisine végétarienne peut être tout aussi créative qu'appétissante.

possibilités culinaires et montrer que l'on peut être à la fois gourmet, bon cuisinier *et* végétarien.

PRINCIPES DE BASE

Quelques pièges sont à éviter lorsque l'on s'adonne aux joies de la cuisine végétarienne. En effet, avec la popularité croissante de ce type d'alimentation et en dépit de notre haut niveau de connaissance sur la nutrition, on ne profite pas toujours au mieux de son alimentation. Une fois ces lacunes comblées, l'expérience végétarienne se révélera aussi bénéfique qu'appréciable.

Si vous êtes végétarien depuis toujours, vous avez sûrement l'habitude de veiller à satisfaire vos besoins nutritionnels. En revanche, si vous êtes en période de transition entre la nourriture à base de viande et l'alimentation végétarienne, voici quelques principes importants à ne pas oublier.

● Il est parfaitement possible, et très facile, de vivre sainement en ne consommant que des produits végétariens. La clé réside dans la variété de l'alimentation : en mangeant autant d'aliments différents que possible, vous assimilerez toutes les substances nutritives nécessaires à votre organisme.

● Il est erroné de vouloir «remplacer» les substances nutritives fournies par la viande, le poisson ou la volaille. Un minimum de notions, de bon sens et d'enthousiasme envers les nouveaux aliments, ajouté à la volonté d'accroître votre répertoire culinaire et d'inclure des plats végétariens venus des quatre coins du monde, est plus important que toutes les connaissances scientifiques sur la nutrition.

● En incorporant des céréales, des légumes secs et frais, des fruits et, pour les non-végétaliens, des œufs et des produits laitiers dans votre alimentation, vous ne pourrez pas vous tromper.

● De nombreuses études ont prouvé que les populations ayant un régime riche en aliments non raffinés et en fibres, et pauvre en sel et en sucre, sont moins touchées par les problèmes cardio-vasculaires, intestinaux (cancer inclus), ou par le diabète et les calculs biliaires. Les produits complets non raffinés sont les meilleurs. (Le terme «non traité» est trompeur car beaucoup d'aliments doivent subir des changements avant de pouvoir être consommés, comme les pâtes, le riz, de nombreuses céréales et le pain, par exemple.)

● Il est important d'acheter des produits aussi frais que possible, afin que les éléments nutritifs n'aient pas le temps de se détériorer. Pour cette raison, et par souci d'économie, il est recommandé de s'habituer à consommer les produits de saison, lorsque les légumes et les fruits sont les plus sains et les moins chers.

● De même, il est sage de congeler certains fruits et légumes de saison. On peut confectionner des sauces à base de tomates et de poivrons rouges, préparer des compotes de fruits rouges ou à pépins et savourer leur goût tout au long de l'année.

ET POUR LES ENFANTS ?

Les enfants s'accommodent très bien d'un régime végétarien et, d'ailleurs, en font eux-mêmes le choix très tôt. En planifiant les repas d'un enfant végétarien, il est essentiel d'élargir au maximum la variété des aliments. La plupart des besoins nutritionnels des enfants seront ainsi satisfaits, mais il reste néanmoins quelques principes à garder à l'esprit.

Les légumes secs, consommés en même temps que des céréales, des graines ou des fruits oléagineux, fournissent des protéines complètes, indispensables au développement des enfants. Les possibilités sont multiples : haricots secs en toast, lentilles et riz, sandwich aux falafels, chili de haricots rouges accompagné de tortillas ou de tacos.

Les enfants en pleine croissance ont besoin d'aliments concentrés, riches en substances nutritives spécifiques, et doivent consommer plus de corps gras que les adultes. Ces corps gras sont disponibles notamment dans le beurre de cacahuètes, l'avocat, le fromage, le yaourt et les fruits oléagineux. La plupart des enfants aiment ces aliments sains et naturels, ce qui évite de recourir aux produits pauvres en apport nutritionnel, comme les gâteaux, les biscuits, le chocolat ou les chips de toutes sortes.

Assurez-vous que vos enfants prennent un bon petit déjeuner. Évitez les céréales traitées et sucrées. Si vous les habituez à manger du muesli maison et des tartines de pain complet, vous leur donnerez à suivre un modèle dont ils profiteront toute leur vie.

CI-DESSUS : une alimentation végétarienne n'est pas nécessairement stricte ou simplifiée. Ces Muffins à la fraise et aux fruits de la passion (page 278) constituent une délicieuse collation pour le thé ou le petit déjeuner.

LA PYRAMIDE DES ALIMENTS SAINS

Un régime végétarien non équilibré peut être tout aussi néfaste qu'une alimentation trop riche en viande. La pyramide végétarienne est un bon point de départ si vous souhaitez vérifier l'équilibre de votre alimentation. Ses principes sont très simples :

● À CONSOMMER ABONDAMMENT

CÉRÉALES : *blé, riz, orge, maïs, avoine, seigle, millet, sarrasin*

PRODUITS CÉRÉALIERS : *pâtes, pain, céréales complètes pour petit déjeuner*

FRUITS ET LÉGUMES FRAIS

● À CONSOMMER MODÉRÉMENT

PRODUITS LAITIERS : *lait, yaourt, fromage*

LÉGUMES SECS : *pois, haricots secs en tout genre, lentilles*

FRUITS OLÉAGINEUX : *noix, amandes…*

ŒUFS

● À PEU CONSOMMER

SUCRE, MIEL

BEURRE, CRÈME FRAÎCHE

MARGARINE, HUILES

ALCOOL, THÉ, CAFÉ

La pyramide facilite l'élaboration des repas. Chaque jour doit comporter une quantité prépondérante de produits de la catégorie « à consommer abondamment » : fruits, céréales et pain pour le petit déjeuner ; pain, salade ou légumes cuits et fruits pour le déjeuner ; plat principal à base de pâtes ou de riz pour le dîner, accompagné de pain ; et fruits pour le dessert ou en-cas.

De petites quantités de produits laitiers issus du groupe « à consommer modérément » peuvent être ajoutées aux repas (à moins que vous ne soyez végétalien) : yaourt pour le petit déjeuner ou le déjeuner, un peu de fromage pour le déjeuner ou le dîner. Le dîner peut se composer de plats nourrissants et de potages épais faits à partir de haricots secs ou de lentilles, ainsi que de savoureux mets à base d'œufs. Les fruits oléagineux constituent de très bons en-cas.

La catégorie « à peu consommer » donne la liste des aliments à consommer parcimonieusement : un peu de beurre ou de margarine au petit déjeuner, un filet d'huile d'olive sur votre salade ou pour faire revenir les oignons de votre plat du soir, et un verre de vin occasionnel au dîner. Une douceur de temps en temps ne fait pas de mal à condition, bien entendu, de ne pas en abuser. De même, le thé et le café doivent être bus avec modération.

Les repas s'équilibrent entre eux afin de répondre aux besoins journaliers. Par exemple, on peut com-

penser un déjeuner exceptionnellement riche par un dîner de légumes, de céréales et de fruits.

Le restaurant peut être un piège, mais il est facile de garder la pyramide à l'esprit en commandant son menu (salades, hors-d'œuvre, soupes et pain, et fromage et fruits pour le dessert), et de compenser tout excès involontaire en préparant ses repas chez soi.

Changer les habitudes de toute une vie ne se fait pas du jour au lendemain. Si votre alimentation quotidienne ne ressemble guère à ce que propose la pyramide, il vous est possible de procéder progressivement. Ne vous en faites pas si vos repas ne sont pas tous parfaitement équilibrés. Vous pourrez corriger les proportions au fil des semaines et vous accoutumer à acheter et cuisiner des produits plus sains afin de composer de nouveaux plats. Remplacez les produits raffinés par des aliments complets, les produits laitiers gras par des produits allégés. Vérifiez les étiquettes pour connaître la teneur en sel, en sucre et en matières grasses ainsi qu'en conservateurs. Amusez-vous à confectionner vos propres soupes et sauces, et mélangez vous-même les céréales du petit déjeuner au lieu de les acheter toutes prêtes. De cette façon, vous contrôlerez mieux ce que votre corps assimile.

En général, les enfants aiment se nourrir sainement. Les pâtes, les fruits, les yaourts, le beurre de cacahuètes, le fromage, le lait et les fruits secs sont autant de produits dont ils raffolent. Les difficultés surviennent uniquement lorsque l'on veut changer ses mauvaises habitudes ; mieux vaut le faire graduellement.

L'ÉLABORATION DES MENUS

Veillez à acheter et consommer des produits sains, calqués sur ceux de la pyramide. Achetez plusieurs variétés de riz, de couscous, de pâtes, différentes sortes de pains (à congeler, éventuellement), de céréales et de farines.

Habituez-vous à réapprovisionner régulièrement et systématiquement votre réserve de produits frais. Faites vos courses pour les repas de la semaine à venir, afin d'éviter tout gaspillage. Il est inutile de faire un stock de fruits ou légumes de saison à bas prix si c'est pour les laisser moisir au fond de votre réfrigérateur. Variez vos choix autant que possible afin de diversifier votre alimentation et de profiter pleinement de tous les apports nutritifs.

Achetez régulièrement du fromage, du lait, des yaourts et des œufs, tout en calculant la quantité nécessaire à votre alimentation sans qu'elle soit trop grasse.

Les aliments en conserve doivent également occuper une place de choix dans votre garde-manger : les haricots en boîte permettent de gagner beaucoup de temps. Les concentrés de tomate ou les tomates en boîte sont indispensables. Ayez toujours de l'huile d'olive – extra vierge pour le goût, de qualité moindre pour la cuisson – et une autre huile végétale. Les sauces en bocal comme le pesto, les sauces de pâtes et les sauces au piment rehausseront délicieusement tous vos plats.

LA PYRAMIDE VÉGÉTARIENNE

La pyramide végétarienne expose visuellement l'extraordinaire variété de produits qui s'offrent à vous. En suivant quelques principes simples, gastronomie et santé n'auront plus de secrets pour vous.

À PEU CONSOMMER

À CONSOMMER
MODÉRÉMENT

À CONSOMMER
ABONDAMMENT

LES GLUCIDES

L'importance majeure des glucides complexes dans une bonne alimentation ne doit pas être sous-estimée. Les glucides sont les principaux facteurs d'énergie. Ils se présentent sous forme d'amidon ou de sucres issus des céréales et de leurs produits (farine, pain et pâtes), des pommes de terre, des légumes secs et, dans une moindre mesure, des fruits oléagineux, ainsi que des fruits frais et des sucres.

Il existe sûrement encore des gens qui croient que les pommes de terre font grossir ; mais nous savons aujourd'hui qu'une bonne alimentation comporte une certaine quantité de pâtes, de riz, de pain, de céréales et de pommes de terre. Il est difficile de manger trop de glucides ; les problèmes de poids, en effet, proviennent essentiellement de la surconsommation de lipides, et non de glucides.

Il existe à l'heure actuelle toute une gamme de nouveaux produits céréaliers facilement disponibles : le couscous, le sarrasin et le triticale (hybride de blé et de seigle, dont le délicieux goût de noisette accommodera fort bien votre muesli maison). Tirez pleinement profit de ces céréales pour ajouter de la diversité à vos menus.

On trouve également de plus en plus de variétés de riz : le riz basmati ou riz au jasmin, le riz rond arborio indispensable à la confection du risotto, et le riz sauvage (une plante aquatique) qui, bien que cher, existe en mélange économique et savoureux.

Les fibres alimentaires contenues dans les produits glucidiques sont un atout, et moins un produit est traité, plus il en possède. La présence de fibres dans les glucides complexes permet à l'énergie des sucres d'être utilisée par le corps de façon graduelle, alors que les sucres raffinés sont immédiatement assimilés dans le sang et rapidement dépensés, ce qui diminue le niveau d'énergie. C'est pour cette raison que l'on se sent successivement euphorique et léthargique lorsque l'on consomme des produits sucrés. Les glucides complexes, qui sécrètent régulièrement de l'énergie, favorisent l'endurance.

ALIMENTS RICHES EN GLUCIDES COMPLEXES

- PAIN
- POMMES DE TERRE
- RIZ
- BLÉ
- ORGE
- MAÏS
- SARRASIN
- SEIGLE
- HARICOTS SECS
- LENTILLES
- BANANES
- PÂTES ALIMENTAIRES

LES SUBSTITUTS DU THÉ ET DU CAFÉ

Si vous souhaitez réduire votre consommation de caféine, il existe plusieurs délicieux substituts de café et de thé, disponibles aussi bien dans les supermarchés que dans les boutiques de produits diététiques. Les cafés décaféinés ayant été traités à l'eau plutôt que par voie chimique sont les meilleurs. Les substituts de café confectionnés à partir de céréales grillées ont un goût différent mais très agréable. On trouve également plusieurs variétés de thé à faible teneur en tanin. Le thé de Chine est pauvre en caféine et très rafraîchissant. Les infusions parfumées se consomment telles quelles ou additionnées d'un peu de miel ou de jus de citron. La farine de caroube remplace très agréablement le cacao, riche en caféine. Préparez votre boisson avec du lait écrémé et ajoutez un bâton de cannelle.

À la place des sodas, buvez des jus de fruits sans sucre ajouté, mélangés à de l'eau minérale, ou de l'eau minérale aromatisée au citron vert. On peut confectionner de nombreuses boissons rafraîchissantes à base de fruits et de yaourt en les passant au mixeur avec de la glace pilée. Pour un milk-shake sain et nourrissant, mélangez du lait écrémé, du yaourt, deux bananes très mûres et une pincée de noix de muscade. Essayez enfin un frappé, réalisé avec de la glace pilée et des fruits frais passés ensemble au mixeur. Le frappé à la mangue est tout simplement divin.

CI-DESSOUS : les pâtes sont l'une des meilleures sources de glucides. Combinées à des légumes verts frais ou surgelés, comme dans la recette des Spaghetti sauce primavera (page 116), elles constituent une source d'énergie rapide et facile.

LES FIBRES ALIMENTAIRES

Les fibres se composent de la cellulose contenue dans les fruits et les légumes. Les produits d'origine animale, comme les produits laitiers, le poisson, la volaille et la viande, sont totalement dépourvus de fibres, malgré leur consistance parfois filandreuse. Une alimentation végétarienne bien équilibrée, en revanche, est riche en fibres alimentaires.

Les fibres jouent, entre autres, un rôle de «balai» intestinal, en facilitant le transit des aliments. Elles empêchent la constipation et minimisent les risques de cancer et autres troubles intestinaux.

Les types de fibres ayant des fonctions différentes, il est important de varier l'alimentation au maximum. Certains types de fibres (surtout celles des fruits et des légumes) aident à réduire le taux de cholestérol. Toutefois, il ne suffit pas de couvrir ses céréales de son non traité pour le voir disparaître, comme on le croyait à une époque. Outre les désagréments liés à l'adaptation du corps envers cet apport inhabituel de fibres, l'absorption de son non traité entraîne un problème de taille : il contient de grandes quantités d'acide phytique, qui neutralise la consommation de fer. Les végétariens devant puiser leurs ressources en fer ailleurs que dans la viande, cette pratique doit être absolument bannie. Mieux vaut inclure plusieurs aliments riches en fibres dans chaque repas.

ALIMENTS RICHES EN FIBRES

- Pois et haricots secs
- Petits pois et haricots verts
- Choux
- Carottes
- Pommes de terre *(particulièrement avec la peau)*
- Épinards
- Maïs
- Céréales du type avoine et blé *(pour les céréales complètes, les germes et la balle doivent être inclus)*
- Produits céréaliers complets *(comme le pain complet)*
- Fruits secs *(comme les abricots)*
- Fruits frais *(en particulier les pommes, les bananes et les oranges. Il est essentiel de manger le fruit en entier, et pas simplement d'en boire le jus)*

UN MOT SUR LE SUCRE

La consommation excessive de sucre affecte la capacité de l'organisme à métaboliser les corps gras. Si vous mangez beaucoup de sucre, les corps gras que vous absorbez seront transformés en graisse au lieu d'être brûlés par l'activité.

Rares sont les personnes capables d'exclure intégralement le sucre de leur alimentation. Comme toutes les bonnes choses, le sucre est inoffensif en petite quantité ; un gâteau ou une confiserie de temps en temps ne fait pas de mal. Ce n'est que lorsque ces aliments prennent la place de produits

plus sains que les problèmes surviennent. Le sucre de canne, toutefois, est totalement dépourvu de vitamines et de sels minéraux. Si vous aimez le goût sucré, préférez les fruits de saison qui, outre du sucre, contiennent des fibres et autres substances nutritives. Ils sont également plus nourrissants que les autres produits sucrés et ne se prêtent donc pas à la surconsommation.

ACHETER INTELLIGENT

- NE JAMAIS faire ses achats alimentaires l'estomac vide. En effet, les produits riches en sucre et en graisses ne sont jamais aussi appétissants que lorsque l'on a faim.

- RÉSISTER aux produits gras et sucrés du supermarché empêchera d'avoir à y résister devant la télévision ou à tout autre moment de la journée.

- BANNIR les mauvais produits de votre cuisine est un moyen d'élever sainement vos enfants. S'il n'y a pas de chips dans la maison, ils mangeront des fruits.

- PRENEZ toujours le temps de lire les étiquettes des produits en conserve, en bocal ou surgelés. Certains contiennent énormément de sel, de sucre, d'huile et d'additifs. Par exemple, certaines marques de sauce tomate contiennent du sucre, d'autres pas.

CI-DESSUS : bien que le pain blanc contienne moins de fibres que le pain complet, il n'en est pas totalement dépourvu (certaines farines blanches sont d'ailleurs additionnées de fibres). Le Pain au citron et au poivre (page 228) est un exemple de pain sans levain rapide à confectionner. Sa croûte est moelleuse, il a un délicieux goût de fromage et contient beaucoup de fibres.

LES GLUCIDES

Les glucides complexes nourrissent et apportent les vitamines et les sels minéraux nécessaires à l'organisme, mais très peu de matières grasses. Ils sont économiques, savoureux, et devraient constituer 50 % de la ration journalière.

HARICOTS ROUGES CUITS
Glucides pour 100 g : 9 g
Lipides pour 100 g : 0,5 g

ORGE PERLÉE CUITE
Glucides pour 100 g : 21 g
Lipides pour 100 g : 0,9 g

FARINE DE MAÏS CUITE
Glucides pour 100 g : 40 g
Lipides pour 100 g : 1 g

HARICOTS DE LIMA CUITS
Glucides pour 100 g : 10,2 g
Lipides pour 100 g : 0,3 g

BOULGOUR IMBIBÉ
Glucides pour 100 g : 30 g
Lipides pour 100 g : 0,9 g

AVOINE CRUE
Glucides pour 100 g : 61 g
Lipides pour 100 g : 8,5 g

POIS CHICHES CUITS
Glucides pour 100 g : 13 g
Lipides pour 100 g : 2 g

MILLET SOUFFLÉ
Glucides pour 100 g : 77 g
Lipides pour 100 g : 2,9 g

LENTILLES CUITES
Glucides pour 100 g : 9,5 g
Lipides pour 100 g : 0,4 g

Pommes de terre cuites
Glucides pour 100 g : 10 g
Lipides pour 100 g : 0,1 g

Patates douces cuites
Glucides pour 100 g : 16,7 g
Lipides pour 100 g : 0,1 g

Pâtes cuites
Glucides pour 100 g : 24,6 g
Lipides pour 100 g : 0,3 g

Riz cuit
Glucides pour 100 g : 28 g
Lipides pour 100 g : 0,2 g

Haricots blancs cuisinés
Glucides pour 100 g : 11,2 g
Lipides pour 100 g : 0,5 g

Maïs cuit
Glucides pour 100 g : 20 g
Lipides pour 100 g : 1 g

Quinoa sec
Glucides pour 100 g : 70 g
Lipides pour 100 g : 3 g

Pain
Glucides pour 100 g : 47,3 g
Lipides pour 100 g : 2,5 g

LES FIBRES
ALIMENTAIRES aident

à la digestion et protègent contre certaines maladies. La ration journalière

recommandée est de 25 à 30 g.

FLOCONS D'AVOINE CUITS
Fibres pour 100 g : 1 g
Lipides pour 100 g : 2,2 g

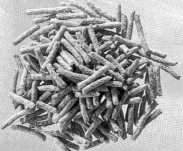

SON
Fibres pour 100 g : 28 g
Lipides pour 100 g : 4 g

NOISETTES
Fibres pour 100 g : 10 g
Lipides pour 100 g : 61 g

CACAHUÈTES
Fibres pour 100 g : 8 g
Lipides pour 100 g : 52 g

POIS CASSÉS CUITS
Fibres pour 100 g : 4 g
Lipides pour 100 g : 0,3 g

LENTILLES CUITES
Fibres pour 100 g : 3,5 g
Lipides pour 100 g : 0,7 g

NOIX
Fibres pour 100 g : 6 g
Lipides pour 100 g : 70 g

PISTACHES
Fibres pour 100 g : 10 g
Lipides pour 100 g : 50 g

GRAINES DE SOJA CUITES
Fibres pour 100 g : 7 g
Lipides pour 100 g : 7 g

HARICOTS SECS CUITS
Fibres pour 100 g : 8 g
Lipides pour 100 g : 2,2 g

PIGNONS
Fibres pour 100 g : 15 g
Lipides pour 100 g : 70 g

GRAINES DE CITROUILLE
Fibres pour 100 g : 25 g
Lipides pour 100 g : 15 g

HARICOTS ROUGES CUITS
Fibres pour 100 g : 11 g
Lipides pour 100 g : 0,3 g

RIZ COMPLET/SAUVAGE CUIT
Fibres pour 100 g : 2 g
Lipides pour 100 g : 0,9 g

GRAINES DE TOURNESOL
Fibres pour 100 g : 3,3 g
Lipides pour 100 g : 47 g

GRAINES DE SÉSAME
Fibres pour 100 g : 10 g
Lipides pour 100 g : 55 g

ABRICOTS SECS
Fibres pour 100 g : 10 g
Lipides pour 100 g : 0 g

DATTES SÉCHÉES
Fibres pour 100 g : 10 g
Lipides pour 100 g : 0 g

PETITS POIS FRAIS
Fibres pour 100 g : 7 g
Lipides pour 100 g : 0,6 g

MAÏS EN BOÎTE
Fibres pour 100 g : 3,2 g
Lipides pour 100 g : 1,2 g

FIGUES SÈCHES
Fibres pour 100 g : 14 g
Lipides pour 100 g : 1 g

PRUNEAUX
Fibres pour 100 g : 8 g
Lipides pour 100 g : 0 g

FÈVES
Fibres pour 100 g : 4,2 g
Lipides pour 100 g : 0 g

CHOUX DE BRUXELLES CUITS
Fibres pour 100 g : 3,5 g
Lipides pour 100 g : 0 g

RAISINS SECS
Fibres pour 100 g : 5 g
Lipides pour 100 g : 1 g

TAMARINS
Fibres pour 100 g : 4,6 g
Lipides pour 100 g : 0 g

BETTES CUITES
Fibres pour 100 g : 3,3 g
Lipides pour 100 g : 0 g

TOMATES
Fibres pour 100 g : 1 g
Lipides pour 100 g : 0 g

RAISINS DE SMYRNE
Fibres pour 100 g : 5 g
Lipides pour 100 g : 0 g

NOIX DE COCO FRAÎCHE
Fibres pour 100 g : 8 g
Lipides pour 100 g : 29 g

FRAISES
Fibres pour 100 g : 2,4 g
Lipides pour 100 g : 0 g

POTIRON CUIT
Fibres pour 100 g : 1,8 g
Lipides pour 100 g : 0,5 g

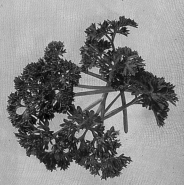

PERSIL
Fibres pour 100 g : 5 g
Lipides pour 100 g : 0 g

LES PROTÉINES

Personne n'a besoin d'une quantité considérable de protéines, mais tout le monde en a besoin d'un peu. Les enfants en pleine croissance et les femmes enceintes en ont un peu plus besoin que les autres.

Les protéines jouent un rôle essentiel dans la croissance des cellules, la réparation et la reproduction des tissus et la fabrication d'anticorps qui nous protègent des infections. Nos besoins journaliers sont cependant réduits.

Nous attachons souvent trop d'importance aux protéines en raison de nos mauvaises habitudes alimentaires. La vérité est que la plupart des sociétés industrialisées consomment beaucoup plus de protéines qu'elles n'en ont besoin, et tout surplus de protéines se transforme en graisse corporelle. Les populations les plus riches sont très rarement confrontées à des problèmes de carence protéique. Le vrai problème réside dans l'excès de matières grasses, de sucre et de sel.

La consommation de protéines d'origine végétale offre un avantage majeur : la haute teneur en fibres des légumineuses et des céréales met un frein à la suralimentation.

ASSOCIATION D'ALIMENTS ET PROTÉINES « COMPLÈTES »

Une protéine se compose de 23 acides aminés différents, c'est-à-dire de substances qui s'associent pour former ce que l'on appelle une protéine «complète». La digestion décompose les protéines complexes des aliments en ces unités simples que l'organisme peut utiliser pour fabriquer ses propres protéines. La protéine complète est celle dont le corps humain a besoin.

Les acides aminés apparaissent sous diverses combinaisons et proportions dans chaque aliment. L'organisme en tire un profit maximal si l'alimentation est adéquate. Toutefois, huit acides aminés essentiels ne peuvent être fabriqués par l'organisme, et ne s'obtiennent que par la nourriture. Certains aliments les ont en proportions presque exactes, ce qui permet à l'organisme de les utiliser immédiatement.

Les protéines d'origine animale – viande, œufs, fromage, poisson, volaille, lait et yaourt – fournissent tous les acides aminés essentiels et sont donc appelées «complètes».

Bien que le fromage et les œufs soient des protéines complètes, une consommation excessive de ceux-ci implique également une surconsommation de matières grasses (ceci, bien entendu, ne s'applique pas aux végétaliens). Les végétariens doivent donc trouver une autre solution au fromage.

Les légumes secs et les céréales contiennent certains acides aminés, mais pas tous. C'est pourquoi, s'ils sont consommés avec d'autres aliments, qui eux contiennent les acides aminés manquants – par exemple, une céréale avec un légume sec –, l'organisme les assimilera de façon à former des protéines complètes. Ces deux aliments n'ont pas besoin d'être consommés en même temps; il suffit qu'ils soient absorbés dans un intervalle de quelques heures.

La majorité des végétariens reconnaissent l'importance de puiser leurs protéines dans diverses sources. En suivant quelques principes simples, vous pourrez inventer une toute nouvelle et délicieuse nutrition. Les protéines des produits laitiers, des graines et des fruits oléagineux, des légumes secs et des céréales sont complémentaires, et la combinaison de deux aliments ou plus permet à l'organisme d'obtenir les protéines dont il a besoin.

La plupart des sociétés ont leur propre façon de combiner les aliments protéiques. Le dahl et le riz, les haricots et le maïs, l'houmous et la pitta sont toutes des associations de légumes secs et de céréales. On peut également effectuer les associations suivantes :

- PAIN COMPLET AU BEURRE DE CACAHUÈTES
- HARICOTS BLANCS EN SAUCE SUR DES TOASTS COMPLETS
- SOUPE DE POIS CASSÉS ET PAIN
- RIZ COMPLET ET POIS CHICHES
- RIZ ET TOFU
- TACOS DE MAÏS AUX HARICOTS ROUGES
- PÂTÉ DE LENTILLES ET PAIN
- PÂTES AU FROMAGE
- MUESLI AU LAIT
- HARICOTS SECS ET LÉGUMES FRAIS
- TABOULÉ
- TARTES AUX LÉGUMES : POMMES DE TERRE, ÉPINARDS...
- MUESLI AUX FRUITS OLÉAGINEUX
- POIS CHICHES ET COUSCOUS

CI-DESSOUS : les produits laitiers offrent une bonne source protéines complètes et, en les combinant à des céréales et à des légumes, comme dans cette Tarte de riz complet à la tomate fraîche (page 148), vous obtiendrez vitamines et glucides réunis dans un seul plat.

Le tofu et les autres produits dérivés du soja, ainsi que le germe de blé et la farine d'avoine, offrent des protéines presque complètes et sont les seuls aliments d'origine non animale dans ce cas.

SOURCES DE PROTÉINES

- PRODUITS LAITIERS : *fromage, lait, yaourt*
- GRAINES ET FRUITS OLÉAGINEUX : *tournesol, sésame, citrouille (graines), noix de pécan, noix du Brésil, noisettes, amandes, noix, noix de cajou, pignons*
- LÉGUMES SECS : *cacahuètes, pois, haricots, lentilles, pousses de soja et produits dérivés du soja comme le tofu et le tempeh*
- CÉRÉALES : *riz, avoine, maïs, blé et produits à base de farine, pâtes, couscous, seigle, orge*

La combinaison d'au moins deux aliments issus des groupes ci-dessus donnera suffisamment de protéines à l'organisme.

LES VÉGÉTALIENS

Les végétaliens – ceux qui ne consomment que des produits d'origine végétale et non animale (ni œufs, ni lait) – répondront à leurs besoins nutritifs moyennant un peu d'organisation. Les enfants végétaliens nécessitent une attention toute particulière, car leurs besoins sont légèrement différents. Les végétaliens doivent se montrer vigilants et consommer chaque jour plusieurs aliments de chacun de ces groupes :

- CÉRÉALES, *sous forme de pain, céréales de petit déjeuner, pâtes et riz*
- LÉGUMES SECS, *graines et fruits oléagineux, notamment le beurre de cacahuètes et le tahini, les haricots secs de toutes sortes (y compris les haricots blancs en sauce), les pois chiches, les produits dérivés du soja (tofu, tempeh, lait de soja renforcé au calcium et à la vitamine B12), surtout pour les enfants*
- LÉGUMES
- FRUITS FRAIS *et jus*

Les végétaliens doivent s'assurer de ne pas manquer de vitamine B12, présente surtout dans les produits d'origine animale, comme les œufs et les produits laitiers. Des compléments sont donc nécessaires, à moins de consommer du lait de soja fortifié. Les champignons sont également riches en vitamine B12, ainsi que le tofu.

Le lait de soja fournit aussi du calcium, comme certains légumes verts, les graines de sésame et le tahini, les amandes, le pain et les céréales enrichies en calcium.

Le fer que l'on trouve dans la viande et que les végétariens puisent dans les œufs existe également dans les légumes secs, les sous-produits du soja, les légumes verts, les céréales de petit déjeuner, les

graines et fruits oléagineux, à condition de varier au maximum les aliments. La quantité de fer disponible dans ces aliments est d'autant plus importante que vous les consommez en même temps que des aliments riches en vitamine C (oranges ou mûres).

Il ne faut jamais oublier que les enfants ont besoin d'une plus grande quantité de corps gras que les adultes, pour trouver l'énergie indispensable à leur croissance. Les enfants végétaliens pourront en obtenir en consommant du beurre de cacahuètes, des fruits oléagineux, des huiles végétales, du tahini et des avocats...

Les fruits secs et oléagineux, les graines et les jus de fruit frais constituent de délicieux en-cas.

| EXEMPLE DE MENU POUR VÉGÉTALIENS |

- PETIT DÉJEUNER : porridge (bouillie de flocons d'avoine) ou muesli avec des fruits et du lait de soja. Pain complet accompagné de confiture ou de beurre de cacahuètes
- DÉJEUNER : sandwich de pain complet aux crudités, ou salade de pois chiches ou de riz
- DÎNER : plat de légumes secs et céréales accompagné de légumes frais. Ou plat de légumes avec du pain complet, ou encore riz ou pâtes accompagné de salade
- DESSERT : fruits
- EN-CAS : fruits frais ou secs, crackers, graines oléagineuses, bâtonnets de crudités

CI-DESSUS : le Curry de pois chiches (page 134) est un excellent exemple de cuisine végétalienne. Servi avec des chapattis ou du naan, il est parfaitement équilibré, l'association de légumes secs et de céréales étant riche en protéines complètes.

LES PROTÉINES ASSOCIÉES

L'association des légumes secs et des céréales ou des fruits oléagineux fournit tous les acides aminés nécessaires à la fabrication de protéines complètes.

HARICOTS ROUGES ET RIZ

HOUMOUS ET PAIN LAVASH

SOUPE DE POIS CASSÉS ET PAIN

POIS CHICHES ET COUSCOUS

SALADE DE HARICOTS SECS
ET TABOULÉ

DAHL ET PITTA

CROQUETTE DE LENTILLES ET PAIN

TARTINE DE BEURRE DE CACAHUÈTES

FALAFELS ET PITTA

HARICOTS EN SAUCE ET PAIN

HARICOTS SECS ET CHIPS DE MAÏS

23

globules du sang et aux cellules nerveuses. C'est la seule vitamine qui peut faire défaut aux végétariens.

La vitamine B1 (thiamine) se trouve dans les graines de soja, le germe de blé, les graines de tournesol, les noix du Brésil, les pois et les haricots secs.

La vitamine B2 (riboflavine) s'obtient dans les produits laitiers, les champignons, les graines de soja, les légumes verts à feuilles, les amandes, les pruneaux et les dates.

La vitamine B3 (acide nicotinique) existe dans les champignons, les graines de sésame et de tournesol.

La vitamine B6 (pyridoxine) est présente dans les raisins secs (de Corinthe, de Smyrne), les bananes, les graines de tournesol et les graines de soja.

L'acide folique est extrait de la salade verte, des endives, des oranges, des noix, des amandes et des avocats.

La vitamine C accroît la défense contre les infections, facilite la cicatrisation et aide l'organisme à assimiler le fer de certains aliments. On la trouve dans les légumes verts à feuilles, les tomates, les poivrons, les mûres, les oranges, les fraises, les kiwis et les papayes.

Les vitamines A, D, E et K sont des vitamines liposolubles présentes dans les aliments tels que le lait, le beurre, le fromage, la margarine, les huiles végétales, les fruits et graines oléagineux. Pour ces vitamines, les carences sont rares.

Lorsqu'il est exposé à la lumière du soleil, le corps humain fabrique de la vitamine D, indispensable à l'absorption du calcium dans les os. La vitamine A est essentielle à une bonne vision, et à la bonne santé de la peau, des cheveux, des ongles et des membranes

LES VITAMINES ET LES MINÉRAUX

Les végétariens qui associent les aliments afin d'obtenir les protéines nécessaires à leur organisme peuvent manquer de certaines substances nutritives disponibles dans la viande. Il s'agit essentiellement des sels minéraux (fer, zinc et calcium) et de la vitamine B12.

Une alimentation riche en produits laitiers et en œufs fournira suffisamment de protéines, de riboflavine, de calcium, de fer, de vitamines et de sels minéraux. Les végétaliens, en revanche, doivent se montrer vigilants.

La fraîcheur d'un fruit ou d'un légume est essentielle. La plupart des substances nutritives se conservent assez bien dans les produits congelés.

L'absorption de compléments de vitamines et de sels minéraux est inutile si votre alimentation n'est pas équilibrée ; en effet, ils sont totalement inefficaces dans l'organisme en l'absence d'aliments adéquats.

LES VITAMINES

Le corps humain a besoin de vitamines du groupe B afin de métaboliser les aliments et de favoriser le fonctionnement du système nerveux. Ces vitamines proviennent des céréales complètes, du pain et des pâtes, des graines oléagineuses, des pois, des haricots, et des légumes verts à feuilles, des pommes de terre, des fruits, des avocats et des extraits de levure.

La vitamine B12, que l'on trouve dans les produits laitiers, les œufs, l'extrait de levure, la luzerne, les algues et le lait de soja fortifié, est indispensable aux

CI-DESSUS : les associations de légumes frais et de haricots, comme le Minestrone (page 40), sont gorgées de vitamines et de sels minéraux. Agrémenté d'un peu de parmesan, le potage offre quelques protéines supplémentaires.

PRÉPARATION ET CUISSON DES LÉGUMES

POUR CONSERVER les vitamines et les minéraux des légumes frais, lavez-les rapidement (sans les faire tremper), séchez-les et entreposez-les dans le bac à légumes de votre réfrigérateur. Autant que possible, utilisez-les non pelés et contentez-vous de les brosser. Arrosez les entailles de jus de citron, pour éviter tout brunissement. Gardez les peaux et les extrémités des carottes, par exemple, pour préparer du bouillon. Cuisez les légumes dans des casseroles en inox.

La cuisson détruit de nombreuses vitamines. Pour réduire les pertes, cuisez les légumes à la vapeur plutôt qu'à l'eau, ou mieux encore, passez-les au micro-ondes. Ainsi, ils conserveront leur couleur et leur valeur nutritive. Les légumes ont meilleur goût lorsqu'ils ne sont pas trop cuits. Gardez l'eau de cuisson pour d'éventuelles soupes ou sauces.

LES SUBSTITUTS DU SEL

ON CONSOMME généralement beaucoup plus de sel qu'on ne le devrait. L'excès de sel augmente la pression artérielle et les risques d'attaques cardiaques. Le sel doit être utilisé parcimonieusement et ne pas faire l'objet d'une habitude. Les sels d'herbes aromatiques ajoutent du goût et vous aident à réduire votre consommation. Saupoudrez vos légumes cuits ou crus d'herbes hachées, d'épices ou de jus de citron plutôt que de sel. Ou bien vous pouvez remplacer celui-ci par du gomasio, un mélange japonais de graines de sésame grillées et pilées, et de sel.

muqueuses. Elle favorise également la résistance aux infections. On la trouve dans les produits laitiers, les légumes verts et jaunes, en particulier les carottes, et dans les abricots, les poivrons rouges, le persil et les épinards. Une alimentation végétarienne normale est donc peu sujette aux carences. La vitamine E est un important antioxydant qui empêche la destruction des cellules. La vitamine K, enfin, favorise la coagulation sanguine.

Les végétariens n'ont pas besoin de prendre des compléments de vitamines, sauf avis médical contraire. Le secret d'une bonne alimentation végétarienne, riche en vitamines, réside dans la variété.

LES SELS MINÉRAUX

Le fer est essentiel à la formation des globules rouges. L'un des plus gros problèmes rencontrés par les végétariens est l'anémie due à une carence en fer. Ceci est encore plus vrai pour les femmes. Une alimentation végétarienne variée fournit suffisamment de fer si elle se compose de légumes secs (surtout de lentilles et de graines de soja), de céréales complètes et de leurs sous-produits, de graines et fruits oléagineux (pistaches, graines de citrouille, graines de sésame), de légumes verts à feuilles, de levure de bière, de germe de blé, de jaunes d'œufs, de fruits secs (abricots et pruneaux en particulier) et d'algues.

Le calcium est indispensable aux dents et aux os ainsi qu'au bon fonctionnement des muscles (y compris le cœur) et des nerfs. Le fromage, le lait, le yaourt et la crème fraîche sont riches en calcium, mais si vous essayez de réduire les corps gras de votre alimentation, sachez que ces mêmes produits allégés contiennent tout autant de calcium. Les œufs aussi sont riches en calcium.

Les végétaliens ont à leur disposition maints produits d'origine végétale contenant du calcium. Parmi les plus riches figurent les graines de sésame, que l'on peut saupoudrer sur ses céréales ou ses salades, ou consommer sous forme de tahini (pâte de sésame, l'un des composants de l'houmous). Les graines de soja contiennent du calcium, ainsi que la farine de soja, les figues, les fruits secs, les amandes, les graines de tournesol, les légumes vert foncé, le brocoli, la levure de bière, la caroube, la mélasse et les algues.

Les femmes ont plus besoin de calcium que les hommes et ce, dès le début de l'âge adulte. Une absorption régulière de calcium permet de fortifier les os en prévision de la ménopause. L'ostéoporose, une détérioration douloureuse et parfois paralysante des os, peut survenir si la consommation de calcium a été insuffisante pendant tout l'âge adulte. On peut prévenir l'ostéoporose, mais pas la guérir.

Le zinc joue un rôle essentiel dans la croissance, la cicatrisation et le métabolisme des protéines et des glucides. Le zinc est présent dans le germe de blé, la farine d'avoine, le fromage, le lait écrémé, la levure de bière, les figues sèches, les cacahuètes, les fruits oléagineux, les graines de sésame et de citrouille, le maïs et les pois. On en trouve également dans les mangues, les épinards et les asperges.

Le magnésium sert également au métabolisme des glucides. Il n'est pas altéré par la chaleur, mais il est soluble et fait donc encore effet si l'eau de cuisson est utilisée pour confectionner des bouillons et des sauces. Les carences en magnésium sont rares. Les fruits et légumes frais, les graines et fruits oléagineux, la levure de bière, les céréales complètes, les fruits et légumes secs, les graines de soja contiennent tous du magnésium.

L'iode, nécessaire au bon fonctionnement de la glande thyroïde, se consomme en très petite quantité ; on le trouve dans le sel iodé et les algues.

LES ALGUES

Il existe de nombreuses espèces d'algues comestibles et très riches en protéines, vitamines (dont la vitamine B12), calcium, potassium, fer et iode. Le nori, qui entre dans la composition du sushi, peut être cuit et servi en salades. Le wakamé se consomme comme un légume vert, et le kombu parfume les bouillons et les soupes. On trouve toutes ces algues sous forme déshydratée dans les magasins de produits diététiques.

CI-DESSOUS : une alimentation équilibrée et variée fournit généralement suffisamment de vitamines et de sels minéraux par jour. La Salade de lentilles méditerranéenne (page 146) est une façon originale et savoureuse de servir des lentilles.

LE PIÈGE DES LIPIDES

Les omnivores qui placent la viande au centre de leur alimentation tombent souvent dans un piège que les végétariens ignorent pour la plupart : la consommation de produits d'origine animale, dont le fromage et les œufs, entraîne une consommation excessive de corps gras, ou lipides, souvent responsable de graves troubles de la santé.

Les végétariens n'ont généralement pas de problèmes de poids, ayant une alimentation pauvre en graisses saturées. Cependant, il faut savoir qu'il existe de nombreuses sources de graisses saturées d'origine non animale, et qu'il vaut mieux les consommer avec modération. L'huile, la crème ou le lait de coco, très utilisés dans les produits industriels, sont quelques exemples d'aliments contenant des graisses saturées.

Les enfants en pleine croissance ont besoin de plus de corps gras que les adultes, mais peuvent les obtenir par le biais de nombreux produits végétariens sains, tels que le lait, les avocats, le beurre de cacahuètes, le yaourt et le fromage.

Tout le monde a besoin de graisse, les acides gras jouant un rôle majeur dans la formation des cellules du corps, en particulier celles du système nerveux. Il serait très nocif de vouloir éliminer tout apport lipidique, mais une alimentation variée suffit à fournir suffisamment de corps gras, sans effort particulier.

LES CORPS GRAS SAINS

Les graisses alimentaires proviennent de deux sources : les animaux et les plantes. Les graisses animales que les végétariens (à l'exception des végétaliens) peuvent consommer sont le beurre, le fromage, la crème fraîche, le yaourt et les jaunes d'œufs. Les végétaux fournissent de l'huile, de la margarine et autres corps gras solides. Les graisses contenant des acides gras essentiels et présentes dans des aliments riches en autres substances nutritives (comme l'olive et les huiles végétales, les graines et fruits oléagineux, les avocats, les céréales) sont préférables à celles que l'on trouve dans les aliments de restauration rapide, les gâteaux, les biscuits, les chocolats ou les glaces.

LES DIFFÉRENTS ACIDES GRAS

● Les acides gras saturés se solidifient à température ambiante. La plupart des graisses animales, comme le lard, le beurre et le saindoux, sont saturées. On pense que les acides gras saturés font monter le taux de cholestérol dit «mauvais» et font baisser le «bon» cholestérol. On les tient également pour responsables de certains cancers.

● Les acides gras polyinsaturés se trouvent dans les huiles de carthame, de tournesol, de maïs et de soja. Ils font baisser le taux de cholestérol sanguin. Ils sont liquides à température ambiante mais peuvent être transformés en margarines.

Les effets d'une consommation importante d'acides gras polyinsaturés sur le corps humain sont encore à l'état d'étude. On disait autrefois qu'ils avaient un effet bénéfique sur la quantité de cholestérol sanguin, mais l'on sait à présent que cet effet réduit autant le «bon» cholestérol que le «mauvais».

Consommée en abondance, la margarine contribuerait à la formation d'un acide gras impliqué dans les maladies cardio-vasculaires. De trop grandes quantités d'acides gras polyinsaturés peuvent aussi s'oxyder et former des radicaux libres dans le sang. Ceux-ci favorisent la détérioration des tissus et contribuent à la formation de plaques sur les parois artérielles. La consommation de fruits et de légumes diminue cet effet car ils contiennent des antioxydants.

● Les acides gras monoinsaturés ont récemment éveillé l'intérêt des diététiciens, pour plusieurs raisons. Lorsque l'on a commencé à remarquer que les habitants de pays comme l'Espagne ou l'Italie étaient moins sujets aux maladies cardio-vasculaires que ceux d'autres pays, on a tout de suite fait un rapprochement avec l'alimentation «méditerranéenne», riche en huile d'olive et pauvre en corps gras laitiers.

Les huiles d'olive et de colza sont très riches en acides gras monoinsaturés. Ces graisses réduisent le taux de «mauvais» cholestérol et accroissent le taux de «bon» cholestérol, et protègent donc des maladies cardio-vasculaires. En outre, il a été démontré que les populations employant l'huile d'olive comme base des matières grasses de leur alimentation ont moins de cancers du sein et de l'intestin, bien que la raison exacte de ce phénomène soit toujours ignorée.

CI-DESSOUS : pour réduire la quantité de corps gras de votre alimentation, ne supprimez pas totalement les graisses, mais consommez plus de légumes secs, de céréales et de légumes, qui sont consistants et nourrissants. La Moussaka aux haricots borlotti (page 152) contient du yaourt, des œufs et du fromage, mais chaque portion est si riche en substances nutritives qu'il est peu probable que vous consommiez d'autres matières grasses au cours du repas.

CONSOMMER MOINS DE GRAISSES

Les différents acides gras sont présents dans une grande variété d'aliments. Au lieu de se préoccuper du type d'acide gras consommé, mieux vaut essayer de déterminer la quantité globale de corps gras dans votre alimentation. Ceci veut dire qu'il ne faut pas oublier les graisses cachées dans les tartes, les chips, le chocolat (et la caroube), les gâteaux, les biscuits et tout autre produit industriel prêt à consommer. Beaucoup s'inquiètent de la quantité de sucre qu'ils absorbent, mais oublient que ces aliments sont également très riches en lipides.

Les repas pris à l'extérieur de chez soi, au restaurant comme à la boulangerie, peuvent facilement entraîner un excès de matières grasses. Pour mémoire, sachez que les lipides doivent constituer un quart de l'apport énergétique journalier, c'est-à-dire 30-40 g d'acides gras par jour pour les femmes et les enfants, et 40-60 g par jour pour les hommes. Les adultes très actifs et les adolescents ont besoin d'environ 70 g d'acides gras par jour, et les grands sportifs de 70 à 80 g.

Il existe également des graisses cachées dans certains produits dits «diététiques», comme le muesli grillé, qui contient beaucoup d'huile végétale. Les avocats et les fruits oléagineux sont eux aussi riches en acides gras et doivent être consommés avec modération. Souvenez-vous que les produits «pauvres en cholestérol» ne sont pas nécessairement dépourvus de matières grasses.

Le corps humain n'a besoin que d'une faible quantité d'acides gras, et les pays industrialisés en consomment généralement trop. Il est très important, aussi bien pour les amateurs de viande que pour les végétariens, de connaître la quantité d'acides gras qu'ils consomment. Les végétariens ne sont pas à l'abri des pièges tendus par les corps gras.

Les végétariens ont parfois l'impression illusoire de se nourrir sainement parce qu'ils ne consomment pas de viande ni de graisses associées. Mais un excès de fromage, de crème fraîche ou même d'huile végétale est tout aussi néfaste pour la santé.

La consommation excessive d'aliments frits entraîne un gain de poids, quelle que soit l'huile utilisée (d'origine animale ou végétale). La seule différence, c'est qu'un végétarien consommant beaucoup d'aliments frits à l'huile végétale et n'accroissant pas son activité physique pour brûler ces kilojoules prendra du poids sans augmenter son taux de cholestérol, ce qui n'est pas le cas d'un consommateur de viande.

Si votre poids vous préoccupe, sachez qu'il est plus important de connaître la quantité de corps gras contenus dans les aliments que vous consommez chaque jour, plutôt que d'essayer de compter les kilojoules (ou calories) de tous les aliments, ainsi qu'on le faisait encore récemment. Les kilojoules provenant des acides gras se transforment facilement en graisse corporelle, alors que ceux issus des glucides, par exemple, fournissent de l'énergie.

LES « SUPER-ALIMENTS »

Certains aliments sont considérés comme les «héros» de l'alimentation végétarienne en raison de leur haute teneur en substances nutritives essentielles, généralement disponibles dans la viande. Les inclure dans son alimentation, est une garantie contre les déficiences.

● LES LENTILLES contiennent des protéines, des fibres et des glucides complexes, ainsi que de la vitamine B, du potassium, du magnésium et du zinc.

● LES GRAINES DE SOJA ont les meilleures protéines de tous les légumes secs, quelques vitamines B, des acides gras polyinsaturés et des fibres.

● LES FLOCONS D'AVOINE sont riches en protéines, thiamine, niacine, fer, fibres et glucides.

● LE SON DE BLÉ est une excellente source de fibres solubles, de fer, de thiamine et de niacine.

● LES ŒUFS fournissent du fer, du phosphore, de la vitamine B12, des vitamines A et D et des protéines.

● LES ABRICOTS SECS contiennent du carotène (source de vitamine A), des fibres et de la vitamine C. Les amandes sont assez riches en huile monoinsaturée, en fibres alimentaires et en vitamines E.

● LE LAIT, LE YAOURT ET LE FROMAGE fournissent du calcium, du phosphore, des protéines et de la vitamine A. Le lait et le yaourt conservent la vitamine B, qui disparaît dans le traitement du fromage.

● LES ÉPINARDS ont des fibres et la plupart des vitamines et des sels minéraux présents dans la viande.

● LES GRAINES DE SÉSAME non décortiquées sont riches en calcium et contiennent de la vitamine E, du magnésium, du phosphate et du zinc.

● LE TOFU ET LE TEMPEH fournissent du magnésium, du calcium, du phosphore et du fer, ainsi que des protéines.

● L'EXTRAIT DE LEVURE est une source concentrée de vitamine B.

CI-DESSUS : le petit déjeuner est l'un des plus importants repas du végétarien. Le Muesli croustillant aux fruits secs (page 151) constitue une façon idéale de commencer la journée. C'est un véritable «super-aliment».

LES LIPIDES

Nous avons tous besoin de matières grasses, mais nous en consommons souvent trop. Il est conseillé aux hommes de limiter leur apport lipidique à 70 g par jour, et aux femmes à 50 g par jour.

CROISSANT
Lipides pour 100 g :
23,6 g

ŒUF
Lipides pour 100 g : 10 g

AMANDES
Lipides pour 100 g : 54,7 g

FRITES ÉPAISSES
Lipides pour 100 g : 10 g

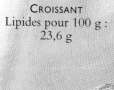

NOIX DE PÉCAN
Lipides pour 100 g : 72 g

NOIX DE MACADAMIA
Lipides pour 100 g : 7,6 g

PAIN
Lipides pour 100 g : 2,5 g

AVOCAT
Lipides pour 100 g : 22,6 g

MUESLI
Lipides pour 100 g : 9 g

BRETZELS
Lipides pour 100 g : 7,2 g

POMME DE TERRE AU FOUR
Lipides pour 100 g : 0,1 g

CHIPS DE MAIS
Lipides pour 100 g : 26,7 g

MUESLI GRILLÉ
Lipides pour 100 g : 16,6 g

FRITES FINES
Lipides pour 100 g : 20 g

Lait entier
Lipides pour 100 g : 3,8 g

Cheddar
Lipides pour 100 g : 33,8 g

Beurre
Lipides pour 100 g : 80 g

Lait écrémé
Lipides pour 100 g : 0,1 g

Camembert
Lipides pour 100 g : 29 g

Margarine
Lipides pour 100 g : 80 g

Huile (toutes sortes)
Lipides pour 100 g : 100 g

Ricotta allégée
Lipides pour 100 g : 4 g

Yaourt nature
Lipides pour 100 g : 4,4 g

Crème fraîche
Lipides pour 100 g : 37,7 g

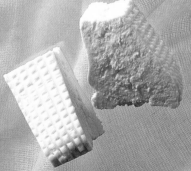

Ricotta
Lipides pour 100 g : 11,3 g

Yaourt nature allégé
Lipides pour 100 g : 0,2 g

Crème de coco
Lipides pour 100 g : 20 g

LES « SUPER-ALIMENTS »

Les aliments suivants sont très riches en substances nutritives qui pourraient faire défaut dans une alimentation végétarienne. La ration journalière est indiquée page ci-contre, en bas.

FLOCONS D'AVOINE CRUS
Protéines pour 100 g : 10,7 g
Fer pour 100 g : 3,7 mg
Zinc pour 100 g : 1,9 mg

GRAINES DE SOJA CUITES
Protéines pour 100 g : 13,5 g
Calcium pour 100 g : 76 mg
Fer pour 100 g : 2,2 mg
Zinc pour 100 g : 1,6 mg

AMANDES
Protéines pour 100 g : 20 g
Calcium pour 100 g : 250 mg
Fer pour 100 g : 3,9 mg
Zinc pour 100 g : 3,8 mg
Acide folique pour 100 g : 96 µg

GRAINES DE TOURNESOL
Protéines pour 100 g : 22,7 g
Calcium pour 100 g : 100 mg
Fer pour 100 g : 4,6 mg
Zinc pour 100 g : 6,4 mg

GRAINES DE SÉSAME
Protéines pour 100 g : 22,2 g
Calcium pour 100 g : 62 mg
Fer pour 100 g : 5,2 mg
Zinc pour 100 g : 5,5 mg

PERSIL
Calcium pour 100 g : 200 mg
Fer pour 100 g : 9,4 mg

SALADE FRISÉE
Acide folique pour 100 g : 330 µg

SON DE BLÉ
Fer pour 100 g : 12 mg
Zinc pour 100 g : 4,7 mg
Acide folique pour 100 g : 260 µg

LENTILLES CUITES
Protéines pour 100 g : 6,8 g
Calcium pour 100 g : 17 mg
Fer pour 100 g : 2 mg

EXTRAIT DE LEVURE
Protéines pour 100 g : 24,4 g
Zinc pour 100 g : 5,1 mg
Vitamine B12 pour 100 g : 5 µg

YAOURT
Protéines pour 100 g : 5,8 g
Calcium pour 100 g : 195 mg

ŒUF
Protéines pour 100 g : 13,2 g
Calcium pour 100 g : 43 mg
Fer pour 100 g : 1,8 mg
Vitamine B12 pour 100 g : 1,7 µg

TEMPEH
Protéines pour 100 g : 19 g

ÉPINARDS
Calcium pour 100 g : 53 mg
Fer pour 100 g : 3,2 mg
Zinc pour 100 g : 0,6 mg
Acide folique pour 100 g : 120 µg

CHEDDAR
Protéines pour 100 g : 26 g
Vitamine B12 pour 100 g : 1,5 µg
Acide folique pour 100 g : 60 µg

TOFU
Protéines pour 100 g : 10 g

ABRICOTS SECS
Calcium pour 100 g : 67 mg
Fer pour 100 g : 3,1 mg
Zinc pour 100 g : 0,8 mg

LAIT
Protéines pour 100 g : 3,3 g
Calcium pour 100 g : 120 mg

Rations journalières recommandées : Fer, 7 mg (hommes) et 12-16 mg (femmes) ; vitamine B12, 2 µg ;
acide folique, 200 µg ; protéines, 55 g (hommes) et 45 g (femmes) ; calcium, 800 mg ; zinc, 12-16 mg.
(Ces quantités varient pour les femmes enceintes, qui allaitent ou qui ont plus de 54 ans.)

CI-DESSUS : la découverte de nouveaux aliments et de nouvelles associations est l'un des grands plaisirs de la cuisine végétarienne. Il est d'ailleurs bien difficile de s'enfermer dans la routine devant une telle variété de produits à goûter. Si vous ne connaissez le potiron qu'en soupe, essayez cette délicieuse recette d'inspiration asiatique, le Potiron au piment et à l'avocat (page 199).

UN MONDE DE SAVEURS

L'une des grandes qualités de la cuisine végétarienne est sa variété. Il existe d'innombrables produits étrangers et exotiques que l'on peut inclure dans son alimentation pour élargir ses recettes et accroître ses talents de cuisinier. Et l'on se rend bien vite compte des limites de l'alimentation occidentale traditionnelle.

De nombreuses cultures ont une alimentation à prédominance végétarienne ou exclusivement végétarienne, et ce pour des raisons aussi bien économiques que religieuses. La cuisine de ces pays est souvent délicieuse et facile à maîtriser.

Certains plats constituent des exemples parfaits d'associations d'aliments, à la fois nutritives et gastronomiques : les tortillas et les haricots du Mexique, le tofu, le tempeh et le riz d'Orient, l'houmous et le pain lavash ou la pitta du Moyen-Orient, le couscous et les pois chiches d'Afrique du Nord et du bassin méditerranéen, etc.

La cuisine asiatique est l'une des plus intéressantes sources d'aliments végétariens. Si vous n'avez jamais goûté à la cuisine asiatique, le végétarisme est une excellente occasion de le faire.

De nombreuses spécialités végétariennes exotiques peuvent être servies en accompagnement, en plat de résistance, en repas léger ou en en-cas. Quelques notions suffisent, ainsi que certains ingrédients spécifiques et des idées sur les parfums et les textures. Vous découvrirez alors peut-être l'un des plus grands avantages de l'alimentation végétarienne : l'opportunité de cuisiner et de consommer toute une palette de saveurs, de couleurs et de textures. La cuisine végétarienne est tout sauf ennuyeuse.

RÉVEILLER SES PAPILLES

Le goût incomparable des aliments frais et complets peut être agrémenté d'épices et de condiments, comme la harissa, le chermoula, les pâtes de piment et les mélanges épicés pour curry. Les herbes aromatiques sont indispensables, ainsi que les pickles, les chutneys, les moutardes et autres sauces épicées.

Quelques herbes et épices se marient particulièrement bien avec certains aliments :

- LE BASILIC *avec les tomates et le fromage*
- LA CANNELLE, LA CARDAMOME, LE CLOU DE GIROFLE *avec le yaourt, la crème fraîche et les laitages*
- LE CLOU DE GIROFLE *avec les oranges*
- LA CIBOULETTE *dans les potages, les sauces chaudes ou froides, les salades et les sandwichs ; avec les œufs, les pommes de terre et le fromage*
- L'ANETH *dans les salades et avec les pommes de terre et les plats à base d'œufs*
- LES FINES HERBES *hachées avec les pâtes et le riz*
- LE GINGEMBRE *avec les carottes*
- LA CITRONNELLE *dans les plats de riz et les sauces asiatiques*
- LE THYM CITRONNÉ *dans les salades et avec les légumes cuits*
- L'ORIGAN ET LA MARJOLAINE *avec les œufs, le chou-fleur et les tomates ; dans les salades et les marinades*
- LA MENTHE *avec les pommes de terre, le riz et dans le taboulé*
- LE PAPRIKA *avec les œufs, le fromage et dans les plats en sauce*
- LE PERSIL *dans les salades et avec les tomates*
- LE ROMARIN *avec les aubergines, les tomates et les courgettes*
- LA SAUGE *dans les plats de haricots, de fromage ou d'œufs et dans les salades*
- L'AIL *avec à peu près tous les aliments salés*

Remplissez votre garde-manger avant d'étudier les possibilités infinies de la cuisine végétarienne. Ainsi, vous aurez à portée de main les ingrédients nécessaires à toutes les recettes inimaginables.

De nos jours, la plupart des supermarchés proposent une grande variété de produits, mais n'oubliez pas d'explorer les épiceries fines, les boutiques et marchés asiatiques ou spécialisés, en particulier pour les condiments et les assaisonnements rares.

SERVIR UN REPAS VÉGÉTARIEN

Les vieilles habitudes sont difficiles à éradiquer, tout comme la tradition de la viande accompagnée de légumes. Toutefois, la cuisine végétarienne est loin d'être compliquée. Lorsque la viande (ou la volaille ou le poisson) ne forme plus le centre d'un repas, il est beaucoup plus facile de servir une sorte de repas-buffet. De nombreuses cuisines ethniques se présentent ainsi, avec des plats différents et complémentaires, que chaque convive agrémente à sa manière.

Les aliments végétariens fournissent l'occasion de transgresser toutes les règles du repas classique. On peut par exemple servir les entrées en guise de plats de résistance ou vice versa, et faire d'une soupe le centre du repas. À l'exception des potages et des hors-d'œuvre, qui sont groupés ensemble pour donner quelques idées de repas légers, cet ouvrage ne divise pas les recettes de façon traditionnelle, en entrée, plat et dessert. Toutes les recettes peuvent être utilisées selon ses goûts et ses envies.

Jouez avec les couleurs et les textures autant qu'avec les goûts et les valeurs nutritives. Servez le Gratin de pommes et pommes de terre (page 164) ou le Gratin de chou-fleur et de pâtes (page 166)

avec de la salade verte ou des légumes verts craquants, comme les asperges ou les pois mange-tout, afin de varier les couleurs et les textures. De même, rendez vos plats de légumes et vos salades plus appétissants et nutritifs en les parsemant de graines ou fruits oléagineux pilés. Le mélange de graines de citrouille et de sésame agrémentées de sauce de soja et grillées au four est délicieux avec une salade de concombres ou une simple salade verte, et se conserve plusieurs mois au réfrigérateur, dans un récipient hermétique. Enfin, n'hésitez pas à servir toutes sortes de pain avec les aliments végétariens, notamment les pains plats comme le lavash, les chapattis, les rotis, les poppadums, les tortillas et la pitta.

COMMENT UTILISER CET OUVRAGE

PRÉSENTATION DES RECETTES
Les recettes sont divisées en plusieurs étapes, afin d'en faciliter la lecture et la réalisation.

RECETTES RAPIDES
Toutes les recettes dites rapides peuvent se faire en moins de 30 min. Elles figurent dans l'index sous l'entrée Recettes rapides.

NOTES MARGINALES
Les notes marginales contiennent des recettes rapides, donnent des explications sur un ingrédient particulier ou un simple historique. Elles permettent de s'informer tout en se divertissant.

ILLUSTRATIONS PAS À PAS
D'un bout à l'autre de l'ouvrage, des instructions et des photos pas à pas illustrent certaines techniques particulières à la cuisine végétarienne.

PAGES SPÉCIALES
Douze pages spéciales sont consacrées à certains aliments frais tout particulièrement adaptés à la cuisine végétarienne.

CUILLERÉES
Une cuillerée à soupe correspond à une mesure de 20 ml. Si vous utilisez des cuillères de 15 ml, la différence sera pratiquement négligeable pour la plupart des recettes. Toutefois, dans les recettes utilisant de la levure, du bicarbonate de soude, de toutes petites quantités de farine et de Maïzena, ajoutez une cuillerée à café supplémentaire pour chaque cuillerée à soupe.

TASSES
Lorsque les ingrédients sont mesurés par tasse, il s'agit d'une tasse de 250 ml.

RÉGLAGE DU FOUR
Les temps de cuisson peuvent varier légèrement d'un four à l'autre. Vérifiez les instructions du fabricant afin de maîtriser au mieux le réglage des températures.

NOTATION PAR ÉTOILES
Lorsque nous testons nos recettes, nous les notons en fonction de leur facilité de préparation. Les symboles « étoile » s'appliquent à toutes les recettes de l'ouvrage afin d'en faciliter l'utilisation.

★ Une seule étoile indique que la recette est simple et généralement rapide à faire (idéal pour les débutants).

★ ★ Deux étoiles indiquent qu'un peu d'attention est exigée, ou peut-être un peu plus de temps.

★ ★ ★ Trois étoiles désignent les plats spéciaux requérant un plus grand investissement en temps, en attention et en patience, mais pour un résultat exceptionnel. Même les débutants peuvent s'atteler à ces recettes, à condition de bien les suivre.

POTAGES ET HORS-D'ŒUVRE

Avouons-le : qui parmi nous n'a jamais eu envie de commander deux (voire trois) entrées au lieu d'une seule suivie d'un plat principal ? Pour les végétariens, les entrées sont toujours plus tentantes et offrent multiples possibilités de combinaisons. Ce chapitre vous donne tout loisir de répondre à vos impulsions et d'associer un potage consistant à un hors-d'œuvre savoureux. Quelles que soient les combinaisons choisies, elles formeront toujours un délicieux repas.

SOUPE AU PISTOU

Préparation : 45 min
Cuisson : 35 à 40 min
Pour 6 à 8 personnes

★

2 oignons moyens

1 poireau

3 brins de persil frais

1 gros brin de romarin frais

1 gros brin de thym frais

1 gros brin de marjolaine fraîche

60 ml d'huile d'olive

1 feuille de laurier

350 g de potiron détaillé en dés

250 g de pommes de terre détaillées en dés

1 carotte moyenne coupée en deux dans le sens de la longueur puis émincée

2 petites courgettes émincées

1 cuil. à café de sel

2 l d'eau ou de bouillon de légumes

90 g de fèves fraîches ou surgelées

80 g de petits pois frais ou surgelés

2 tomates pelées et grossièrement hachées

45 g de pâtes « coquilles » (conchiglioni)

CI-DESSUS :
Soupe au pistou

Pistou

15 g de basilic frais

2 grosses gousses d'ail écrasées

1/2 cuil. à café de poivre noir

3 cuil. à soupe de parmesan frais râpé

80 ml d'huile d'olive

1 Émincer finement les oignons et le poireau. Attacher le persil, le romarin, le thym et la marjolaine à l'aide d'une ficelle. Chauffer l'huile dans une casserole à fond épais et faire revenir les oignons et le poireau 10 min.

2 Ajouter le bouquet garni, le laurier, le potiron, les pommes de terre, la carotte, les courgettes, le sel et l'eau (ou le bouillon). Couvrir et laisser mijoter 10 min, jusqu'à ce que les légumes soient presque tendres.

3 Ajouter les fèves, les petits pois, les tomates et les pâtes. Couvrir et laisser cuire 15 min jusqu'à ce que les pâtes soient tendres (ajouter de l'eau si nécessaire). Ôter le bouquet garni et la feuille de laurier.

4 Pistou : passer le basilic, l'ail, le poivre et le fromage 20 s au mixeur. Verser l'huile peu à peu sans cesser de mixer. Réfrigérer. Réchauffer la soupe et la servir avec une cuillerée de pistou.

SOUPE AU CRESSON

Préparation : 15 min
Cuisson : 15 à 20 min
Pour 4 à 6 personnes

1 oignon

4 petits oignons blancs

450 g de cresson

100 g de beurre

40 g de farine

750 ml de bouillon de légumes

300 ml d'eau

Sel et poivre

Crème fraîche pour la garniture

1 Hacher grossièrement l'oignon, les petits oignons et le cresson. Chauffer le beurre dans une grande casserole et faire revenir les oignons et le cresson 3 min à feu doux, jusqu'à ce qu'ils soient tendres.
2 Ajouter la farine et bien remuer. Verser le bouillon et l'eau peu à peu sans cesser de remuer jusqu'à ébullition et épaississement. Laisser mijoter à couvert pendant 10 min à feu doux, jusqu'à ce que le cresson soit tendre. Laisser légèrement refroidir.
3 Passer le mélange au mixeur, en plusieurs étapes. Avant de servir, réchauffer doucement la soupe et l'assaisonner. Garnir d'une cuillerée de crème fraîche et d'un peu de cresson frais.

BOUILLON DE LÉGUMES
(pour 1,5 l)

PRÉCHAUFFER LE FOUR à 210 °C. Faire chauffer 2 cuil. à soupe d'huile dans un plat à four; ajouter les légumes suivants, pelés et coupés en dés : 4 gros oignons, 5 belles carottes et 2 gros panais. Remuer pour les enduire d'huile et faire cuire 30 min. Transférer les légumes cuits dans une cocotte. Ajouter 5 branches de céleri émincées (y compris les feuilles), 2 feuilles de laurier, un bouquet garni frais, 1 cuil. à café de grains de poivre noir et 3 l d'eau. Porter à ébullition, baisser le feu et laisser mijoter 1 h à découvert, jusqu'à ce que le liquide ait réduit de moitié. Passer le bouillon au chinois fin et éliminer les légumes. Laisser refroidir avant de réfrigérer. Ôter le gras solidifié en surface.

CHOWDER AU MAÏS

Préparation : 15 min
Cuisson : 30 min
Pour 8 personnes

90 g de beurre

2 gros oignons finement ciselés

1 gousse d'ail écrasée

2 cuil. à café de graines de cumin

1 l de bouillon de légumes

2 pommes de terre moyennes pelées et hachées

250 g de maïs en conserve

400 g de grains de maïs frais

2 cuil. à soupe de persil frais haché

125 g de fromage râpé

Sel et poivre noir fraîchement moulu

3 cuil. à soupe de crème fraîche (facultatif)

2 cuil. à soupe de ciboulette fraîche hachée

1 Chauffer le beurre dans une cocotte. Ajouter les oignons et faire revenir 5 min à feu moyen. Ajouter l'ail et le cumin et faire cuire 1 min sans cesser de remuer. Verser le bouillon de légumes et porter à ébullition. Ajouter les pommes de terre et baisser le feu. Laisser mijoter 10 min à découvert.
2 Ajouter les maïs et le persil. Porter à ébullition, baisser le feu et laisser mijoter 10 min. Incorporer le fromage, le sel, le poivre et la crème fraîche. Laisser cuire à feu doux jusqu'à ce que le fromage fonde. Servir immédiatement, saupoudré de ciboulette.

CHOWDER
Le chowder est un potage épais, généralement à base de lait, avec des légumes, du poisson ou du poulet. Le terme anglais vient du français chaudière, le pot en cuivre dans lequel les femmes de pêcheurs confectionnaient une soupe communale avec la pêche de leurs maris, afin de célébrer leur retour.

CI-DESSUS : Chowder au maïs

GASPACHO
(SOUPE FROIDE ESPAGNOLE)

Préparation : 20 min
Cuisson : 10 à 15 min
Pour 6 à 8 personnes

1 oignon rouge

3 tomates

1/2 concombre moyen

1/2 poivron vert épépiné

1/2 poivron rouge épépiné

1 gousse d'ail écrasée

900 ml de jus de tomate

1/2 cuil. à café de sucre

Sel et poivre

60 ml d'huile d'olive

60 ml de vinaigre de vin blanc

Croûtons à l'ail

6 tranches de pain de mie blanc

60 ml d'huile d'olive

1 gousse d'ail écrasée

1 Détailler finement l'oignon, les tomates, le concombre et les poivrons. Les mettre dans un saladier avec l'ail.

2 Incorporer le jus de tomate, le sucre, le sel, le poivre et le mélange d'huile et de vinaigre. Bien remuer ; réfrigérer. Servir la soupe froide, avec un bol de croûtons à l'ail.

3 Croûtons à l'ail : préchauffer le four à 180 °C. Ôter la croûte du pain et le couper en cubes de 1 cm. Les arroser du mélange d'huile et d'ail et bien remuer. Les disposer sur une plaque de four et les faire dorer 10 à 15 min en les retournant deux fois.

RECETTE RAPIDE : SOUPE DE COURGETTES
(pour 4 personnes)

FAIRE REVENIR un oignon finement haché dans 30 g de beurre. Ajouter 4 courgettes râpées et 2 gousses d'ail écrasées ; faire revenir en remuant 2 à 3 min, jusqu'à ce que les légumes soient tendres. Verser 1 l de bouillon de légumes, porter à ébullition, baisser légèrement le feu et laisser mijoter 10 min à découvert. Incorporer 60 ml de crème fraîche et assaisonner à votre goût. Servir immédiatement.

RECETTE RAPIDE : SOUPE DE HARICOTS ÉPICÉE (pour 4 personnes)

FAIRE REVENIR un oignon haché dans un peu d'huile. Ajouter 2 gousses d'ail écrasées et 1/2 cuil. à café de piment en poudre et faire sauter 1 min en remuant. Ajouter 2 boîtes de 425 g de haricots secs variés, rincés et égouttés. Incorporer 1/2 l de bouillon de légumes et 400 g de purée de tomates en conserve. Bien faire chauffer le tout. Assaisonner à votre goût. Garnir d'un mélange d'œuf dur et de persil hachés, et servir.

Remarque : on trouve des mélanges de haricots secs (rouges, blancs et cannellini) en conserve, mais l'on peut utiliser un seul type de haricots.

POTAGE AUX ÉPINARDS ET AUX LENTILLES

Préparation : 10 min
Cuisson : 1 h 25
Pour 4 à 6 personnes

370 g de lentilles brunes

1,25 l d'eau

2 cuil. à café d'huile d'olive

1 oignon moyen finement émincé

2 gousses d'ail écrasées

20 feuilles d'épinards sans tiges, finement émincées

1 cuil. à café de cumin moulu

1 cuil. à café de zeste de citron râpé

500 ml de bouillon de légumes

500 ml d'eau

2 cuil. à soupe de coriandre fraîche finement hachée

1 Mettre les lentilles dans une grande casserole d'eau salée. Porter à ébullition puis laisser mijoter 1 h à découvert. Rincer, égoutter et réserver. Dans une autre casserole, chauffer l'huile et faire revenir l'oignon et l'ail à feu moyen. Ajouter les épinards et faire cuire 2 min.

2 Ajouter les lentilles, le cumin, le zeste de citron, le bouillon et l'eau. Laisser mijoter 15 min à découvert. Ajouter la coriandre et bien remuer. Assaisonner si besoin et servir immédiatement.

PRÉPARATION DES HARICOTS SECS OU DES POIS CASSÉS

1 Mettre les haricots dans un grand saladier et couvrir d'une grande quantité d'eau. Laisser tremper 4 h ou le temps indiqué sur le paquet, puis égoutter.

2 Verser les haricots dans une casserole et les couvrir d'eau fraîche. Porter à ébullition et laisser mijoter à feu doux. Ôter régulièrement l'écume qui se forme en surface.

3 Si le jus de cuisson réduit trop, ajouter de l'eau bouillante. Lorsque les haricots sont tendres, les égoutter dans une passoire et les utiliser pour la recette de votre choix, comme la soupe de haricots épicée.

PAGE CI-CONTRE :
Gaspacho

MINESTRONE

Préparation : l nuit de trempage + 30 min
Cuisson : 2 h 45
Pour 6 à 8 personnes

250 g de haricots blancs

2 cuil. à soupe d'huile

2 oignons hachés

2 gousses d'ail écrasées

4 tomates pelées et hachées

3 cuil. à soupe de persil haché

2,25 l de bouillon de légumes

60 ml de vin rouge

l carotte émincée

l navet émincé

2 pommes de terre coupées en dés

l branche de céleri émincée

2 cuil. à soupe de concentré de tomate

l courgette émincée

60 g de haricots verts coupés en petits morceaux

80 g de macaroni (goniti)

Sel et poivre

Copeaux de parmesan pour la garniture

l Faire tremper les haricots blancs toute la nuit puis les égoutter. Les mettre dans une casserole d'eau bouillante et laisser cuire 15 min ; égoutter. Chauffer l'huile dans une casserole et faire revenir l'oignon et l'ail en remuant.

CI-DESSOUS :
Minestrone

2 Ajouter les tomates, le persil, les haricots, le bouillon et le vin. Couvrir et laisser frémir 2 h à feu doux.

3 Incorporer les carottes, le navet, les pommes de terre, le céleri et le concentré de tomate. Laisser mijoter 15 à 20 min à découvert.

4 Ajouter la courgette, les haricots verts et les macaroni. Prolonger la cuisson de 10 à 15 min, jusqu'à ce que les légumes et les pâtes soient tendres. Assaisonner et garnir de copeaux de parmesan.

SOUPE DE POTIRON À LA HARISSA

Préparation : 10 à 40 min
Cuisson : 20 min
Pour 6 personnes

2,5 kg de potiron

750 ml de bouillon de légumes

750 ml de lait

Sucre et poivre noir

Harissa

250 g de petits piments rouges frais ou séchés

l cuil. à soupe de graines de carvi

l cuil. à soupe de graines de coriandre

2 cuil. à café de graines de cumin

4 à 6 gousses d'ail pelées

l cuil. à soupe de menthe séchée

l cuil. à café de sel

125 ml d'huile d'olive extra vierge

l Éliminer la peau, les graines et les fibres du potiron ; le couper en morceaux. Le faire mijoter 15 à 20 min à découvert dans une grande casserole remplie de bouillon et de lait. Laisser refroidir légèrement.

2 Passer le mélange au mixeur en plusieurs portions. Ajouter un peu de sucre et du poivre noir.

3 **Harissa :** avec des gants de caoutchouc, ôter la tige des piments, les couper en deux et éliminer les graines. Faire ramollir la chair 5 min dans de l'eau chaude (ou 30 min si les piments sont secs). Égoutter et mettre dans le mixeur. Pendant que les piments trempent, faire revenir le carvi, la coriandre et le cumin dans une poêle sans matières grasses jusqu'à ce que leur parfum s'exhale (1 ou 2 min). Ajouter ces 3 épices, l'ail, la menthe et le sel dans le mixeur et, en versant l'huile peu à peu, mixer jusqu'à obtention d'une pâte épaisse. Délayer une petite quantité de harissa dans chaque bol de soupe, selon le goût.

POTAGE AU MAÏS ET À LA TOMATE

Préparation : 20 min
Cuisson : 15 min
Pour 4 à 6 personnes

1 cuil. à café d'huile d'olive

1 cuil. à café de bouillon de légumes déshydraté

1 oignon moyen finement haché

3 tomates moyennes

425 g de purée de tomates en boîte

310 g de maïs préparé en boîte

125 g de maïs en boîte, égoutté

Sel

Piment en poudre

Crème fraîche et tortillas pour la garniture

1 Chauffer l'huile dans une grande casserole et faire revenir le bouillon en poudre et l'oignon.
2 Peler les tomates, ôter les graines à l'aide d'une cuillère et hacher la chair. Mettre dans la casserole avec la purée de tomates et le maïs. Saler et assaisonner de piment et remuer jusqu'à ce que le potage soit bien chaud. Servir avec une cuillerée de crème fraîche et quelques tortillas chaudes.

VELOUTÉ DE POIS CASSÉS

Préparation : 2 h de trempage + 20 min
Cuisson : 1 h 40
Pour 4 à 6 personnes

330 g de pois cassés verts

2 cuil. à soupe d'huile

1 oignon moyen finement haché

1 branche de céleri finement émincée

1 carotte moyenne finement émincée

1 cuil. à soupe de cumin moulu

1 cuil. à soupe de coriandre moulue

2 cuil. à café de gingembre frais râpé

1,25 l de bouillon de légumes

300 g de petits pois surgelés

Sel et poivre noir fraîchement moulu

1 cuil. à soupe de menthe fraîche hachée

4 cuil. à soupe de yaourt ou de crème fraîche

1 Faire tremper les pois cassés 2 h dans l'eau froide, puis bien les égoutter. Chauffer l'huile dans une cocotte et ajouter l'oignon, le céleri et la carotte. Faire cuire 3 min à feu moyen, en remuant de temps en temps, jusqu'à ce que les légumes soient tendres mais non brunis. Incorporer le cumin, la coriandre et le gingembre, laisser cuire 1 min.
2 Ajouter les pois cassés et le bouillon. Porter à ébullition puis baisser le feu et laisser mijoter 1 h 30 à couvert, en remuant de temps en temps.
3 Ajouter les petits pois surgelés et remuer pour bien mélanger. Laisser refroidir. Passer la soupe au mixeur en plusieurs portions. Remettre dans la cocotte et réchauffer à petit feu. Assaisonner et ajouter la menthe. Servir dans les assiettes avec une spirale de yaourt ou de crème fraîche.

CONGÉLATION DES SOUPES

Certaines soupes étant longues à préparer, il est judicieux d'en cuisiner une grande quantité et d'en congeler une partie. Congelez-la en quantités que vous serez susceptible d'utiliser (une portion, deux portions, cinq portions...) car, une fois décongelée, elle ne peut être congelée à nouveau. Laissez refroidir la soupe et versez-la dans des récipients hermétiques, datés et étiquetés. Pour la décongeler, mettez le récipient 24 h au réfrigérateur, puis réchauffez doucement la soupe dans une casserole. Si vous êtes pressé, mettez la soupe encore congelée dans une casserole ou chauffez-la au micro-ondes.

CI-DESSUS : Potage au maïs et à la tomate
CI-DESSOUS : Velouté de pois cassés

ANTIPASTI
Flattant l'œil autant que le nez et le palais, ces appétissants hors-d'œuvre assaillent les sens d'une myriade de parfums et de couleurs. À consommer sans restriction, en guise ou en début de repas.

POIVRONS GRILLÉS MARINÉS
(pour 4 à 6 personnes)

Passer 1 gros poivron rouge, 1 gros poivron jaune, 1 gros poivron vert et éventuellement 1 gros poivron violet au gril, jusqu'à ce que la peau cloque et noircisse. Couvrir les poivrons d'un torchon et les laisser légèrement refroidir avant de les peler. Couper les poivrons en longues lanières et les mettre dans un saladier. Saler et ajouter 2 gousses d'ail écrasées, 2 cuil. à soupe de vinaigre balsamique, 2 cuil. à soupe de basilic frais haché et 60 ml d'huile d'olive. Couvrir et réfrigérer 3 h. Porter à température ambiante et servir sur de la bruschetta ou de la focaccia grillée.

OIGNONS AIGRES-DOUX
(pour 4 à 6 personnes)

Peler soigneusement 3 oignons rouges moyens (500 g environ), en gardant les extrémités intactes de sorte que les différentes pellicules ne se séparent pas. Couper chaque oignon en 8 et mettre les morceaux dans un plat à four antiadhérant.

Mélanger 2 cuil. à soupe de moutarde en grains, 2 cuil. à soupe de miel, 2 cuil. à soupe de vinaigre de vin et 2 cuil. à soupe d'huile. Saler. Badigeonner les oignons de ce mélange, couvrir et passer au four préchauffé à 220 °C pendant 20 min. Ôter le couvercle et prolonger la cuisson de 15 à 20 min, jusqu'à ce que les oignons soient tendres et caramélisés.

CHÈVRES PANÉS
(pour 4 personnes)
Couper 250 g de chèvre en rondelles de 5 mm. Les saupoudrer légèrement de farine assaisonnée. Plonger les rondelles dans 2 œufs légèrement battus puis les enduire d'un mélange de 80 g de pain émietté, de 45 g de pecorino râpé et de 1 cuil. à café de paprika doux.

Réfrigérer 1 h. Faire frire les chèvres panés dans de l'huile chaude pendant 2 min, jusqu'à ce que la panure soit dorée et croustillante. Servir avec un condiment ou une sauce froide douce. Les fromages de chèvre en bûche conviennent très bien à cette recette.

OIGNONS NOUVEAUX ET ASPERGES GRILLÉS
(pour 4 à 6 personnes)
Détailler 100 g d'asperges et 12 petits oignons nouveaux en morceaux de 12 cm. Les badigeonner légèrement d'huile de noix de macadamia et les passer 3 min sous un gril préchauffé ou au barbecue, jusqu'à ce qu'ils soient tendres. Arroser de vinaigre balsamique, saupoudrer de poivre et garnir de copeaux de parmesan.

CHAMPIGNONS BLANCS AU CITRON VERT ET AU PIMENT
(pour 2 à 4 personnes)
Badigeonner d'huile 250 g de champignons et les faire cuire au gril jusqu'à ce qu'ils soient tendres. Mélanger 1 cuil. à café de piment en flocons, 1 cuil. à soupe de zeste de citron vert râpé, 1 gousse d'ail écrasée, du sel, 1 cuil. à soupe de coriandre hachée, 1 cuil. à café de sucre roux, 2 cuil. à soupe de jus de citron vert et 60 ml d'huile d'olive. Mélanger champignons et sauce et réfrigérer 1 h avant de servir.

À PARTIR D'EN HAUT, À GAUCHE : Chèvres panés, Poivrons grillés marinés, Oignons aigres-doux, Oignons nouveaux et asperges grillés, Champignons blancs au citron vert et au piment

MIXER LA SOUPE

Soyez attentif quand vous passez de la soupe au mixeur; en s'échappant du récipient, elle pourrait vous ébouillanter. Si possible, laissez-la refroidir avant de la mixer. Sinon, procédez en plusieurs étapes. Les soupes claires ayant également tendance à fuir du mixeur, retirez les légumes de la casserole à l'aide d'une écumoire et mixez-les avec une cuillerée ou deux de liquide. Remettez les légumes mixés dans la casserole et bien mélanger.

VELOUTÉ DE POIVRON ROUGE

Préparation : 20 min
Cuisson : 30 min
Pour 6 personnes

★★

4 poivrons rouges moyens

4 tomates moyennes

60 ml d'huile

1/2 cuil. à café de marjolaine séchée

1/2 cuil. à café de fines herbes séchées

2 gousses d'ail écrasées

1 cuil. à café de pâte de curry douce

1 oignon rouge moyen émincé

1 blanc de poireau moyen émincé

250 g de chou vert haché

1 l d'eau

1 cuil. à café de sauce au piment doux

Sel et poivre noir fraîchement moulu

1 Détailler les poivrons en quartiers. Ôter les graines et les membranes. Les passer au gril jusqu'à ce que la peau cloque et noircisse. Les couvrir d'un torchon et les laisser refroidir avant de les peler. Inciser d'une petite croix la base de chaque tomate. Les mettre dans un saladier et les couvrir d'eau bouillante pendant 2 min environ.

CI-DESSUS : Velouté de poivron rouge

Égoutter et laisser refroidir. Les peler à partir de la croix puis les couper en deux et ôter les graines à la petite cuillère.

2 Chauffer l'huile dans une grande casserole; ajouter les herbes, l'ail et la pâte de curry. Remuer 1 min à feu doux, jusqu'à ce que les arômes s'exhalent. Ajouter l'oignon et le poireau et prolonger la cuisson de 3 min. Mettre le chou, les tomates, les poivrons et l'eau. Porter à ébullition, baisser le feu et laisser mijoter 20 min. Retirer du feu et laisser légèrement refroidir.

3 Passer la soupe 30 s au mixeur, en plusieurs portions. La remettre dans une casserole propre, incorporer la sauce au piment et assaisonner. Réchauffer à feu doux et servir bien chaud.

RECETTE RAPIDE : SOUPE AUX CHAMPIGNONS
(pour 4 personnes)

FAIRE SAUTER 2 oignons hachés dans 60 g de beurre, jusqu'à ce qu'ils soient légèrement dorés. Ajouter 500 g de champignons de Paris hachés et prolonger la cuisson de 5 min en remuant. Ajouter 30 g de farine et remuer 1 min. Incorporer 500 ml de lait et 375 ml de bouillon de légumes. Baisser le feu et laisser mijoter 10 à 15 min à découvert, jusqu'à ce que la soupe épaississe et que les champignons soient tendres. Servir avec une cuillerée de crème fraîche et du persil haché.

SOUPE DE TOMATES AUX PÂTES ET AU BASILIC

Préparation : 25 min
Cuisson : 35 min
Pour 4 personnes

3 grosses tomates mûres (750 g environ)

2 cuil. à soupe d'huile d'olive

1 oignon moyen finement haché

1 gousse d'ail écrasée

1 petit poivron rouge finement haché

1 l de bouillon de légumes

3 cuil. à soupe de concentré de tomate

Sel et poivre

1 cuil. à café de sucre

Quelques feuilles de basilic, ou 1 1/2 cuil. à café de basilic séché

150 g de petites pâtes « coquilles » (conchiglioni) ou de macaroni

Feuilles de basilic pour la garniture

1 Inciser d'une petite croix la base de chaque tomate. Les mettre dans un saladier et les couvrir d'eau bouillante pendant 2 min environ. Égoutter et refroidir. Les peler à partir de la croix et hacher grossièrement la chair. Chauffer l'huile dans une cocotte. Ajouter l'oignon, l'ail et le poivron, et faire cuire 10 min en remuant, jusqu'à ce que les légumes soient tendres. Ajouter les tomates et prolonger la cuisson de 10 min.

2 Verser le bouillon, le concentré de tomate, le sel, le poivre et le sucre. Couvrir et laisser mijoter 15 min. Retirer du feu et ajouter le basilic. Laisser refroidir. Passer la soupe au mixeur, en

plusieurs étapes. La remettre dans une casserole et la réchauffer doucement.

3 Faire cuire les pâtes séparément dans une casserole d'eau bouillante salée, et égoutter. Les ajouter à la soupe. Garnir de basilic frais.

POTAGE CAMPAGNARD AU POTIRON ET AUX PÂTES

Préparation : 25 min
Cuisson : 20 min
Pour 4 à 6 personnes

750 g de potiron

2 pommes de terre moyennes

1 cuil. à soupe d'huile d'olive

30 g de beurre

1 gros oignon haché finement

2 gousses d'ail écrasées

3 l de bouillon de légumes

125 g de toutes petites pâtes ou risoni

Sel

1 cuil. à soupe de persil frais haché

1 Peler le potiron et les pommes de terre et les couper en petits cubes. Chauffer le beurre et l'huile dans une grande casserole et y faire revenir l'oignon et l'ail 5 min à feu doux.

2 Ajouter le potiron, les pommes de terre et le bouillon. Augmenter le feu, couvrir et faire cuire 10 min, jusqu'à ce que les légumes soient tendres.

3 Ajouter les pâtes et prolonger la cuisson de 5 min en remuant de temps en temps. Saler. Saupoudrer de persil haché. Servir immédiatement.

GARNITURES POUR POTAGES

Pour ajouter un peu de goût et de fantaisie aux potages, diverses possibilités s'offrent à vous : une cuillerée de pesto à l'ail se marie bien aux potages épais à la tomate, tandis qu'un peu de harissa épicée relève une soupe au potiron. Confectionnez vos propres croûtons : badigeonnez d'huile d'olive du pain rassis, coupez-le en cubes et passez-le 10 à 15 min à four moyen ; ou bien faites frire les cubes de pain dans de l'huile d'olive parfumée à l'ail.

CI-CONTRE : Soupe de tomates aux pâtes et au basilic
CI-DESSUS : Potage campagnard au potiron et aux pâtes

45

PAIN GRILLÉ MELBA
Faites dorer des tranches de pain de mie blanc ou complet des deux côtés. À l'aide d'un couteau denté, éliminez les croûtes puis coupez soigneusement les tranches en deux à l'horizontale, afin d'obtenir 2 tranches grillées d'un seul côté. Grattez le côté non grillé et disposez les tranches, côté non grillé en haut, sur une plaque de four. Faites-les cuire à four moyen jusqu'à ce qu'elles commencent à se corner et à dorer. Servez le pain grillé avec les potages et les salades ou en guise de canapés avec une garniture.

SOUPE À LA CAROTTE ET À L'ORANGE

Préparation : 20 min
Cuisson : 35 min
Pour 4 personnes

500 g de carottes
30 g de beurre
125 ml de jus d'orange
1 à 1,25 l de bouillon de légumes
1 petit oignon grossièrement haché
3 à 4 cuil. à café de thym frais haché, ou 1 cuil. à café de thym séché
Sel et poivre
Crème fraîche, muscade et thym

1 Peler et émincer les carottes. Les faire cuire 10 min à feu moyen dans une cocotte, avec le beurre, en remuant de temps en temps.
2 Ajouter le jus d'orange, le bouillon et l'oignon. Porter à ébullition, ajouter le thym, le sel et le poivre. Baisser le feu, couvrir et prolonger la cuisson de 20 min, jusqu'à ce que les carottes soient tendres. Laisser refroidir.
3 Passer le mélange au mixeur, en plusieurs étapes. Remettre la soupe dans la cocotte et la réchauffer. Verser dans les assiettes ou dans les bols et déposer une cuillerée de crème fraîche et une pincée de muscade. Garnir d'un petit brin de thym.

CI-DESSUS : Soupe à la carotte et à l'orange

SOUPE À L'OIGNON

Préparation : 20 min
Cuisson : 1 h 45
Pour 4 à 6 personnes

6 oignons (environ 1 kg)
60 g de beurre
1 cuil. à café de sucre
3 cuil. à soupe de farine
2,25 l de bouillon de légumes
Sel et poivre
1 baguette de pain
80 g de gruyère râpé

1 Peler les oignons et les émincer en fines rondelles. Chauffer le beurre dans une grande casserole et faire revenir les oignons 20 min à feu doux, jusqu'à ce qu'ils soient très tendres. Ajouter le sucre et la farine et prolonger la cuisson de 1 à 2 min en remuant, jusqu'à ce que le mélange commence tout juste à dorer.
2 Incorporer le bouillon, couvrir et laisser mijoter 1 h à feu doux. Assaisonner.
3 Préchauffer le four à 180 °C. Couper le pain en tranches de 1 cm. Les passer 20 min au four, en les retournant une fois, jusqu'à ce qu'elles soient sèches et dorées. Garnir chaque tranche d'un peu de fromage râpé et passer au gril pour le faire fondre. Servir la soupe garnie des croûtons au fromage. Saupoudrer le reste de fromage râpé.

LÉGUMES GRILLÉS À L'AÏOLI

Préparation : 30 min
Cuisson : 15 min
Pour 8 personnes

2 aubergines moyennes, coupées en fines tranches
Sel
4 petits poireaux coupés en deux dans le sens
   de la longueur
2 poivrons rouges moyens coupés en 8 morceaux
4 petites courgettes coupées en deux dans le
   sens de la longueur
8 gros champignons plats

Sauce

1 cuil. à soupe de vinaigre balsamique
2 cuil. à soupe de moutarde de Dijon
2 cuil. à café de feuilles d'origan
250 ml d'huile d'olive
Sel

Aïoli

2 jaunes d'œufs
1 cuil. à soupe de jus de citron
2 gousses d'ail écrasées
250 ml d'huile d'olive
1 cuil. à soupe de ciboulette fraîche hachée
1 cuil. à soupe de persil frais haché
1 cuil. à soupe d'eau
Sel

1 Faire dégorger les aubergines au sel pendant 30 min. Rincer à l'eau froide et égoutter sur du papier absorbant.

2 Disposer les aubergines, les poireaux, les poivrons et les courgettes en une seule couche sur une plaque de gril. Les badigeonner de sauce et les passer 5 min au gril préchauffé au maximum, en les retournant une fois. Badigeonner de sauce en cours de cuisson. Ajouter les champignons sur la plaque, côté bombé vers le haut, et les badigeonner de sauce. Prolonger la cuisson de 10 min, jusqu'à ce que les légumes soient tendres, en retournant les champignons une fois et en badigeonnant le tout de sauce. Servir avec de l'aïoli.

3 Sauce : mélanger le vinaigre, la moutarde, l'origan et le sel dans un bol. Incorporer l'huile peu à peu en battant vigoureusement.

4 Aïoli : mixer 5 s les jaunes d'œufs, le jus de citron et l'ail. Sans cesser de mixer, ajouter l'huile en un fin filet jusqu'à ce que la mayonnaise prenne. Ajouter la ciboulette, le persil, le sel et l'eau et mixer 3 s pour bien mélanger le tout.

RECETTE RAPIDE : SOUPE AUX PÂTES
(pour 4 personnes)

FAIRE SAUTER 2 oignons nouveaux hachés, 150 g de pois mange-tout coupés en morceaux et 200 g de champignons émincés dans un peu d'huile, jusqu'à ce que les légumes soient juste tendres. Ajouter 2 gousses d'ail écrasées et 1 cuil. à café de gingembre frais râpé, et remuer pendant 1 min. Verser 1 l de bouillon de légumes et porter à ébullition. Ajouter 150 g de pâtes «cheveux d'ange» et prolonger la cuisson de 3 min, jusqu'à ce que les pâtes soient cuites. Servir immédiatement.

CI-DESSUS : Légumes grillés à l'aïoli

BEURRE AROMATISÉ
Le beurre ramolli peut être aromatisé aux fines herbes, à l'ail, au bleu ou à la moutarde, et servi avec des légumes cuits au four ou à la vapeur. Déposez le beurre aromatisé sur une feuille de film plastique, roulez-le en forme de cylindre, enveloppez-le soigneusement et réfrigérez-le jusqu'à ce qu'il soit ferme. Coupez-le en tranches et servez-le sur les légumes chauds.

CI-DESSUS :
Champignons au beurre d'herbes et d'amandes

CHAMPIGNONS AU BEURRE D'HERBES ET D'AMANDES

Préparation : 20 min
Cuisson : 20 min
Pour 4 à 6 personnes

12 gros champignons

1 cuil. à soupe d'huile d'olive

1 petit oignon finement haché

40 g d'amandes mondées

1 gousse d'ail pelée et hachée

1 cuil. à soupe de jus de citron

3 cuil. à soupe de persil en brins

3 cuil. à soupe de thym frais haché ou 1 cuil. à café de thym séché

3 cuil. à soupe de romarin frais haché ou 1 cuil. à café de romarin séché

1 cuil. à soupe de ciboulette fraîche hachée

1 pincée de sel

1 pincée de poivre noir

75 g de beurre coupé en morceaux

1 Préchauffer le four à 180 °C. Beurrer un plat à four peu profond. Retirer les pieds des champignons et les hacher finement. Chauffer l'huile dans une petite casserole et faire revenir l'oignon 2 à 3 min, jusqu'à ce qu'il soit doré. Ajouter les pieds de champignon hachés et les faire cuire 2 min. Retirer du feu.

2 Passer les amandes, l'ail, le jus de citron, le persil, le thym, le romarin, la ciboulette, le sel, le poivre et le beurre au mixeur pendant 20 à 30 s.
3 Disposer les têtes de champignon dans le plat à four. Déposer une quantité égale de mélange aux oignons et aux champignons dans chaque tête et égaliser la surface. Garnir chaque champignon de beurre d'herbes et d'amandes, et enfourner 10 à 15 min, jusqu'à ce que le beurre soit fondu et que les champignons soient bien cuits.
REMARQUE : les champignons sont meilleurs quand ils sont cuits juste avant d'être servis. Préparer les têtes jusqu'à 2 h avant de servir, les couvrir et les conserver au réfrigérateur.

RECETTE RAPIDE : CROUSTADE AUX CHAMPIGNONS
(pour 4 personnes)

COUPER un rouleau de pâte feuilletée surgelée en 4 carrés. Les badigeonner de beurre fondu, saupoudrer de graines de sésame et mettre à four modérément chaud (200 °C) 15 min. Faire fondre 40 g de beurre dans une poêle ; y faire revenir 400 g de champignons émincés 10 min. Incorporer 170 ml de crème fraîche et assaisonner. Couper les carrés de pâte en deux, déposer la farce aux champignons sur un rectangle. Saupoudrer de parmesan et couvrir de l'autre rectangle.

PETITS POTS AUX AUBERGINES ET AUX COURGETTES, AVEC CONDIMENT DE POIVRONS

Préparation : 30 min + 20 min de repos
Cuisson : 1 h 15
Pour 6 personnes

1 grosse aubergine coupée en cubes de 1 cm

1 cuil. à soupe de sel

200 g de ricotta fraîche

300 g de crème fraîche

3 œufs

1 cuil. à soupe de Maïzena

130 g de courgette râpée

1/2 cuil. à café de poivre noir concassé

Condiment de poivrons

180 ml de vinaigre brun

90 g de sucre

1 cuil. à café de graines de moutarde jaune

1 pomme verte pelée et coupée en dés

1 poire pelée et coupée en dés

1 poivron rouge haché

1 poivron vert haché

1 Préchauffer le four à 210 °C. Huiler 6 ramequins. Faire dégorger l'aubergine au sel pendant 20 min. Rincer à l'eau froide et bien égoutter.

2 Dans un saladier, mélanger la ricotta et la crème fraîche au batteur jusqu'à obtention d'une crème onctueuse. Ajouter les œufs et la Maïzena et bien battre. Incorporer délicatement l'aubergine, la courgette et le poivre.

3 Verser la préparation équitablement dans les ramequins. Les disposer dans un plat à four profond. Remplir d'eau chaude jusqu'aux deux tiers des ramequins et couvrir le plat de papier aluminium. Enfourner 40 min (vérifier la cuisson à l'aide d'une lame de couteau : elle doit ressortir sèche). Servir avec le condiment de poivrons.

4 Condiment de poivrons : chauffer le vinaigre, le sucre et les graines de moutarde 5 min dans une casserole, jusqu'à ébullition et dissolution du sucre. Ajouter le reste des ingrédients. Porter à ébullition, baisser le feu et laisser mijoter 30 min à découvert.

CRÊPES DE POMMES DE TERRE

Préparation : 20 min
Cuisson : 15 min
Pour 4 à 6 personnes

4 grosses pommes de terre pelées et séchées

3 œufs légèrement battus

4 petits oignons blancs finement émincés

3 cuil. à soupe de Maïzena

2 cuil. à soupe de son d'avoine

Sel

Huile pour friture

60 g d'oignon blanc râpé, de betterave râpée et de crème fraîche pour la garniture (facultatif)

1 Râper grossièrement les pommes de terre. Les presser à la main pour éliminer l'excès d'eau et les sécher dans un torchon. Mettre les pommes de terre dans une jatte ; ajouter les œufs, les oignons blancs, la Maïzena et le son d'avoine. Saler et bien mélanger.

2 Déposer des cuillerées de préparation dans une poêle bien huilée et les aplatir légèrement. Faire cuire à feu moyen, jusqu'à ce que les crêpes soient dorées sur chaque face. Égoutter sur du papier absorbant.

3 Servir chaud, garni d'oignon blanc ou de betterave râpée et d'une cuillerée de crème fraîche.

RÂPER LES POMMES DE TERRE

Les pommes de terre râpées peuvent entrer dans la composition de crêpes (voir recette ci-contre) ou autres spécialités culinaires. Elles doivent être impérativement sèches pour frire plutôt que cuire. Pour cela, séchez d'abord la pomme de terre pelée entière, puis râpez-la, placez-la dans une passoire et pressez-la plusieurs fois pour éliminer l'excès d'eau. Séchez la pomme de terre râpée dans un torchon ou du papier absorbant. Il vous faudra utiliser plusieurs torchons ou de nombreuses feuilles de papier, mais c'est indispensable pour obtenir un résultat craquant.

CI-DESSUS : Petits Pots aux aubergines et aux courgettes, avec condiment de poivrons

PELER LES ASPERGES

Toutes les asperges n'ont pas besoin d'être pelées, en particulier les plus fines. Les asperges épaisses peuvent être consommées telles quelles si elles sont très fraîches, mais en cas de doute, pelez les tiges. Faites-le avec un épluche-légumes, en commençant par le dessous de la pointe et en terminant par la base. Il est plus facile d'opérer en posant l'asperge sur une planche. Coupez également l'extrémité de la tige, souvent filandreuse.

CI-DESSUS : Asperges vertes sauce hollandaise citronnée

ASPERGES VERTES SAUCE HOLLANDAISE CITRONNÉE

Préparation : 15 min
Cuisson : 8 min
Pour 6 personnes

320 à 450 g d'asperges vertes
180 g de beurre
2 cuil. à soupe d'eau
4 jaunes d'œufs
2 cuil. à soupe de jus de citron ou de citron vert
Sel et poivre blanc
Copeaux de parmesan ou de pecorino (facultatif)

1 Couper les extrémités filandreuses des asperges. Les plonger dans une casserole d'eau bouillante et laisser cuire 2 min, jusqu'à ce qu'elles soient tendres. Égoutter.

2 Faire fondre le beurre dans une petite casserole. Éliminer l'écume superficielle et laisser le beurre refroidir. Mélanger l'eau et les jaunes d'œufs dans une petite casserole et battre vigoureusement 30 s pour obtenir un mélange léger et crémeux. Mettre la casserole à feu très doux et continuer à battre pendant 3 min, jusqu'à épaississement.

3 Retirer du feu ; ajouter peu à peu le beurre refroidi sans cesser de battre (laisser le petit lait au fond de la casserole). Incorporer le jus de citron et assaisonner à votre goût. Arroser les asperges de sauce et garnir de copeaux de parmesan.

PETITS CHOUX PIMENTÉS AU CURRY DE LÉGUMES

Préparation : 35 min
Cuisson : 1 h 5
Pour 12 petits choux

Pâte à choux

90 g de beurre
300 ml d'eau
150 g de farine tamisée
1 pincée de piment en poudre
4 œufs légèrement battus

Curry de légumes

4 courges jaunes
100 g de pois mange-tout
1 carotte
50 g de beurre
2 oignons moyens émincés
2 cuil. à soupe de pâte de curry douce
300 g de champignons
1 cuil. à soupe de jus de citron

1 Préchauffer le four à 240 °C. Humecter 2 plaques de four (d'environ 32 x 28 cm).

2 Pâte à choux : dans une casserole, mettre le beurre et l'eau. Remuer à feu doux pendant 5 min, jusqu'à ce que le beurre soit fondu et que le mélange parvienne à ébullition. Retirer du feu ; ajouter la farine et le piment en une seule fois et tourner vivement avec une cuillère en bois pour bien mélanger.

3 Remettre la casserole sur le feu et remuer 3 min à feu doux jusqu'à ce que la pâte épaississe et se détache des parois de la casserole. Mettre la pâte dans une terrine et la passer au batteur (vitesse maximale) pendant 1 min. Ajouter les œufs peu à peu, en remuant, jusqu'à obtention d'un mélange consistant et luisant (cela peut prendre 5 min).

4 Déposer la pâte à choux en petits tas d'environ 2 cuillerées à soupe sur les plaques, en les espaçant de 10 cm. Les humecter de quelques gouttes d'eau. Enfourner 20 min puis baisser le four à 210 °C et prolonger la cuisson de 30 min, jusqu'à ce que les choux soit bien dorés. (Faire une petite fente dans chaque chou à mi-cuisson, afin de laisser la vapeur s'échapper pour que le chou soit sec.) Laisser refroidir sur une grille.

5 **Curry de légumes** : trancher finement les courges. Couper les pois mange-tout en deux, dans la diagonale. Détailler la carotte en julienne. Chauffer le beurre dans une casserole et faire revenir les oignons 5 min. Incorporer la pâte de curry. Ajouter les champignons et les légumes préparés et remuer à feu vif pendant 1 min. Verser le jus de citron, retirer du feu et remuer. Couper les choux en deux, ôter toute partie non cuite à l'aide d'une cuillère et remplir de légumes. Servir immédiatement.

TOMATES GRILLÉES SUR BRUSCHETTA

Préparation : 15 min
Cuisson : 35 min
Pour 4 personnes

1 miche de pain
4 belles tomates mûres
1/2 cuil. à café de marjolaine séchée
Sel et poivre noir fraîchement moulu
80 ml d'huile d'olive
2 cuil. à soupe de vinaigre de vin rouge
1 cuil. à café de sucre roux
1 gousse d'ail coupée en deux
100 g d'artichauts marinés hachés
1 cuil. à soupe de persil plat finement ciselé

1 Couper le pain en tranches épaisses. Préchauffer le gril. Couper les tomates en deux et les presser légèrement pour éliminer les graines. Disposer les tomates, côté bombé vers le haut, dans un plat à four peu profond. Dans un bocal, mettre la marjolaine, le sel, le poivre, l'huile, le vinaigre et le sucre et secouer vigoureusement. En verser la moitié sur les tomates.

2 Faire cuire les tomates 30 min sous le gril chaud ; les retourner à mi-cuisson. Verser le reste de la sauce, retirer du gril et réserver au chaud.

3 Badigeonner d'huile les tranches de pain, sur chaque face, et les faire dorer au four. Frotter une moitié de gousse d'ail sur le pain. Disposer les tomates cuites sur le pain, les garnir d'artichaut et saupoudrer de persil.

HORS-D'ŒUVRE FACILES ET RAPIDES
Petits poireaux dorés au beurre puis cuits au four dans de la pâte phyllo ; pois mange-tout cuits à la vapeur et agrémentés de crème fraîche aux fines herbes ; asperges au beurre fondu et au parmesan ; haricots verts vapeur au beurre d'ail ; gousses d'ail rôties au four et étalées sur du pain ; roquette aux copeaux de parmesan et à la vinaigrette citronnée ; pâtes « coquilles » (conchiglioni) aux petits pois et à la crème à l'ail.

CI-CONTRE : Petits Choux pimentés au curry de légumes
CI-DESSUS : Tomates grillées sur bruschetta

SALADE DE CHÈVRE

Préparation : 20 min
Cuisson : 15 min
Pour 4 personnes

⭐

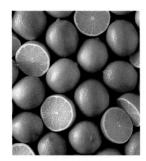

12 tranches de pain blanc
4 petits chèvres ronds de 100 g
60 g de feuilles de salade variées (mesclun)
60 g de roquette
250 g de tomates cerises, coupées en deux
1 cuil. à soupe de vinaigre de vin blanc
60 ml d'huile d'olive
1/2 cuil. à café de moutarde en grains

1 Préchauffer le four à 180 °C. À l'aide d'un emporte-pièce, découper un rond dans chaque tranche de pain, de même diamètre que le fromage (s'il est plus grand, les bords risquent de brûler). Disposer les rondelles de pain sur une plaque de four et enfourner 10 min. Trancher les fromages en 3 rondelles.
2 Placer chaque rondelle sur une rondelle de pain. Disposer les feuilles de salade dans de petites assiettes et les garnir de tomates cerises. Faire cuire les tartines au chèvre 5 min sous un gril chaud, jusqu'à ce que le fromage dore et commence à fondre. Arroser la salade de sauce et garnir de 3 tartines au fromage avant de servir.
3 Sauce : mélanger le vinaigre, l'huile et la moutarde dans un petit bocal. Visser le couvercle et agiter vigoureusement 1 min.

AVOCATS AU CITRON VERT ET AU PIMENT

Préparation : 20 min
Pas de cuisson
Pour 6 personnes

⭐

1 cuil. à café de zeste de citron vert finement râpé
2 cuil. à soupe de jus de citron vert
1 cuil. à café de sucre roux
1 cuil. à soupe d'huile d'olive
1 cuil. à soupe de persil frais haché
2 à 3 piments jalape épépinés et émincés
2 avocats mûrs, pelés et émincés

1 Dans un bol, bien mélanger le zeste et le jus de citron vert, le sucre, l'huile, le persil et les piments. Verser sur l'avocat émincé et servir.
REMARQUE : le jus de citron vert empêche les avocats de noircir. On peut le remplacer par du jus de citron.

FROMAGE DE CHÈVRE
Le fromage de chèvre se distingue par un goût aigre très particulier. En fonction de son âge, il peut se présenter sous une forme molle et fraîche, ou friable et sèche. Le chèvre très jeune s'étale facilement mais devient plus crayeux à maturité.

CI-CONTRE :
Salade de chèvre

BEIGNETS D'AUBERGINE

Préparation : 40 min + 20 min de repos
Cuisson : 15 à 20 min
Pour 4 à 6 personnes

Sauce au yaourt

200 g de yaourt nature

2 cuil. à soupe d'oignon finement ciselé

1/2 cuil. à café de menthe séchée

1/2 cuil. à café de sel

1/2 cuil. à café de coriandre moulue

1 pincée de cumin moulu

1 grosse aubergine

1 cuil. à soupe de sel

2 cuil. à soupe de besan (farine de pois chiches)
   + 50 g supplémentaires

1 pincée de poivre noir

30 g de farine avec levure incorporée

2 œufs légèrement battus

60 ml de bière froide

2 cuil. à café de jus de citron

170 ml d'huile d'olive pour friture

1 Sauce au yaourt : battre tous les ingrédients dans un bol. Le couvrir de film plastique et réfrigérer.

2 Couper l'aubergine en 20 tranches de 5 mm environ. Les faire dégorger au sel pendant 20 min environ. Rincer, égoutter soigneusement et sécher sur du papier absorbant.

3 Sur une feuille de papier sulfurisé, mélanger 2 cuil. à soupe de besan et le poivre. En enduire légèrement les tranches d'aubergine en les secouant pour ôter tout excès.

4 Tamiser le reste des farines dans une terrine ; faire un puits au centre. Ajouter les œufs, la bière et le jus de citron en une seule fois. Battre jusqu'à ce que le liquide soit bien incorporé et que la pâte ne présente plus de grumeaux.

5 Chauffer l'huile dans une grande poêle à fond épais. À l'aide de 2 fourchettes, plonger les tranches d'aubergine dans la pâte et égoutter. Les faire frire à l'huile, quelques-unes à la fois, pendant 2 min à feu vif puis moyen, jusqu'à ce que le dessous soit bien doré. Retourner les tranches et frire l'autre face. Les disposer sur un plat et réserver au chaud. Continuer avec le reste de pâte et d'aubergines. Servir avec de la sauce au yaourt bien froide.

AUBERGINES MARINÉES AU CHERMOULA

Préparation : 40 min + 1 h de réfrigération
Cuisson : 10 min
Pour 4 personnes

2 aubergines moyennes
Sel
Huile d'olive

Chermoula

2 gousses d'ail écrasées

1 cuil. à soupe de cumin moulu

1 cuil. à café de cannelle moulue

1 pincée de poivre de Cayenne

1 cuil. à café de poivre de la Jamaïque

60 ml de jus de citron

3 cuil. à soupe de coriandre fraîche hachée

2 cuil. à soupe de menthe fraîche hachée

125 ml d'huile d'olive

1 Détailler les aubergines en tranches épaisses de 1 cm et les faire dégorger au sel pendant 30 min. Rincer et essuyer sur du papier absorbant.

2 Badigeonner d'huile d'olive les tranches d'aubergine et les passer au gril préchauffé jusqu'à ce qu'elles soient dorées sur les deux faces. Égoutter sur du papier absorbant.

3 Chermoula : mélanger tous les ingrédients. Ajouter les aubergines et bien remuer. Couvrir et réfrigérer 1 h. Servir à température ambiante.

CHERMOULA
La chermoula est un condiment marocain piquant employé pour relever les plats de légumes. On peut l'utiliser en marinade (avant ou après la cuisson des légumes) ou en sauce d'accompagnement.

CI-DESSUS : Beignets d'aubergine

CONSOMMER DES ARTICHAUTS

Les artichauts frais étant toujours mangés avec les doigts, prévoyez des rince-doigts pour les convives, de même qu'un bol pour jeter les feuilles. Trempez chaque feuille dans la sauce, ou dans du beurre fondu, et mangez les parties charnues. Les feuilles du centre sont plus tendres et offrent une plus grande partie comestible.

CI-DESSUS : Petits Champignons marinés

PETITS CHAMPIGNONS MARINÉS

Préparation : 30 min
Pas de cuisson
Pour 6 à 8 personnes

500 g de petits champignons de Paris
   coupés en deux
125 ml d'huile d'olive
125 ml de vinaigre de vin blanc
3 gousses d'ail hachées
2 cuil. à soupe de persil frais haché
2 cuil. à café de piment haché
1 cuil. à café de sucre en poudre
Sel et poivre

1 Essuyer les champignons avec un torchon humide et couper les pieds au niveau de la tête. Mettre les têtes de champignon dans un saladier. Dans un bocal, mélanger vigoureusement l'huile d'olive, le vinaigre, l'ail, le persil, le piment, le sucre, le sel et le poivre.

2 Verser la marinade sur les champignons et bien remuer. Couvrir de film plastique et réfrigérer 1 h minimum. Les champignons peuvent macérer jusqu'à 2 jours, selon que vous les aimez plus ou moins forts. Les remuer de temps en temps.

3 Servir les champignons à température ambiante en les associant par exemple à d'autres légumes marinés pour un hors-d'œuvre.

ARTICHAUTS MAYONNAISE À L'ESTRAGON

Préparation : 30 min
Cuisson : 30 min
Pour 4 personnes

4 artichauts moyens
60 ml de jus de citron

Mayonnaise à l'estragon

1 jaune d'œuf
1 cuil. à soupe de vinaigre à l'estragon
1/2 cuil. à café de moutarde
170 ml d'huile d'olive
Sel et poivre blanc

1 Couper les tiges. À l'aide de ciseaux, couper l'extrémité des feuilles extérieures. Avec un couteau tranchant, sectionner la partie supérieure des artichauts. Badigeonner les parties sectionnées de jus de citron pour éviter qu'elles ne noircissent.

2 Faire cuire les artichauts 30 min à la vapeur, jusqu'à ce qu'ils soient tendres, en rajoutant de l'eau bouillante si nécessaire. Retirer du feu et laisser refroidir.

3 Mayonnaise à l'estragon : dans un grand bol, mélanger le jaune d'œuf, le vinaigre et la moutarde. Battre pendant 1 min avec un fouet métallique. Ajouter l'huile en très petites quantités à la fois sans cesser de battre, jusqu'à ce que le

mélange soit crémeux et épais. Ne cesser de battre que lorsque toute l'huile a été versée. Assaisonner. Garnir chaque assiette d'un artichaut et d'un peu de mayonnaise.

REMARQUE : les artichauts peuvent être cuits jusqu'à 4 h à l'avance. La mayonnaise peut se préparer 2 h à l'avance ; la couvrir et la réfrigérer.

CRUDITÉS SAUCE À L'AIL

Préparation : 30 min
Cuisson : 20 min
Pour 4 à 6 personnes

Assortiment de bâtonnets de crudités

Sauce à l'ail

2 belles pommes de terre pelées et coupées en dés
4 à 5 gousses d'ail écrasées
1 cuil. à soupe de vinaigre de vin blanc
Poivre blanc fraîchement moulu
Jus de citron
Sel
80 ml d'huile d'olive

1 Couvrir et réfrigérer les légumes préparés.
2 Sauce à l'ail : faire cuire les pommes de terre à l'eau. Vérifier la cuisson à l'aide d'un couteau pointu : s'il se retire facilement, les pommes de terre sont prêtes à être écrasées. On peut également essayer d'en écraser un petit morceau à la fourchette. Égoutter les pommes de terre et les mettre

dans une jatte. Les réduire en purée ; ajouter l'ail et le vinaigre, et bien mélanger. Assaisonner de poivre, d'un peu de jus de citron et de sel.
3 Verser l'huile d'olive, quelques gouttes à la fois, en battant bien après chaque ajout. Continuer à verser l'huile en très petites quantités et remuer jusqu'à obtention d'un mélange homogène et épais (cela prendra 5 min environ). Servir la sauce chaude avec les crudités, et accompagner le tout de pain plat grillé.

REMARQUE : cette sauce à l'ail se prépare également avec des amandes et du pain trempé au lieu de pommes de terre. Remplacer les pommes de terre par 4 cuil. à soupe d'amandes pilées et 90 g de pain blanc rassis préalablement trempé dans l'eau et pressé. Passer au mixeur en ajoutant l'huile très progressivement. La sauce devrait avoir la consistance d'une mayonnaise épaisse. Si elle est trop épaisse, ajouter un peu plus d'huile ou de jus de citron.

RECETTE RAPIDE : PAIN GRILLÉ À LA SALSA

COUPER 6 TRANCHES de baguette de 4 cm d'épaisseur, en diagonale. Faire dorer une face sous le gril préchauffé. Retirer une partie de la mie du côté non grillé. Hacher finement 2 petites tomates mûres, la moitié d'un petit oignon rouge et quelques olives noires dénoyautées. Mélanger le tout et en déposer une petite quantité dans les creux du pain. Garnir de 125 g de feta émiettée et de quelques feuilles de thym. Arroser d'huile d'olive et passer au gril pour dorer.

CI-DESSUS : Crudités sauce à l'ail

la vapeur ou au micro-ondes jusqu'à ce qu'ils soient légèrement ramollis. Presser pour ôter l'excédent d'eau et étaler les feuilles pour les sécher.

2 Chauffer l'huile dans une poêle et faire revenir l'oignon 3 min à feu moyen. Ajouter les poivrons, les courgettes et les aubergines; faire cuire 5 min en remuant, jusqu'à ce que les légumes soient juste tendres. Assaisonner et laisser refroidir.

3 Badigeonner de beurre fondu 1 feuille de pâte phyllo, la recouvrir d'une deuxième feuille et répéter l'opération avec toutes les feuilles de pâte. Disposer les épinards, le mélange de légumes, le basilic et le fromage sur la moitié de la pâte, dans le sens de la longueur, à 5 cm du bord. Replier la pâte sur la garniture; replier les bords courts et les rouler serré.

4 Disposer le strudel, côté raccordé dessous, sur la plaque. Le badigeonner du reste de beurre et saupoudrer de graines de sésame. Enfourner 25 min, jusqu'à ce qu'il soit doré et croustillant.

REMARQUE : ce plat est meilleur lorsqu'il est préparé juste avant d'être consommé. On peut le servir coupé en tranches en entrée, ou accompagné d'une salade verte en plat principal.

SAMOUSSAS

Préparation : 30 min
Cuisson : 10 min
Pour 24 samoussas environ

✦

2 pommes de terre pelées

80 g de petits pois surgelés

3 cuil. à soupe de raisins secs

2 cuil. à soupe de coriandre fraîche hachée

2 cuil. à soupe de jus de citron

I cuil. à soupe de sauce de soja

I cuil. à café de cumin moulu

I cuil. à café de piment en poudre

1/2 cuil. à café de piment frais haché

I pincée de cannelle moulue

4 rouleaux de pâte feuilletée préétalée

Huile pour friture

Sauce à la menthe

125 g de yaourt nature

125 ml de lait ribot (lait fermenté)

3 cuil. à soupe de menthe fraîche hachée

1/2 cuil. à café de cumin moulu

I Faire cuire les pommes de terre et les couper en petits dés. Dans un saladier, mélanger les pommes de terre, les petits pois, les raisins secs, la coriandre,

STRUDEL AUX LÉGUMES

Préparation : 30 min
Cuisson : 35 min
Pour 4 à 6 personnes

✦ ✦

12 feuilles d'épinards

2 cuil. à soupe d'huile d'olive

I oignon moyen finement émincé

I poivron rouge moyen coupé en lanières

I poivron vert moyen coupé en lanières

2 courgettes moyennes émincées

2 aubergines fines émincées

Sel et poivre

6 feuilles de pâte phyllo

40 g de beurre fondu

20 g de basilic frais finement haché

60 g de fromage râpé

2 cuil. à soupe de graines de sésame

CI-DESSUS :
Strudel aux légumes

I Préchauffer le four à 210 °C. Beurrer une plaque de four. Laver les épinards et les faire cuire à

PAKORAS AUX LÉGUMES

Préparation : 15 min
Cuisson : 10 min
Pour 4 personnes

110 g de besan (farine de pois chiches)
1/2 cuil. à café de coriandre moulue
1 cuil. à café de sel
1/2 cuil. à café de curcuma moulu
1/2 cuil. à café de piment en poudre
1/2 cuil. à café de garam massala
1 à 2 gousses d'ail écrasées
180 ml d'eau
1/2 chou-fleur détaillé en bouquets
2 oignons émincés en anneaux
Huile pour friture

1 Tamiser la farine dans une terrine ; ajouter la coriandre, le sel, le curcuma, le piment, le garam massala et l'ail.
2 Faire un puits au centre de la farine. Ajouter l'eau peu à peu et mélanger pour former une pâte épaisse et homogène.
3 Plonger les oignons et le chou-fleur dans la pâte. Chauffer 4 cm d'huile dans une poêle profonde et faire frire les légumes en plusieurs bains 4 à 5 min, jusqu'à ce qu'ils soient dorés. Égoutter sur du papier absorbant et servir avec de la sauce à la menthe (voir recette des samoussas), de la sauce pimentée ou du condiment à la pêche.

BESAN
Le besan est une farine grossière faite à partir de pois chiches séchés. Elle est très parfumée et s'emploie beaucoup dans la cuisine indienne, notamment pour les pakoras.

CI-DESSUS : Samoussas
CI-DESSOUS : Pakoras
aux légumes

le jus de citron, la sauce de soja, le cumin, le piment (en poudre et frais) et la cannelle.
2 Couper la pâte en petits ronds à l'aide d'un emporte-pièce de 10 cm de diamètre. Déposer une cuillerée du mélange sur une moitié de chaque rond. Replier la pâte pour former un demi-cercle. Presser fermement les bords à l'aide d'une fourchette.
3 Verser l'huile dans la poêle (à hauteur de 2 cm) et la chauffer. Mettre les chaussons et les faire cuire 2 à 3 min sur chaque face, jusqu'à qu'ils soient dorés et gonflés. Égoutter sur du papier absorbant. Servir avec de la sauce à la menthe ou du condiment à la pêche.
4 Sauce à la menthe : mélanger le yaourt, le lait ribot, la menthe et le cumin.

RECETTE RAPIDE : CONDIMENT À LA PÊCHE
(pour 750 g)

METTRE 6 grosses pêches pelées et coupées en morceaux dans une cocotte. Ajouter 1 cuil. à soupe de gingembre confit finement haché, 2 cuil. à soupe de sucre roux, 2 oignons nouveaux finement hachés, 1 pincée de quatre épices, 2 clous de girofle, 4 grains de poivre noir, 2 cuil. à soupe de vinaigre brun et 2 cuil. à café de sauce de soja. Remuer à feu moyen jusqu'à ce que le sucre soit dissous. Couvrir, laisser mijoter 15 min environ. Retirer du feu et enlever les clous de girofle et les grains de poivre. Laisser refroidir.

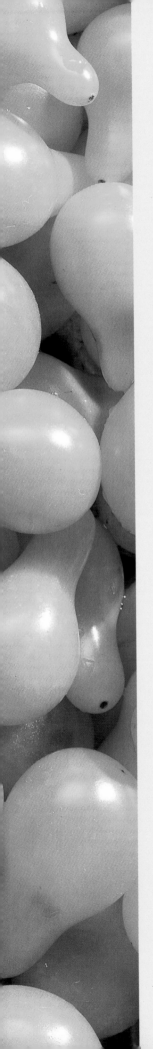

AMUSE-GUEULE ET PLATS DE FÊTE

Les buffets bien présentés sont toujours spectaculaires, et les assortiments de plats végétariens ne font pas exception. Oubliez les tartes et les cortèges de sandwichs classiques, et impressionnez vos invités en leur offrant un choix appétissant de plats originaux. Le lendemain, réunissez-vous en famille et dégustez les restes !

OMELETTE AUX LÉGUMES SUR PITTA

Préparation : 50 min
Cuisson : 20 min
Pour 4 personnes

4 petites betteraves pelées et râpées

2 1/2 cuil. à café de gingembre frais râpé

2 gousses d'ail écrasées

1 cuil. à café de vinaigre de riz

1 cuil. à café d'huile de sésame

4 à 5 cuil. à café de sauce de soja

2 oignons nouveaux finement hachés

Quelques gouttes de Tabasco

3 cuil. à soupe d'huile d'arachide

1 oignon finement émincé

1 poivron rouge coupé en lanières

1 carotte moyenne pelée et râpée

4 feuilles de bok choy (bettes chinoises) hachées

1 cuil. à soupe de sauce au piment doux

3 œufs légèrement battus

1 cuil. à soupe de Maïzena

8 pittas rondes

CI-DESSUS : Omelette aux légumes sur pitta

1 Dans un saladier, bien mélanger la betterave, 1/2 cuil. à café de gingembre, la moitié de l'ail, le vinaigre de riz, l'huile de sésame, 1 cuil. à café de sauce de soja, les oignons nouveaux et le Tabasco. Réserver.

2 Chauffer la moitié de l'huile d'arachide dans une poêle (un wok est l'idéal). Faire revenir l'oignon et le reste de l'ail 1 min à feu moyen. Incorporer le poivron rouge, la carotte, le bok choy, le reste du gingembre et la sauce au piment. Prolonger la cuisson de 1 à 2 min, jusqu'à ce que les légumes soient juste tendres. Retirer du feu et transférer le mélange dans une jatte ; laisser légèrement refroidir. Dans un bol, mélanger les œufs, la Maïzena et le reste de la sauce de soja. Ajouter ce mélange aux légumes et bien mélanger.

3 Chauffer le reste de l'huile dans une poêle. Déposer un quart de la préparation aux légumes dans la poêle et former une petite omelette ronde. Faire cuire 1 à 2 min sur chaque face. Répéter avec le reste de la préparation.

4 Faire légèrement griller les pittas sur chaque face. Éliminer l'excédent d'eau du mélange à la betterave. Sur 4 pittas, placer une omelette aux légumes et un peu de mélange à la betterave, garnir de poivron jaune. Disposer sur chaque assiette une pitta nature et une à l'omelette.

CROQUETTES D'ÉPINARDS SAUCE YAOURT À LA MENTHE

Préparation : 50 min + 1 h de réfrigération
Cuisson : 25 min
Pour 18 croquettes

280 g de riz à grains ronds

250 g de feta émiettée

25 g de parmesan râpé

2 œufs légèrement battus + 2 supplémentaires

1 gousse d'ail écrasée

2 cuil. à café de zeste de citron râpé

40 g d'oignons nouveaux hachés

250 g d'épinards surgelés, décongelés

1 cuil. à soupe d'aneth frais haché

200 g de chapelure

Huile pour friture

Sauce au yaourt à la menthe

200 g de yaourt nature

2 cuil. à soupe de menthe fraîche hachée

2 cuil. à soupe de jus de citron

Sel et poivre noir fraîchement moulu

1 Faire cuire le riz dans une casserole d'eau salée bouillante, jusqu'à ce qu'il soit tendre. Égoutter, rincer à l'eau froide et égoutter de nouveau. Dans une terrine, mélanger le riz, les fromages, les 2 œufs, l'ail, le zeste de citron, les oignons, les épinards et l'aneth. Avec les mains préalablement mouillées, diviser le mélange en 18 parts. Rouler chaque part en forme de petite saucisse et les disposer sur une plaque. Réfrigérer 30 min.

2 Étaler la chapelure sur une feuille de papier sulfurisé. Plonger les croquettes dans les 2 œufs battus supplémentaires, les enduire de chapelure et ôter l'excédent. Réfrigérer 30 min.

3 **Sauce au yaourt à la menthe :** dans un bol, bien mélanger le yaourt, la menthe, le jus de citron, le sel et le poivre. Couvrir et réfrigérer jusqu'au moment de servir.

4 Chauffer l'huile dans une poêle profonde à fond épais. Déposer délicatement quelques croquettes à la fois à l'aide de pincettes ou d'une écumoire. Les faire frire 2 à 3 min, jusqu'à ce qu'elles soient dorées et croustillantes. Égoutter sur du papier absorbant. Continuer avec le reste des croquettes et les servir chaudes ou froides avec de la sauce au yaourt à la menthe.

POMMES DE TERRE CAJUNS

Préparation : 10 min
Cuisson : 25 à 30 min
Pour 4 personnes

Huile végétale

4 pommes de terre moyennes

1 à 2 cuil. à soupe d'épices cajuns

1 Préchauffer le four à 190 °C. Verser 1 cm d'huile dans un plat à four et l'enfourner jusqu'à ce que l'huile soit chaude (5 min environ).

2 Couper les pommes de terre en quartiers ou en gros cubes. Les enduire d'épices cajuns sur toutes leurs faces.

3 Mettre les pommes de terre dans l'huile chaude et bien les enduire d'huile. Enfourner 20 à 25 min jusqu'à ce qu'elles brunissent, en les tournant de temps en temps. Égoutter sur du papier absorbant. Servir immédiatement avec de la salsa à la tomate ou de la crème fraîche.

REMARQUE : les épices cajuns se trouvent en mélange prêt à consommer dans certaines boutiques spécialisées. On peut également les préparer soi-même.

ÉPICES CAJUNS

Les épices cajuns confèrent aux plats cajuns leur goût particulier. On peut les préparer soi-même en mélangeant 1 cuil. à soupe d'ail en poudre, 1 cuil. à soupe d'oignon en poudre, 2 cuil. à café de poivre blanc, 2 cuil. à café de poivre noir concassé, 2 cuil. à café de thym séché, 1/2 cuil. à café d'origan séché et 1 cuil. à café 1/2 de poivre de Cayenne.

CI-DESSUS :
Pommes de terre cajuns

TOURTES AU FROMAGE ET AUX CHAMPIGNONS

Préparation : 40 min
Cuisson : 30 min
Pour 6 tourtes individuelles

★★

40 g de beurre

2 gousses d'ail écrasées

500 g de petits champignons de Paris émincés

Sel

1 petit poivron rouge finement haché

160 g de crème fraîche

3 cuil. à café de moutarde en grains

130 g de gruyère finement râpé

6 rouleaux de pâte feuilletée préétalée

1 œuf légèrement battu

1 Préchauffer le four à 190 °C. Huiler 2 plaques de four. Chauffer le beurre dans une grande casserole. Faire revenir l'ail et les champignons à feu moyen, en remuant de temps en temps, jusqu'à ce que les champignons soient tendres et que le liquide se soit évaporé. Saler. Retirer du feu et laisser refroidir. Ajouter le poivron.

2 Dans un bol, bien mélanger la crème fraîche, la moutarde et la moitié du fromage. Découper 12 ronds de pâte de 14 cm de diamètre. Étaler le mélange de crème fraîche sur 6 ronds, en laissant une bordure de 1 cm. Garnir de champignons.

3 Parsemer de fromage râpé. Badigeonner d'œuf les bords extérieurs et recouvrir des ronds de pâte réservés, en scellant les bords à l'aide d'une fourchette. Badigeonner chaque tourte d'œuf et saupoudrer du reste de fromage. Les disposer sur les plaques et les enfourner 20 min, jusqu'à ce qu'elles soient dorées et gonflées.

PIMENTS À LA SEMOULE DE MAÏS

Préparation : 30 min + 2 h de réfrigération
Cuisson : 2 à 3 min par bain de friture
Pour 6 personnes

★★

330 g de piments entiers en bocal

60 g de fromage râpé (gruyère ou cheddar)

100 g de fromage blanc

Sel

40 g de farine

2 œufs légèrement battus

110 g de semoule de maïs

75 g de chapelure

Huile pour friture

Crème fraîche pour la garniture (facultatif)

1 Choisir 12 gros piments de taille identique dans le bocal. Les égoutter et les sécher sur du papier absorbant. À l'aide d'un couteau tran-

GRUYÈRE

Le terme de gruyère est indifféremment employé pour désigner le gruyère ou l'emmenthal. Ce sont pourtant deux fromages bien différents. Le gruyère se caractérise par quelques rares trous de la taille d'un petit pois, alors que l'emmenthal est parsemé de cavités de la taille d'une cerise. D'un point de vue gastronomique, la différence réside essentiellement dans la texture du fromage une fois cuit : le gruyère offre un meilleur résultat que l'emmenthal, qui a tendance à faire des « fils ».

CI-CONTRE : Tourtes au fromage et aux champignons

ROULEAUX DE PRINTEMPS AUX LÉGUMES FRAIS

Préparation : 40 min
Pas de cuisson
Pour 12 rouleaux

★ ★

150 g de carotte râpée

100 g de pois mange-tout émincés

90 g de pousses de soja équeutées

30 g de vermicelle de riz, trempé, égoutté et refroidi

2 cuil. à soupe de coriandre fraîche hachée

2 cuil. à soupe de menthe fraîche hachée

40 g de cacahuètes grillées à sec, concassées

12 ronds de feuilles de riz

Sauce pimentée

1 cuil. à soupe de sucre roux

60 ml d'eau chaude

2 cuil. à soupe de sauce de poisson (facultatif)

1 gousse d'ail écrasée

60 ml de jus de citron

1 petit piment frais finement émincé

1 cuil. à soupe de coriandre fraîche hachée

VERMICELLE DE RIZ

Le vermicelle de riz est blanc et replié en un bloc compact, d'épaisseur et de longueur variables. On l'utilise fréquemment dans les plats sautés et les soupes chinoises. Il doit être trempé dans de l'eau chaude ou cuit à l'eau bouillante avant emploi (suivre les instructions du paquet). Certaines recettes emploient du vermicelle frit ; celui-ci se sépare et gonfle rapidement, aussi est-il est nécessaire d'en frire de petites quantités seulement à la fois.

chant, les inciser sur toute la longueur. Ôter les graines et les membranes. Mélanger le fromage râpé et le fromage blanc, saler ; en remplir chaque piment.

2 Verser la farine dans une grande assiette et les œufs dans un bol. Dans un sac en plastique, mélanger la semoule et la chapelure. Mettre le mélange dans une grande assiette. Rouler chaque piment dans la farine et ôter l'excédent. Les plonger ensuite dans l'œuf puis les rouler dans le mélange de chapelure. Réfrigérer 1 h. Replonger les piments dans l'œuf et les rouler de nouveau dans la chapelure. Remettre 1 h au réfrigérateur.

3 Chauffer l'huile dans une friteuse. Vérifier le degré de chaleur en plongeant un petit cube de pain ; s'il dore en 30 s, c'est que l'huile est prête. Faire frire quelques piments à la fois jusqu'à ce qu'ils soient dorés, et les égoutter sur du papier absorbant.

REMARQUE : ce plat s'accompagne très bien de crème fraîche ou de salsa.

1 Dans un saladier, mélanger la carotte, les pois mange-tout et les pousses de soja. Hacher grossièrement le vermicelle et l'ajouter aux légumes avec la coriandre, la menthe et les cacahuètes.

2 Tremper chaque rond de feuille de riz dans un bol d'eau chaude pendant 1 min, jusqu'à ce qu'il ramollisse. Le retirer soigneusement de l'eau et l'étaler sur un plan de travail propre. Déposer 2 cuillerées à soupe de garniture sur une moitié de feuille de riz. La rouler doucement mais fermement pour lui donner une forme de rouleau (la feuille humide se colle sur elle-même quand elle est roulée). Servir avec de la sauce pimentée.

3 Sauce pimentée : mettre le sucre dans un bol ; verser l'eau et bien mélanger pour dissoudre le sucre. Ajouter le reste des ingrédients et remuer.

REMARQUE : pour cette recette, le vermicelle de riz doit être trempé 30 s dans de l'eau bouillante. Les ronds de feuilles de riz font à peu près 23 cm de diamètre et s'achètent en paquets dans les boutiques de produits asiatiques.

RECETTE RAPIDE : SANDWICH CHAUD
(pour 1 personne)

TARTINER de beurre 2 tranches de pain. Garnir d'une tranche de gruyère et d'un peu de moutarde en grain. Couvrir de l'autre tranche et bien presser. Battre 1 œuf avec un peu de lait ; assaisonner et ajouter quelques fines herbes hachées. Enduire le sandwich du mélange à l'œuf. Chauffer un peu de beurre dans une poêle et faire cuire le sandwich 2 à 3 min sur chaque côté, jusqu'à ce qu'il dore. Servir immédiatement.

CI-DESSUS : Piments à la semoule de maïs

pour obtenir une pâte légèrement collante, en rajoutant de l'eau si nécessaire. Former une boule.

2 Malaxer légèrement la pâte sur un plan de travail fariné, sans trop la travailler. L'étaler en un rectangle de 20 x 40 cm, aussi rectiligne que possible. Replier le tiers supérieur de la pâte, puis le tiers inférieur par-dessus. Faire pivoter la pâte d'un quart de tour vers la droite de façon que le bord du dernier repli soit à droite. Étaler de nouveau la pâte en un rectangle de 20 x 40 cm et répéter l'opération de pliage. Envelopper la pâte de film plastique et réfrigérer 30 min.

3 Répéter les étapes précédentes deux fois et réfrigérer encore 30 min. Le fait d'étaler et de plier la pâte lui donne sa texture friable caractéristique. Étaler la pâte sur un plan de travail fariné en lui donnant une épaisseur de 3 mm, puis découper 30 ronds de 8 cm de diamètre.

4 Préchauffer le four à 180 °C. Beurrer une grande plaque de four.

5 Garniture : laver et sécher soigneusement les épinards et les hacher finement. Les mettre dans un saladier avec la feta émiettée, les olives, le romarin et l'ail. Étaler les pistaches sur la plaque et les faire dorer au gril pendant 1 à 2 min. Laisser refroidir et les concasser finement avant de les incorporer à la préparation. Ajouter l'œuf et bien mélanger.

6 Déposer 2 cuillerées à soupe de mélange au centre de chaque rond de pâte. Replier en deux et pincer les bords pour les sceller. Les disposer sur la plaque et les badigeonner légèrement d'œuf avant de les enfourner 15 min, jusqu'à ce qu'ils soient dorés. Servir chaud.

PIGNONS

Les pignons sont les fruits oléagineux les plus riches en protéines ; ils sont contenus dans les cônes de certains pins, notamment le pin pignon et le pin parasol, qui, comme son nom l'indique, s'étale en forme de parasol et figure dans maints paysages italiens. Les pignons sont généralement vendus décortiqués ; leur goût est rehaussé à la cuisson, mais ils ont tendance à brûler facilement.

CI-DESSUS :
Chaussons aux épinards
et aux olives

CHAUSSONS AUX ÉPINARDS ET AUX OLIVES

Préparation : 1 h 20 + 1 h de réfrigération
Cuisson : 15 min
Pour 30 chaussons

☆ ☆ ☆

250 g de farine
200 g de beurre coupé en petits morceaux
180 ml d'eau
1 œuf légèrement battu pour dorer

Garniture

60 g de feuilles d'épinards
100 g de feta
2 cuil. à soupe d'olives noires dénoyautées et hachées
2 cuil. à café de romarin frais haché
1 gousse d'ail écrasée
2 cuil. à soupe de pistaches décortiquées
1 œuf légèrement battu

1 Tamiser la farine dans une grande jatte et incorporer les morceaux de beurre de sorte qu'ils soient juste mélangés à la farine. Faire un puits au centre, verser presque toute l'eau et mélanger

RECETTE RAPIDE : BRUSCHETTA AUX HERBES ET AUX CÂPRES
(pour 1 personne)

FAIRE GRILLER 1 ou 2 tranches de pain italien pour les dorer de chaque côté. Frotter chaque tranche d'un peu d'ail écrasé. Garnir de morceaux de tomates olivettes et saupoudrer de sel et de poivre noir fraîchement concassé. Parsemer de fines herbes. Faire frire quelques câpres à l'huile jusqu'à ce qu'elles soient croustillantes et ouvertes en fleur. Les égoutter et les disposer sur la tomate. Servir immédiatement avec des copeaux de parmesan.

TOASTS À L'AUBERGINE ET AU POIVRON

Préparation : 20 min
Cuisson : 8 min
Pour 4 personnes

2 cuil. à soupe d'huile

1 petite aubergine coupée en tranches de 1 cm

1 grande focaccia de 30 x 30 cm

4 cuil. à soupe de concentré de tomate

1 petit oignon finement émincé

1 petit poivron rouge détaillé en fines lanières

3 cuil. à soupe de coriandre fraîche hachée

60 g de fromage râpé (gruyère, cheddar ou mimolette)

3 cuil. à soupe de parmesan râpé

1 Chauffer l'huile dans une grande poêle. Faire revenir les tranches d'aubergine 2 min jusqu'à ce qu'elles soient tendres et légèrement dorées. Égoutter sur du papier absorbant.
2 Couper la focaccia en 4 carrés, puis en 2 horizontalement. Faire griller les deux faces et tartiner de concentré de tomate.
3 Disposer l'aubergine, l'oignon, le poivron, la coriandre et le fromage sur chaque carré. Passer au gril moyen 2 à 3 min, jusqu'à ce que le fromage soit fondu. Servir immédiatement.

TRIANGLES AU FROMAGE, AU BASILIC ET AUX PIGNONS

Préparation : 40 min
Cuisson : 15 min
Pour 28 triangles

125 g de feta

125 g de ricotta

2 cuil. à soupe de basilic frais haché

3 cuil. à soupe de pignons grillés

1 œuf légèrement battu

Sel et poivre

14 feuilles de pâte phyllo

125 g de beurre fondu

1 Préchauffer le four à 190 °C. Dans un saladier, mélanger les fromages, le basilic, les pignons et l'œuf ; assaisonner.
2 Disposer une feuille de pâte sur un plan de travail et la badigeonner de beurre fondu. La couvrir d'une autre feuille et la badigeonner de beurre. Couper la pâte en 4 bandes dans le sens de la longueur.
3 Déposer 3 cuil. à café rases de garniture au bout de chaque bande de pâte. Replier la pâte par-dessus pour envelopper la garniture et former un triangle. Badigeonner les triangles de beurre et les disposer sur des plaques de four huilées. Répéter l'opération avec le reste de pâte et de garniture. Passer les triangles 15 min au four, jusqu'à ce qu'ils soient bien dorés. Servir chaud.
VARIANTE : chauffer 1 cuil. à soupe d'huile dans une casserole. Ajouter 1 oignon finement haché, 2 gousses d'ail écrasées et 2 petits piments rouges hachés. Faire cuire 2 à 3 min à feu moyen en remuant. Incorporer 425 g de haricots rouges en boîte, égouttés et écrasés, 250 g de salsa à la tomate en bocal et 2 cuil. à soupe de coriandre fraîche hachée. Bien mélanger. Déposer une cuillerée à café de garniture sur chaque bande de pâte (voir ci-dessus). Saupoudrer d'un peu de fromage râpé. Former des triangles et enfourner. Ces triangles sont délicieux avec de la crème fraîche et du guacamole.

PÂTE PHYLLO
La pâte phyllo demande un travail très délicat, car les feuilles se dessèchent et s'émiettent lorsqu'elles sont exposées à l'air. Travaillez une seule feuille à la fois et conservez les autres sous un torchon humide.

CI-CONTRE : Toasts à l'aubergine et au poivron

TOMATES
Polyvalente, fiable et toujours disponible, qu'elle soit dégustée telle quelle ou employée comme l'ingrédient de base d'une myriade de plats, la tomate se décline sous toutes les formes et selon toutes les envies.

SALADE DE TOMATES
Sur un plat, intercaler des rondelles de tomates olivettes et des rondelles de bocconcini (petite mozzarella ronde). Parsemer le tout de basilic haché et arroser d'huile d'olive de qualité. On peut également saupoudrer la salade de gros sel et de poivre concassé et la servir avec de la roquette.

TOMATES SÉCHÉES
Couper 500 g de tomates rondes ou olivettes en deux. Les disposer en une seule couche sur une plaque de four à rebords, côté bombé en bas. Saupoudrer de sel et passer au four préchauffé à 120 °C de 7 à 8 h pour les tomates olivettes, ou jusqu'à 10 h pour les tomates rondes. Les tomates se racorniront et bruniront en cours de cuisson. Laisser refroidir puis les mettre dans des bocaux avec un peu de persil frais haché. Couvrir d'huile d'olive.
LES TOMATES GRILLÉES se préparent de la même façon, mais ne se cuisent que 4 à 5 h. Les servir le jour même avec du poivre noir concassé et de l'huile d'olive.

PETITES PIZZAS
À LA TOMATE

Tartiner de petites pâtes à pizza de sauce tomate fraîche. Garnir de rondelles de tomates mûres, de moitiés d'olives noires et de filets d'anchois (facultatif). Parsemer de mozzarella râpée et de chèvre émietté, et les mettre sur une plaque de four. Passer 15 à 20 min au four préchauffé à 220 °C, jusqu'à ce qu'elles soient bien cuites. Garnir de feuilles d'origan.

SAUCE TOMATE CHAUDE
(pour 4 personnes)

Chauffer 60 ml d'huile d'olive dans une poêle. Faire revenir 6 petits oignons blancs émincés 5 min à feu doux, en veillant à ne pas les faire brunir. Inciser d'une croix la base de 3 tomates mûres et les plonger dans un bol d'eau bouillante pendant 2 min. Les passer ensuite sous l'eau froide et les peler. Les hacher avant de les mettre dans la poêle. Laisser cuire 5 min et ajouter 60 ml de vinaigre de vin rouge, 2 gousses d'ail hachées, 170 ml de vin blanc sec, du sel et du poivre. Laisser mijoter 15 min, jusqu'à ce que la sauce ait réduit et épaissi. Juste avant de servir, ajouter 2 cuil. à soupe de cornichons finement hachés et 1 cuil. à soupe de câpres hachées. Servir avec des courgettes ou des aubergines frites ou grillées, et garnir de câpres entières.

BRUSCHETTA À LA TOMATE
(pour 4 personnes)

Inciser d'une croix la base de 500 g de tomates mûres et les plonger dans un bol d'eau bouillante pendant 2 min. Les passer ensuite sous l'eau froide et les peler. Couper les tomates en deux; ôter les graines en pressant légèrement. Couper la chair en petits dés et les mettre dans un saladier avec 60 ml d'huile d'olive, 8 feuilles de basilic finement hachées, du sel et du poivre noir moulu. Faire griller 8 tranches épaisses de pain italien et frotter les deux faces de gousses d'ail coupées en deux. Garnir le pain de tomates et servir.

À PARTIR D'EN HAUT, À GAUCHE :
Bruschetta à la tomate, Sauce tomate chaude (servie avec des aubergines grillées), Petite Pizza à la tomate, Tomates grillées, Salade de tomates, Tomates séchées

67

PAIN LAVASH

Le pain lavash consiste en très fines tranches rectangulaires de pain de froment. On peut le rouler autour d'une farce, le consommer froid en sandwich ou l'utiliser éventuellement pour confectionner des burritos (crêpes mexicaines farcies). On peut également l'arroser d'huile ou de beurre, le saupoudrer de sel, d'ail écrasé ou de fines herbes et le faire dorer au four, avant de le briser en morceaux à tremper dans des sauces. Le pain lavash constitue aussi une bonne base de pizza (mais très fine).

CI-DESSUS : Crackers aux herbes et sauce au bleu

CRACKERS AUX HERBES ET SAUCE AU BLEU

Préparation : 30 min
Cuisson : 5 min
Pour 10 personnes

★

4 rectangles de pain lavash

90 g de beurre fondu

I petit bocal de poivre aux herbes

I cuil. à soupe de ciboulette fraîche finement hachée

Sauce au bleu

250 g de bleu (d'Auvergne, de Bresse) émietté

60 g de beurre ramolli

I cuil. à soupe de vin blanc doux

2 cuil. à café de menthe fraîche hachée

2 cuil. à café de romarin frais haché

2 cuil. à café d'origan frais haché

90 g de crème fraîche

Sel et poivre

I Préchauffer le four à 180 °C. Beurrer chaque rectangle de pain lavash. Saupoudrer de poivre aux herbes et de ciboulette.

2 Couper chaque tranche en 20 carrés, et chaque carré en 2 triangles. Les disposer sur des plaques de four et enfourner 5 min, jusqu'à ce qu'ils soient croustillants. Retirer du four et laisser refroidir. Servir avec de la sauce au bleu.

3 **Sauce au bleu :** mélanger le fromage et le beurre au batteur jusqu'à obtention d'un mélange crémeux. Ajouter le vin, la menthe, le romarin, l'origan et bien mélanger. Incorporer la crème fraîche et assaisonner.

REMARQUE : les crackers se conservent jusqu'à 2 semaines dans un récipient hermétique. Pour varier, mélanger 2 gousses d'ail écrasées au beurre fondu avant d'en badigeonner le pain. Saupoudrer de parmesan râpé et de ciboulette, couper en carrés et en triangles et enfourner.

DOLMAS
(FEUILLES DE VIGNE FARCIES)

Préparation : I h de trempage + 40 min
Cuisson : 50 min
Pour 35 dolmas environ

★★

250 g de feuilles de vigne en saumure

180 ml d'huile d'olive

2 gros oignons finement hachés

160 g de riz rond

6 petits oignons blancs hachés

4 cuil. à soupe d'aneth frais grossièrement haché

I cuil. à soupe de menthe fraîche hachée

Sel et poivre noir fraîchement moulu

1 cuil. à soupe de jus de citron

1 Rincer les feuilles de vigne à l'eau froide et les faire tremper 1 h dans de l'eau chaude ; égoutter. Chauffer 125 ml d'huile dans une petite casserole à fond épais. Faire revenir les oignons 5 min à feu doux. Retirer du feu, couvrir et laisser reposer 5 min. Ajouter le riz, les oignons blancs, les herbes, le sel et le poivre. Bien mélanger.

2 Étaler une feuille de vigne, côté nervuré vers vous. Déposer 3 petites cuillerées de garniture au centre. Replier les côtés de la feuille sur la garniture et rouler le tout vers l'extrémité supérieure de la feuille. Continuer avec le reste de garniture et de feuilles.

3 Couvrir le fond d'une casserole épaisse de 5 feuilles de vigne et disposer les dolmas en deux couches. Arroser du reste d'huile. Poser une assiette résistant à la chaleur sur les dolmas et couvrir les dolmas d'eau. Porter à ébullition, baisser le feu et laisser mijoter 45 min à couvert. Retirer l'assiette, égoutter les dolmas et les arroser de jus de citron. Servir tiède ou froid.

REMARQUE : on peut utiliser des feuilles de vigne fraîches. Dans ce cas, choisissez-en des petites et faites-les blanchir rapidement à l'eau bouillante.

CARRÉS MÉDITERRANÉENS

Préparation : 15 min
Cuisson : 15 min
Pour 20 carrés environ

1 oignon rouge moyen

3 cuil. à soupe d'olives noires dénoyautées

1 poivron rouge moyen

1 poivron vert moyen

2 cuil. à soupe de basilic frais

3 cuil. à café de vinaigre balsamique

2 gousses d'ail écrasées + 3 supplémentaires

60 ml d'huile

1 gros morceau de focaccia (30 x 40 cm)

90 g de fromage râpé

1 Préchauffer le four à 180 °C et couvrir une plaque de four de papier aluminium. Émincer les oignons et les olives. Partager les poivrons en deux, ôter les graines et les membranes et détailler la chair en fines lanières. Hacher finement le basilic.

2 Dans un saladier, mélanger les oignons, les olives, les poivrons, le basilic, le vinaigre et les 2 gousses d'ail. Couvrir et réserver.

3 Dans un bol, mélanger l'huile et le reste d'ail. Avec un couteau denté, partager la focaccia en deux horizontalement. Badigeonner les deux moitiés du mélange d'huile et d'ail. Étaler la garniture sur la moitié inférieure de la focaccia. Saupoudrer de fromage et recouvrir de l'autre moitié de focaccia. Disposer sur la plaque de four et enfourner 15 min, jusqu'à ce que le fromage fonde. Couper en carrés et servir chaud ou à température ambiante.

RECETTE RAPIDE : BOUCHÉES SALÉES
(pour 2 à 6 personnes)

BADIGEONNER de beurre fondu ou d'huile 4 rouleaux de pâte feuilletée préétalée. Tartiner 2 rouleaux de concentré de tomate et les 2 autres de moutarde. Garnir les pâtes à la tomate de 140 g de cœurs d'artichaut marinés coupés en quatre, de 40 g d'olives noires émincées, de basilic frais haché et de mozzarella émincée. Parsemer d'ail. Garnir les pâtes à la moutarde de rondelles de tomates olivettes, de fines herbes hachées et de tranches de camembert. Passer 10 à 15 min au four chaud. Couper en triangles.

VINAIGRE BALSAMIQUE

Le vinaigre balsamique se distingue par un goût intense et doux, ainsi qu'une consistance presque sirupeuse. On l'utilise parcimonieusement dans les sauces de salade. Fait dans la région de Modène, en Italie, il est soumis à de très strictes règles de production. Il est vieilli dans des fûts en bois pendant 3 à 12 ans. Plus il est vieux, plus son parfum est doux (et plus son prix est élevé).

CI-DESSUS : Carrés méditerranéens

ÉPLUCHER L'AIL

I Placer la gousse d'ail sur une planche à découper. Poser un couteau à lame large dessus et donner un coup sec avec la base de la main.

2 La pellicule friable s'enlève alors très facilement.

CI-DESSUS : Condiment épicé à la tomate et crackers de pitta

CONDIMENT ÉPICÉ À LA TOMATE ET CRACKERS DE PITTA

Préparation : 20 min
Cuisson : 20 min
Pour 500 g

2 cuil. à soupe d'huile

I oignon haché

2 gousses d'ail écrasées

2 petits piments rouges hachés

425 g de tomates en boîte concassées

2 pimientos hachés

2 cuil. à soupe de jus de citron

4 cuil. à soupe de persil frais haché

3 pittas rondes à fourrer

3 cuil. à soupe de crème fraîche

I Préchauffer le four à 180 °C. Chauffer l'huile dans une casserole et faire revenir l'oignon, l'ail et les piments à feu moyen en remuant 2 min.
2 Ajouter les tomates, les pimientos et le jus de citron ; porter à ébullition. Baisser le feu, ajouter le persil.
3 Partager les pittas en deux horizontalement et couper chaque moitié en 8 triangles. Les badigeonner d'un peu d'huile. Les disposer en une seule couche sur une plaque de four et enfourner 10 min jusqu'à ce qu'ils soient dorés. Verser le condiment à la tomate dans un bol et garnir de crème fraîche. Servir chaud ou froid, pour y tremper les crackers de pitta.

BABA GHANNOUJ

Préparation : 20 min + 15 min de repos
Cuisson : 20 min
Pour 6 à 8 personnes

★

2 petites aubergines coupées en deux dans le sens de la longueur

Sel

2 gousses d'ail écrasées

2 cuil. à soupe de jus de citron

3 cuil. à soupe de tahini (pâte de sésame)

I cuil. à soupe d'huile d'olive

I cuil. à soupe de menthe fraîche finement hachée

I Préchauffer le four à 190 °C. Faire dégorger les aubergines au sel pendant 15 min. Les rincer et les essuyer avec du papier absorbant.
2 Mettre les aubergines, côté bombé en bas, sur une plaque de four. Enfourner 20 min, jusqu'à ce que la chair soit molle. Peler les aubergines.
3 Passer l'aubergine, l'ail, le jus de citron, le tahini et l'huile d'olive 30 s au mixeur. Assaisonner de sel. Garnir de menthe et servir avec de la pitta ou des morceaux de pain lavash.
REMARQUE : cette sauce est un condiment très apprécié au Moyen-Orient. On peut le préparer à l'avance et le conserver au réfrigérateur, couvert. Le tahini est une pâte à base de graines de sésame grillées et moulues ; on le trouve dans les boutiques de produits orientaux.

SAMOUSSAS AUX POMMES DE TERRE ET AUX NOIX DE CAJOU

Préparation : 20 min + temps de réfrigération
Cuisson : 40 min
Pour 16 samoussas

1 cuil. à soupe d'huile d'olive

2 cuil. à café de gingembre frais haché

3 pommes de terre moyennes pelées et
   coupées en petits dés

90 g de noix de cajou grillées, concassées

15 g de noix de coco râpée

3 cuil. à soupe de crème de coco

3 cuil. à soupe de feuilles de coriandre fraîches

Sel et poivre noir moulu

4 rouleaux de pâte brisée préétalée

Huile pour friture

1 Chauffer l'huile dans une grande poêle à fond épais. Faire revenir le gingembre et les pommes de terre 8 min à feu moyen, sans cesser de remuer. Ajouter les noix de cajou, la noix de coco, la crème de coco et la coriandre ; bien mélanger. Assaisonner et laisser refroidir.

2 Couper chaque rouleau de pâte en quatre. Mettre 2 bonnes cuillerées de garniture au centre de chaque carré et badigeonner d'eau les bords de la pâte. Replier la pâte pour faire un triangle et torsader les bords. Réfrigérer 15 min.

3 Chauffer l'huile dans une friteuse et faire frire les samoussas par petites quantités pendant 6 min, jusqu'à ce qu'ils soient dorés. Égoutter sur le papier absorbant et servir immédiatement.

SALSA À L'AVOCAT

Préparation : 15 min
Cuisson : 1 min
Pour 6 personnes

1 oignon rouge moyen

2 gros avocats

1 cuil. à soupe de jus de citron vert

1 tomate moyenne

1 petit poivron rouge

1 cuil. à café de coriandre moulue

1 cuil. à café de cumin moulu

3 cuil. à soupe de feuilles de coriandre hachées

2 cuil. à soupe d'huile d'olive

4 à 5 gouttes de Tabasco

1 Hacher finement l'oignon. Partager les avocats en deux ; ôtez le noyau et peler. Hacher finement la chair ; la mettre dans un saladier et l'arroser de jus de citron. Remuer délicatement.

2 Couper la tomate en deux horizontalement, la presser doucement pour ôter les graines et hacher finement la chair. Éliminer les graines et les membranes du poivron et le hacher finement.

3 Mettre la coriandre moulue et le cumin dans une petite casserole ; remuer 1 min à feu moyen afin d'exhaler les arômes. Laisser refroidir. Ajouter tous les ingrédients dans le saladier et mélanger délicatement pour ne pas abîmer l'avocat. Réfrigérer et servir à température ambiante avec des chips de maïs.

ACHETER DES AVOCATS
Un avocat prêt à consommer doit être ferme, mais s'enfoncer légèrement sous le doigt. La peau ne doit pas présenter de taches. Il existe trois variétés d'avocat : le Hass a une peau rugueuse qui vire du vert au violet-noir ; le Fuerte a une forme plus allongée, sa peau est plus fine et plus verte ; enfin, il existe un petit avocat « cocktail » long de 5 cm.

CI-CONTRE : Samoussas aux pommes de terre et aux noix de cajou
CI-DESSUS : Salsa à l'avocat

NACHOS AU GUACAMOLE

Préparation : 20 min
Cuisson : 3 à 5 min
Pour 4 personnes

440 g de haricots rouges en boîte, rincés et
    égouttés

4 cuil. à soupe de salsa à la tomate en bocal
    + 375 g supplémentaire

250 g de chips de maïs (tortillas)

250 g de fromage râpé

4 cuil. à soupe de crème fraîche

Guacamole

1 gros avocat

1 petit oignon blanc finement haché

1 petite tomate finement hachée

1 cuil. à soupe de jus de citron

Sel et poivre noir fraîchement moulu

1 Préchauffer le four à 180 °C. Mélanger les
haricots et la salsa ; répartir le mélange dans
4 assiettes résistant à la chaleur. Couvrir de chips
de maïs et de fromage râpé. Enfourner 3 à
5 min, jusqu'à ce que le fromage soit fondu.

2 Déposer de la salsa sur le fromage fondu et
garnir de guacamole et de crème fraîche.

3 **Guacamole :** partager l'avocat en deux ; éliminer la peau et le noyau. Écraser délicatement la
chair à la fourchette et mélanger avec l'oignon
blanc, la tomate, le jus de citron, le sel et le
poivre.

GLAÇONS AROMATISÉS

Mettez quelques feuilles de menthe ou de basilic (ou toute autre herbe à grandes feuilles de votre choix) dans un bac à glaçons, en brins ou séparément. Couvrez d'eau et congelez. Ces glaçons font beaucoup d'effet dans les boissons estivales, en particulier ceux aux fleurs de bourrache.

*CI-DESSOUS : Nachos
au guacamole*

RECETTE RAPIDE : BÂTONNETS DE KEFALOTYRI
(pour 6 à 8 personnes)

COUPER 500 g de fromage kefalotyri en
bâtonnets de 1 cm d'épaisseur. Les tremper
dans l'eau et les rouler dans un mélange de
125 g de farine, 100 g de chapelure, 2 cuil.
à soupe de paprika doux, 1 cuil. à café de
cumin moulu et 1 cuil. à soupe de persil
frais haché. Répéter l'opération et réfrigérer les bâtonnets jusqu'à utilisation. Faire
frire à l'huile chaude dans une poêle jusqu'à
ce qu'ils soient croustillants. Le fromage ne
doit pas fondre. On peut remplacer le kefalotyri par du gruyère ou du romano.

TARTELETTES AUX HERBES

Préparation : 20 min
Cuisson : 35 min
Pour 18 tartelettes

18 tranches de pain de mie blanc, sans croûte

40 g de beurre doux ramolli

Garniture

2 œufs

2 cuil. à soupe de lait

125 g de crème fraîche liquide

2 cuil. à café de ciboulette fraîche hachée

1 cuil. à café d'aneth frais haché

1 cuil. à café de thym frais haché

1 cuil. à café de persil frais haché

2 cuil. à soupe de parmesan fraîchement râpé

1 Préchauffer le four à 210 °C. Beurrer
2 moules à muffins (ou 18 petits moules individuels). Couper le pain en cercles à l'aide d'un
emporte-pièce de 7 cm environ. Aplatir chaque
cercle au rouleau à pâtisserie.

2 Beurrer les deux faces du pain et les tasser
délicatement dans les moules. Enfourner 10 min,
jusqu'à ce que le pain soit légèrement doré.
Veiller à ne pas faire trop cuire.

3 **Garniture :** baisser la température à 180 °C.
Dans une jatte, mélanger les œufs, le lait, la
crème fraîche et les herbes ; bien remuer. Verser
la préparation dans les moules et saupoudrer de
parmesan. Enfourner 25 min, jusqu'à ce que la
garniture soit dorée. Servir immédiatement.

CHAMPIGNONS

Si les champignons doivent être nettoyés, essuyez-les avec un torchon humide (les passer à l'eau les rend spongieux). Conservez toujours les champignons frais dans un sac en papier au réfrigérateur; ils s'abîment vite dans un sac en plastique.

CHAMPIGNONS EN CROÛTE

Préparation : 40 min
Cuisson : 20 à 25 min
Pour 48 bouchées

8 tranches de pain de mie blanc
90 g de beurre fondu
1 cuil. à soupe d'huile d'olive
1 gousse d'ail écrasée
1/2 petit oignon finement haché
375 g de petits champignons de Paris émincés
Sel et poivre
1 cuil. à soupe de xérès sec
2 cuil. à café de Maïzena
90 g de crème fraîche
1 cuil. à soupe de persil frais finement haché
1 cuil. à café de thym frais finement haché
3 cuil. à soupe de parmesan râpé

1 Préchauffer le four à 180 °C. Ôter la croûte du pain. Badigeonner les deux faces de beurre fondu. Couper chaque tranche en deux verticalement, puis chaque moitié en trois horizontalement. Disposer les croûtes sur une plaque couverte d'aluminium. Enfourner 5 à 10 min jusqu'à ce qu'elles dorent.
2 Chauffer l'huile dans une grande poêle; faire revenir l'ail et l'oignon à feu doux, jusqu'à ce que l'oignon soit tendre. Ajouter les champignons; prolonger la cuisson de 5 min à feu moyen. Saler et poivrer.
3 Verser le xérès dans la poêle. Mélanger la Maïzena et la crème fraîche et verser sur les champignons en remuant jusqu'à ébullition et épaississement. Retirer du feu et incorporer le persil et le thym. Laisser refroidir.
4 Déposer un peu de garniture aux champignons sur chaque croûte. Saupoudrer de parmesan râpé et passer 5 min au four.

RECETTE RAPIDE : DENTELLES DE PARMESAN
(pour 8 biscuits)

RÂPER finement 100 g de parmesan de qualité. Dans un bol, mélanger le parmesan avec 1 cuil. à café de persil et de ciboulette hachés et 1 pincée de paprika. Chauffer une poêle antiadhérante. Saupoudrer une cuillerée à soupe pleine de mélange au fromage pour former un rond (de 5 cm de diamètre environ). Faire cuire jusqu'à ce que le fromage fonde et fasse des bulles, puis retirer la poêle du feu. Lorsque le fromage durcit légèrement, le retirer de la poêle avec une spatule et l'égoutter sur du papier absorbant. Faire de même avec le reste du mélange.

CI-DESSUS :
Champignons en croûte

SOIRÉE VÉGÉTARIENNE

L'alimentation végétarienne, avec ses produits frais et colorés, s'adapte très bien aux soirées et réceptions. Confectionnez des pizzas avec du pain lavash tartiné de tapenade, de tomates séchées et d'olives. Servez-les chaudes, accompagnées de boissons rafraîchies aux glaçons aromatisées. Présentez de grands plats de légumes grillés et marinés, tels qu'aubergines, poivrons et courgettes. Dégustez-les chauds ou à température ambiante, agrémentés de toutes sortes de pains.

SANDWICHS À L'AUBERGINE

Préparation : 30 min + 30 min de repos
Cuisson : 25 à 30 min
Pour 4 personnes

3 aubergines moyennes

Huile d'olive pour friture

Sel et poivre noir concassé

Cumin moulu (facultatif)

2 poivrons rouges

10 à 12 tomates séchées

200 g de ricotta ou de fromage de chèvre

4 cuil. à soupe de feuilles de basilic fraîches
  + quelques feuilles supplémentaires

1 Couper les aubergines dans le sens de la longueur, en tranches de 1 cm d'épaisseur. Choisir les 8 plus grandes tranches et les disposer sur une planche. Conserver les autres (voir Remarque). Saupoudrer les 8 tranches de sel et les laisser dégorger 30 min. Bien rincer et essuyer avec du papier absorbant.

2 Chauffer une grande poêle à feu moyen. Couvrir le fond d'huile. Lorsque celle-ci est chaude, déposer quelques tranches d'aubergine. Faire cuire 2 à 3 min de chaque côté. Égoutter sur du papier absorbant. Les saler et les poivrer, et les saupoudrer éventuellement de cumin.

3 Partager les poivrons en deux dans le sens de la longueur. Ôter les graines et les membranes et couper en gros morceaux. Les passer au gril jusqu'à ce que la peau cloque et noircisse, puis les mettre sur une planche, les couvrir d'un torchon et laisser refroidir. Les peler et couper la chair en lanières.

4 Détailler les tomates séchées en fines lamelles. Sur chaque assiette, déposer une tranche d'aubergine et la tartiner de ricotta ou de chèvre. Garnir de tomates séchées et de poivrons, en en réservant un peu pour la garniture. Parsemer de basilic. Couvrir avec l'autre tranche d'aubergine et décorer de poivrons et de tomates. Garnir de feuilles de basilic.

REMARQUE : les tranches d'aubergine non utilisées se conserveront un ou deux jours au réfrigérateur. Les hacher finement et les faire revenir à l'huile d'olive avec de l'ail écrasé ; assaisonner. Déposer sur des toasts ou de la pitta ou bien les ajouter à une soupe ou à un plat cuisiné.

*CI-DESSUS : Sandwichs
à l'aubergine*

NOIX ET AMANDES ÉPICÉES

Préparation : 20 min
Cuisson : 15 min
Pour 6 à 8 personnes

250 g d'amandes mondées

250 g de noix de pécan

3 cuil. à soupe de sucre

1 cuil. à café de sel

1/2 cuil. à café de poivre noir moulu

1 cuil. à café de cannelle moulue

1 pincée de clou de girofle moulu

1/2 cuil. à café de curry en poudre

1 pincée de cumin moulu

1 Préchauffer le four à 180 °C. Disposer les amandes et les noix sur une grande plaque de four. Enfourner 5 à 10 min, jusqu'à ce qu'elles soient dorées et croustillantes. Retirer du four.
2 Dans un bol, mélanger le sucre, le sel, le poivre et les épices.
3 Chauffer une grande poêle. Ajouter les amandes et les noix. Saupoudrer du mélange aux épices et faire revenir 5 min à feu moyen, en remuant jusqu'à ce que les fruits secs soient dorés (le sucre doit fondre et les enrober). Secouer souvent la poêle pour une cuisson régulière. Si les fruits se collent les uns aux autres, les séparer avec une cuillère en bois. Une fois cuits, les déposer sur une plaque de four légèrement huilée et les laisser refroidir.

TOASTS AU PARMESAN ET AU PESTO

Préparation : 30 min
Cuisson : 5 min
Pour 40 toasts environ

1 baguette de pain

16 grosses tomates séchées, coupées en fines lamelles

150 g de parmesan frais en fins copeaux

Pesto

50 g de feuilles de basilic fraîches

2 cuil. à soupe de ciboulette fraîche hachée

4 cuil. à soupe de pignons

2 ou 3 gousses d'ail épluchées

60 ml d'huile d'olive

1 Congeler le pain jusqu'à ce qu'il soit ferme. Le couper en très fines tranches à l'aide d'un couteau denté. Dorer les tranches de pain au grille-pain.
2 Pesto : passer le basilic, la ciboulette, les pignons, l'ail et l'huile 30 s au mixeur.
3 Étaler le pesto sur les toasts. Garnir de lamelles de tomates et de copeaux de parmesan.

*CI-CONTRE : Noix et amandes épicées
CI-DESSUS : Toasts au parmesan et au pesto*

TARTES SALÉES ET PIZZAS

Traditionnelles et familiales, les tartes maison offrent une excellente façon de marier les légumes frais à une pâte croustillante et à une sauce crémeuse. Ces délicieuses recettes, qu'il s'agisse d'une riche tarte à l'oignon ou d'une mini-pizza épicée, agrémenteront tous les repas, du simple pique-nique aux réceptions les plus sophistiquées.

60 ml de vin rouge de qualité

60 ml de bouillon de légumes

2 cuil. à soupe de concentré de tomate

1/2 cuil. à café de basilic séché

1/2 cuil. à café d'origan séché

1 Préchauffer le four à 210 °C. Huiler une plaque de four. Peler et détailler la pomme de terre, la carotte, le panais et le potiron en dés de 1 cm. Chauffer l'huile dans une poêle et faire revenir à l'oignon 2 min à feu moyen, jusqu'à ce qu'il soit tendre. Ajouter les dés de légumes et le bouillon ; porter à ébullition. Baisser le feu et laisser cuire 10 min, en remuant de temps en temps, jusqu'à ce que les légumes soient tendres et que le bouillon se soit évaporé. Incorporer les petits pois et le persil, laisser refroidir.

2 En vous aidant d'une assiette, découper 4 ronds de 12 cm dans chaque rouleau de pâte. Déposer une cuillerée à soupe rase de garniture sur chaque rond, badigeonner d'eau les bords de pâte et replier la pâte en demi-cercle. Torsader joliment les bords pour les souder. Badigeonner d'œuf, disposer sur la plaque et enfourner 25 min, jusqu'à ce que les chaussons soient gonflés et dorés.

3 Sauce tomate : chauffer l'huile dans une petite casserole et faire revenir l'oignon et l'ail 2 min à feu moyen. Ajouter les tomates, le vin et le bouillon et porter à ébullition. Baisser le feu et laisser mijoter 15 min en remuant de temps à autre. Retirer du feu et laisser refroidir. Passer le mélange à la tomate au mixeur. Remettre dans la casserole, ajouter le concentré de tomate et les herbes et remuer jusqu'à ce que la sauce soit bien chaude. Servir chaud ou froid.

CHAUSSONS AUX LÉGUMES À LA SAUCE TOMATE

Préparation : 40 min
Cuisson : 50 min
Pour 12 chaussons

1 pomme de terre

1 carotte

1 panais

100 g de potiron

2 cuil. à café d'huile

1 oignon émincé

125 ml de bouillon de légumes salé

50 g de petits pois frais ou surgelés

1 cuil. à soupe de persil frais finement haché

3 rouleaux de pâte feuilletée préétalée

1 œuf légèrement battu

Sauce tomate

1 cuil. à soupe d'huile

1 petit oignon haché

1 gousse d'ail écrasée

2 tomates pelées et hachées

TARTES DE PIQUE-NIQUE

La plupart des tartes aux légumes se consomment aussi bien froides que chaudes et constituent donc un aliment idéal pour les pique-niques. Si elles sortent du réfrigérateur, vous pouvez les réchauffer légèrement avant de partir et les envelopper de papier aluminium.

CI-DESSUS : Chaussons aux légumes à la sauce tomate

TOURTE AUX ÉPINARDS

Préparation : 35 min
Cuisson : 40 min
Pour 6 à 8 personnes

500 g d'épinards

1 cuil. à soupe d'huile

6 petits oignons blancs finement hachés

125 g de feta émiettée

90 g de fromage râpé (mimolette ou cheddar)

5 œufs légèrement battus + 1 œuf pour dorer

Sel et poivre noir fraîchement moulu

16 feuilles de pâte phyllo

80 ml d'huile d'olive

1 cuil. à soupe de graines de pavot

1 Préchauffer le four à 210 °C. Huiler un plat à four de 30 x 25 cm environ. Laver soigneusement les épinards et les hacher finement. Les mettre dans une casserole sans autre eau que celle des feuilles et cuire 2 min à feu doux. Laisser refroidir, ôter l'excédent d'eau et étaler pour faire sécher.

2 Chauffer l'huile dans une petite casserole et faire revenir les oignons blancs 3 min jusqu'à ce qu'ils soient tendres. Transférer dans un saladier et ajouter les épinards, les fromages, les œufs, le sel et le poivre. Bien remuer.

3 Étaler une feuille de pâte phyllo dans le plat, en laissant les bords dépasser. Couvrir les autres feuilles de pâte d'un torchon humide pour les empêcher de sécher. Badigeonner la pâte d'huile. Répéter avec 7 autres feuilles de pâte, en les badigeonnant chacune d'huile.

4 Étaler la garniture sur la pâte et rentrer les bords de pâte. Badigeonner d'huile les feuilles restantes et les déposer sur la garniture. Rentrer les bords dans le plat, badigeonner d'œuf le dessus et saupoudrer de graines de pavot. Enfourner 35 à 40 min, jusqu'à ce que la pâte soit dorée. Servir immédiatement.

Remarque : on peut remplacer les graines de pavot par des graines de sésame.

PETITS RAMEQUINS AUX LÉGUMES

Préparation : 40 min
Cuisson : 45 min
Pour 6 ramequins

1 pomme de terre moyenne pelée et coupée en dés

150 g de potiron pelé et coupé en dés

1 belle carotte pelée et coupée en dés

150 g de petits bouquets de brocoli

1 cuil. à soupe d'huile

1 oignon finement haché

1 poivron rouge coupé en carrés de 1 cm

50 g de beurre

2 cuil. à soupe de farine

375 ml de lait

125 g de fromage râpé

2 jaunes d'œufs

Sel et poivre de Cayenne

2 rouleaux de pâte feuilletée préétalée

1 œuf légèrement battu

1 cuil. à café de graines de pavot

1 Préchauffer le four à 210 °C. Huiler 6 ramequins. Cuire la pomme de terre, le potiron, la carotte et le brocoli à la vapeur ou au micro-ondes, jusqu'à ce qu'ils soient juste tendres. Bien égoutter et mettre dans une jatte. Chauffer l'huile dans une poêle et faire revenir l'oignon et le poivron rouge 2 min à feu moyen. Les mettre dans la jatte.

2 Chauffer le beurre dans une casserole et ajouter la farine. Remuer 2 min à feu doux jusqu'à ce que le mélange soit légèrement doré. Ajouter le lait peu à peu sans cesser de tourner. Remuer 3 min à feu moyen, jusqu'à ébullition et épaississement. Prolonger l'ébullition 1 min, puis retirer du feu et laisser légèrement refroidir. Ajouter le fromage et les jaunes d'œufs et bien remuer. Assaisonner.

3 Verser la sauce sur les légumes et bien mélanger. Répartir les légumes dans chaque ramequin. Découper 6 ronds de pâte de même diamètre que les ramequins et appuyer sur les bords pour sceller. Badigeonner d'œuf et saupoudrer de graines de pavot. Mettre 30 min au four, jusqu'à ce que la pâte soit bien dorée.

REMARQUE : ces ramequins sont meilleurs consommés le jour même.

CI-DESSUS : Petits Ramequins aux légumes

CI-DESSUS :
Tourte aux bettes

TOURTE AUX BETTES

Préparation : 40 min + temps de réfrigération
Cuisson : 45 à 50 min
Pour 6 à 8 personnes

Pâte à tarte

250 g de farine

75 g de farine complète

125 g de beurre coupé en petits morceaux

80 ml d'eau glacée

Garniture

800 g de bettes

65 g de pistaches concassées

3 cuil. à soupe de raisins secs hachés

35 g de parmesan fraîchement râpé

60 g de gruyère râpé

4 œufs

170 ml de crème fleurette

Sel

1 pincée de muscade moulue

1 Pâte à tarte : tamiser les farines dans une terrine et ajouter le beurre. Malaxer du bout des doigts pendant 2 min, jusqu'à obtention d'un mélange friable. Ajouter suffisamment d'eau pour former une pâte ferme, et en rajouter si nécessaire. Mettre la pâte sur un plan de travail fariné et la travailler en boule. Étaler les deux tiers de la pâte et en garnir un moule à tarte beurré (de 23 cm environ). Envelopper le reste de pâte de film plastique et réfrigérer 20 min, ainsi que le plat foncé.

2 Garniture : préchauffer le four à 180 °C. Enlever la tige des bettes et laver soigneusement les feuilles avant de les hacher finement. Les faire cuire 3 min à la vapeur ou au micro-ondes, jusqu'à ce qu'elles soient tendres. Laisser refroidir, presser l'excédent d'eau et les étaler pour les sécher.

3 Saupoudrer la pâte de pistaches. Mélanger les bettes, les raisins secs et les fromages, et étaler le tout sur les pistaches. Battre au fouet 3 œufs avec la crème fleurette, le sel et la muscade et verser sur les bettes.

4 Étaler le reste de pâte pour couvrir la tarte et ôter l'excédent. Pincer les bords pour les souder. Battre l'œuf restant et en badigeonner le dessus de la tourte. Décorer avec les restes de pâte. Enfourner 45 min, jusqu'à ce que la tourte soit dorée. Servir chaud, avec une salade de tomates.
REMARQUE : cette tourte est meilleure consommée le jour même.

TOURTE CAMPAGNARDE

Préparation : 40 min + temps de réfrigération
Cuisson : 1 h
Pour 6 personnes

175 g de beurre

250 g de farine + 30 g

60 ml d'eau glacée

1 cuil. à soupe d'huile

1 oignon finement haché

1 petit poivron rouge haché

1 petit poivron vert haché

150 g de potiron haché

1 petite pomme de terre hachée

100 g de brocoli, coupé
  en petits bouquets

1 carotte hachée

Sel

250 ml de lait

2 jaunes d'œufs

60 g de fromage râpé

1 œuf légèrement battu pour dorer

1 Préchauffer le four à 180 °C. Couper 125 g de beurre en petits morceaux. Tamiser la farine dans une terrine et ajouter le beurre. Malaxer du bout des doigts jusqu'à obtention d'un mélange friable. Verser presque toute l'eau et former une pâte ferme (rajouter de l'eau si nécessaire). Mettre sur un plan de travail fariné et former une boule.

2 Diviser la pâte en deux, étaler une moitié et en garnir un moule à tarte cannelé. Réfrigérer 20 min. Étaler l'autre moitié de pâte en un rond de 25 cm de diamètre. Le découper en fines bandelettes et en étendre la moitié sur une feuille de papier sulfurisé, en les espaçant de 1 cm. Déposer le reste des bandelettes en croisillons, couvrir de film plastique et réfrigérer à plat.

3 Couper une feuille de papier sulfurisé et en couvrir le moule foncé. Étaler une couche de haricots secs ou de riz et enfourner 10 min. Ôter le papier et les haricots et prolonger la cuisson de 10 min, jusqu'à ce que la pâte soit légèrement dorée. Laisser refroidir.

4 Chauffer l'huile dans une poêle. Faire revenir l'oignon 2 min. Ajouter les poivrons et prolonger la cuisson de 3 min en remuant. Faire cuire le reste des légumes à l'eau ou à la vapeur jusqu'à ce qu'ils soient tendres. Égoutter et laisser refroidir. Dans un saladier, mélanger l'oignon, les poivrons et les légumes. Saler.

5 Chauffer le reste du beurre dans une petite casserole. Ajouter les 30 g de farine et cuire 2 min en remuant. Verser le lait peu à peu, en veillant à ce que le mélange soit bien homogène. Remuer constamment à feu moyen jusqu'à ébullition et épaississement. Prolonger l'ébullition de 1 min et retirer du feu. Ajouter les jaunes d'œufs et le fromage, saler et bien remuer. Verser la sauce sur les légumes et mélanger. Garnir la pâte du mélange aux légumes et badigeonner d'œuf les rebords. En vous aidant du papier sulfurisé, retourner les croisillons de pâte sur la tarte, égaliser les bords et les souder à la pâte cuite avec un peu d'œuf battu. Badigeonner d'œuf les croisillons et enfourner 30 min, jusqu'à ce que la pâte soit bien dorée.

DÉCORER LES TARTES

Traditionnellement, les tartes salées sont décorées tandis que les tartes sucrées sont laissées telles quelles, afin de les distinguer. On peut décorer les tartelettes des jeunes enfants en utilisant les restes de pâte pour y écrire leurs initiales ou leur prénom.

CI-DESSUS :
Tourte campagnarde

POMMES DE TERRE Cet aliment

de choix a permis à des générations de résister à la famine et aux familles de se

retrouver autour de plats variés et économiques.

POMMES DE TERRE GRILLÉES
(pour 4 personnes)
Laver 8 pommes de terre et les essuyer.
Les couper en gros quartiers. Les badigeonner d'huile d'olive, les saupoudrer de sel marin et de paprika doux (ou de piment en poudre). Passer 35-40 min au four préchauffé à 220 °C, jusqu'à ce que les pommes de terre soient croustillantes.

GNOCCHI DE POMMES DE TERRE (pour 4 personnes)
Faire cuire 1,2 kg de pommes de terre non pelées à l'eau bouillante salée. Rincer et laisser légèrement refroidir avant de les peler et de les écraser (à la fourchette). Déposer la purée de pommes de terre sur un plan de travail fariné. Faire un puits au centre et ajouter 2 jaunes d'œuf et 125 g

de farine. Pétrir le mélange afin de former une pâte souple. Si la pâte est trop collante, ajouter un peu de farine. Enduire vos mains de farine et diviser la pâte en huit. Rouler chaque portion en boudin de 3 cm d'épaisseur. Découper les boudins en morceaux de 1 cm et rouler chaque morceau sur les dents d'une fourchette farinée. Cuire les gnocchi dans une

grande casserole d'eau bouillante salée ; ils sont cuits lorsqu'ils remontent en surface.

POMMES DE TERRE AU ROMARIN (pour 4 personnes)

Peler et couper en dés 500 g de pommes de terre nouvelles. Les mettre dans un plat à four antiadhérant et les arroser de 60 ml d'huile d'olive. Saupoudrer généreusement de sel marin, de poivre noir concassé et de 2 cuil. à soupe de romarin frais. Bien mélanger. Mettre au four préchauffé à 220 °C 45 min, jusqu'à ce qu'elles soient bien dorées.

SALADE ÉPICÉE DE POMMES DE TERRE CHAUDES

(pour 4 à 6 personnes)

Peler et détailler 1 kg de pommes de terre en rondelles de 1 cm. Chauffer 125 ml d'huile d'olive dans une grande poêle antiadhérante. Ajouter les pommes de terre, 2 cuil. à soupe de concentré de tomate, 1/2 cuil. à café de curcuma et 1 cuil. à café de piment en flocons, de filaments de safran, de graines de moutarde noire et de graines de cumin. Faire cuire 5 min à feu moyen. Incorporer 375 ml de bouillon de légumes et 2 feuilles de laurier. Porter à ébullition, baisser le feu, couvrir et laisser mijoter 30 min. Incorporer 3 cuil. à soupe de menthe fraîche hachée.

POMMES DE TERRE À LA CRÈME ET SALSA À L'AVOCAT (pour 4 personnes)

Mettre 500 g de pommes de terre nouvelles dans un grand plat à four antiadhérant, arroser de 3 cuil. à soupe d'huile d'olive et saupoudrer de sel marin. Mettre au four préchauffé à 200 °C 40 min, jusqu'à ce que les pommes de terre soient bien dorées. Salsa à l'avocat : mélanger 1 gousse d'ail écrasée, 1 petit piment rouge haché, 1 petit oignon rouge haché, 1 avocat haché, 1 cuil. à soupe de jus de citron vert, 2 cuil. à soupe de coriandre fraîche hachée, 1 tomate finement hachée et 1 pêche finement hachée. Servir les pommes de terre avec une cuillerée de crème fraîche et une cuillerée de salsa.

À PARTIR D'EN HAUT, À GAUCHE :
Pommes de terre à la crème et salsa à l'avocat, Pommes de terre grillées, Salade épicée de pommes de terre chaudes, Pommes de terre au romarin, Gnocchi de pommes de terre

jusqu'à ce que la pâte soit légèrement dorée.
Laisser refroidir. Baisser la température à 180 °C.
3 Couper les tomates en deux ; saupoudrer de sel
et arroser d'huile. Les mettre dans un plat à four,
côté bombé en bas et enfourner 15 min.
Disposer les tomates, côté bombé en bas, sur la
pâte. Intercaler les rondelles de bocconcini et
l'oignon blanc entre les tomates et parsemer de
romarin, de sel et de poivre. Enfourner 10 min.
Retirer du four et laisser reposer 10 min avant
de servir.

MINIQUICHES AU POTIRON ET AU CURRY

Préparation : 30 min + 30 min de réfrigération
Cuisson : 40 min
Pour 8 quiches

★★

Pâte à tarte au fromage frais

180 g de farine

125 g de fromage frais crémeux, coupé en dés

125 g de beurre coupé en dés

Garniture

1 cuil. à soupe d'huile

2 oignons finement hachés

3 gousses d'ail écrasées

1 cuil. à café de curry en poudre

3 œufs

125 ml de crème fraîche épaisse

1 tasse de potiron cuit en purée
(environ 350 g de potiron cru)

2 cuil. à café de graines de cumin

1 **Pâte à tarte au fromage frais** : préchauffer le
four à 210 °C. Tamiser la farine dans une grande
jatte, ajouter le fromage frais et le beurre.
Malaxer du bout des doigts pendant 2 min, jusqu'à ce que le mélange soit homogène et forme
une boule.
2 Pétrir la pâte 10 s sur un plan de travail fariné.
Réfrigérer 30 min sous un film plastique. Diviser
la pâte en 8 portions égales, les étaler et garnir
8 moules à tartes individuels de 10 cm de diamètre environ. Enfourner 15 min jusqu'à ce que
la pâte soit légèrement dorée. Baisser la température à 180 °C.
3 **Garniture** : chauffer l'huile dans une petite
casserole et faire revenir les oignons et l'ail 5 min
à feu moyen, en remuant constamment. Ajouter

BOCCONCINI

Les bocconcini sont de
petites boules de mozza-
rella fraîche. On les utilise
généralement en salade. Si
vous les cuisez, faites-le
très brièvement pour évi-
ter qu'ils ne dessèchent et
durcissent.

TARTE À LA TOMATE ET AUX BOCCONCINI

Préparation : 30 min + temps de réfrigération
Cuisson : 50 min
Pour 6 personnes

★

180 g de farine

100 g de beurre coupé en petits morceaux

1 œuf

2 cuil. à soupe d'eau froide

5 ou 6 tomates olivettes

1 cuil. à soupe d'huile d'olive

8 bocconcini émincés

6 petits oignons blancs hachés

2 cuil. à soupe de romarin frais

Sel et poivre

1 Passer la farine et le beurre au mixeur jusqu'à
ce que le mélange soit friable. Dans un bol,
mélanger l'œuf et l'eau. Sans cesser de mixer,
ajouter peu à peu ce mélange jusqu'à obtention
d'une pâte. Pétrir sur un plan de travail fariné
pour former une pâte souple. Envelopper de film
plastique et réfrigérer 20 min.
2 Préchauffer le four à 210 °C. Sur un plan de
travail fariné, étaler la pâte de façon à garnir un
moule à tarte de 23 cm environ. Ôter l'excédent
à l'aide d'un couteau. Garnir le moule de papier
sulfurisé et le couvrir de haricots secs ou de riz.
Enfourner 15 min. Retirer le papier et les haricots et prolonger la cuisson au four de 10 min,

*CI-DESSUS : Tarte à la
tomate et aux bocconcini*

le curry et remuer 1 min. Étaler le mélange sur la base des moules à tarte.

4 Dans une jatte, bien battre les œufs, la crème fraîche et le potiron. Verser sur les oignons, saupoudrer de graines de cumin et enfourner 20 min, jusqu'à ce que la garniture soit ferme.

QUICHE À LA ROQUETTE, AU BASILIC ET AU POIREAU

Préparation : 30 min + temps de réfrigération
Cuisson : 1 h 10
Pour 1 quiche de 23 cm environ

✷ ✷

150 g de roquette sans tige

180 g de farine

125 g de beurre coupé en petits morceaux

1 ou 2 cuil. à soupe d'eau

1 cuil. à soupe d'huile

1 gros blanc de poireau finement émincé

2 gousses d'ail écrasées

2 œufs

125 ml de lait

125 ml de crème fleurette

Sel

1 Préchauffer le four à 210 °C. Laver la roquette et l'essorer. Hacher finement les feuilles.

2 Tamiser la farine dans une terrine. Ajouter le beurre et malaxer du bout des doigts pendant 2 min, jusqu'à obtention d'un mélange friable. Verser l'eau et former une pâte souple. Pétrir la pâte 10 s sur un plan de travail fariné. Réfrigérer 30 min sous un film plastique.

3 Étaler la pâte puis en foncer un moule à tarte de 23 cm environ. Garnir la pâte de papier sulfurisé et le couvrir de haricots secs. Enfourner 10 min. Retirer le papier et les haricots et prolonger 5 min la cuisson au four jusqu'à ce que la pâte soit légèrement dorée. Baisser la température à 180 °C.

4 Chauffer l'huile dans une poêle, faire revenir le poireau et l'ail 5 min à feu doux. Ajouter la roquette et remuer 1 min. Retirer du feu et laisser refroidir. Étaler sur le fond de tarte. Dans un bol, mélanger les œufs, le lait et la crème fleurette. Saler. Verser sur les légumes et enfourner 50 min, jusqu'à ce que la quiche soit dorée. Servir garni de feuilles de basilic et de copeaux de parmesan.

ROQUETTE

La roquette est une plante à feuilles, au goût épicé et poivré. Agrémentée de copeaux de parmesan, d'huile d'olive et de jus de citron, elle constitue une délicieuse salade toute simple. Si vous la trouvez trop forte, mélangez-la à d'autres variétés de salade verte.

CI-DESSUS : Miniquiches au potiron et au curry
CI-DESSOUS : Quiche à la roquette, au basilic et au poireau

TARTE AUX TOMATES ET AUX OLIVES

Préparation : 30 min + 30 min de réfrigération
Cuisson : 30 à 35 min
Pour 1 tarte de 20 cm environ

Pâte à tarte

250 g de farine

90 g de beurre coupé en petits morceaux

1 jaune d'œuf

1 cuil. à soupe d'eau

Garniture

2 cuil. à soupe d'huile d'olive

1 ou 2 cuil. à soupe de moutarde

15 g de beurre

6 petites tomates pelées et coupées en dés

3 gros oignons finement émincés

1 cuil. à café de sucre

2 cuil. à soupe de basilic frais haché

125 g d'olives dénoyautées, émincées

220 g de gruyère râpé

1 Préchauffer le four à 210 °C. Beurrer un moule à tarte de 20 cm environ. L'enduire de farine et ôter l'excédent.

2 Pâte à tarte : passer la farine et le beurre 30 s au mixeur, jusqu'à ce que la préparation soit friable. Ajouter le mélange de jaune d'œuf et d'eau et mixer encore 30 s jusqu'à formation d'une pâte. Pétrir sur un plan de travail fariné pour former une pâte souple. Envelopper de film plastique et réfrigérer 30 min.

3 Garniture : bien mélanger l'huile et la moutarde.

4 Étaler la pâte et garnir le moule à tarte. Couvrir la pâte de papier sulfurisé puis d'une couche de haricots secs. Enfourner 15 min. Retirer le papier et les haricots et laisser refroidir. Étaler le mélange à la moutarde sur la pâte. Chauffer le beurre dans une casserole et faire revenir les tomates et l'oignon. Retirer du feu et égoutter l'excédent de liquide. Verser la préparation à la tomate sur la pâte. Dans un bol, mélanger le sucre, le basilic et les olives et en parsemer la tomate. Garnir de fromage. Enfourner 20 min, jusqu'à ce que la pâte soit croustillante et le fromage fondu.

OLIVES

Quand vous achetez des olives, la règle d'or est de les choisir de très bonne qualité. Parmi les meilleures variétés figurent l'olive Kalamata noir-violet de Grèce et la petite olive niçoise brune. Si une recette requiert une variété particulière, mieux vaut essayer de la trouver.

CI-CONTRE : Tarte aux tomates et aux olives

TARTE AUX TROIS FROMAGES

Préparation : 20 min
Cuisson : 35 min
Pour 6 personnes

6 feuilles de pâte phyllo
60 g de beurre fondu

Garniture

30 g de cheddar ou de mimolette râpé
60 g de fromage fumé râpé
60 g de gruyère râpé
3 œufs légèrement battus
125 ml de lait
180 ml de crème fleurette
1 cuil. à soupe de ciboulette fraîche hachée
2 cuil. à soupe de persil frais haché
Sel

1 Préchauffer le four à 180 °C. Poser la pâte phyllo sur le plan de travail et la couvrir d'un torchon humide pour éviter qu'elle ne dessèche. Prendre une feuille et la badigeonner de beurre fondu. La couvrir d'une autre feuille et la badigeonner également de beurre. Continuer avec le reste des feuilles.

2 Beurrer un moule à tarte de 23 cm environ. Le garnir de pâte phyllo et replier les bords.

3 Garniture : mélanger tous les ingrédients dans un saladier. Verser sur la pâte et enfourner 35 min jusqu'à ce que la préparation soit légèrement dorée et prise.

TARTE SUISSE À L'OIGNON

Préparation : 30 min
Cuisson : 1 h 10
Pour 4 personnes

1 rouleau de pâte brisée
2 cuil. à soupe d'huile
3 oignons moyens émincés
125 g de crème fraîche
2 œufs
Sel
65 g de gruyère finement râpé
Poivre de Cayenne

1 Préchauffer le four à 210 °C. Garnir le moule de pâte. Couvrir la pâte de papier sulfurisé puis de haricots secs. Enfourner 10 min puis retirer du four et ôter le papier et les haricots. Mettre de nouveau 5 min au four, jusqu'à ce que la pâte soit légèrement dorée. Baisser la température à 180 °C.

2 Chauffer l'huile dans une casserole et faire revenir les oignons 15 min à feu doux, en remuant souvent, jusqu'à ce qu'ils soient légèrement dorés et très tendres. Les étaler sur la pâte.

3 Battre la crème fraîche et les œufs au fouet dans un saladier. Saler. Ajouter le fromage et bien remuer. Poser le moule à tarte sur une plaque de four. Verser le mélange à l'œuf sur l'oignon et saupoudrer légèrement de poivre de Cayenne. Enfourner 40 min jusqu'à ce que la garniture soit prise. Servir chaud ou froid.

REMARQUE : la pâte peut être cuite la veille et réfrigérée sous un film plastique. L'oignon et la garniture peuvent être préparés plusieurs heures à l'avance. Les couvrir et les réfrigérer. La tarte peut ainsi être préparée juste avant le repas.

CUIRE À BLANC

La cuisson à blanc garantit une pâte bien cuite et croustillante. Une fois que vous avez garni le moule de pâte, couvrez le fond et les bords d'une feuille de papier sulfurisé. Étalez dessus une couche de haricots secs, de riz cru ou de perles de cuisson. Mettez au four préchauffé le temps requis, puis ôtez les haricots (ou le riz ou les perles) et le papier. Remettez la pâte au four jusqu'à ce qu'elle soit légèrement dorée, puis versez-y la garniture. Les haricots ou le riz (les pois chiches font également l'affaire) peuvent être conservés dans un bocal et réutilisés.

CI-DESSUS : Tarte suisse à l'oignon

PÂTE LEVÉE

La pâte levée peut être préparé à l'avance : déposez la pâte dans un saladier légèrement huilé, couvrez-la de film plastique et réfrigérez jusqu'à 8 h. La pâte lèvera, mais beaucoup plus lentement qu'à température ambiante ou chaude. Ne laissez jamais la pâte lever dans une atmosphère surchauffée, en pensant qu'elle doublera de volume plus vite : la levure dégagerait un goût amer ou pourrait même être détruite par la chaleur.

CI-DESSUS : Pizza de pommes de terre à l'oignon et au chèvre

PIZZA DE POMMES DE TERRE À L'OIGNON ET AU CHÈVRE

Préparation : 40 min + temps de repos
Cuisson : 55 min
Pour 4 personnes

★

125 ml de lait chaud

50 g de levure de boulanger fraîche
 (ou 2 sachets de 7 g de levure sèche)

1/2 cuil. à café de sucre

Sel

165 g de pommes de terre écrasées

125 g de farine

2 cuil. à soupe de persil frais haché

Poivre noir fraîchement moulu

Garniture

2 cuil. à soupe d'huile d'olive

1 kg d'oignons rouges finement émincés

200 g de poivron rouge grillé, coupé en lanières

90 g d'olives noires

50 g de chèvre coupé en petits morceaux

Poivre noir concassé

1 Dans un bol, mélanger le lait et la levure émiettée avec le sucre et une pincée de sel. Couvrir le bol de film plastique et le laisser dans un endroit chaud pendant 10 min (le mélange doit être mousseux). Dans une terrine, mélanger les pommes de terre, la farine, le persil, le sel, le poivre et le mélange de levure jusqu'à obtention d'une pâte souple. La pétrir 10 min sur un plan de travail fariné, jusqu'à ce qu'elle soit élastique au toucher.

2 Remettre la pâte dans un grand saladier propre et légèrement huilé. Le couvrir de film plastique et réserver au chaud jusqu'à ce que la pâte ait doublé de volume (entre 1 h et 1 h 30).

3 Garniture : chauffer l'huile dans une casserole à fond épais. Faire revenir les oignons 20 à 30 min à feu doux, en remuant de temps en temps, jusqu'à ce qu'ils soient dorés et luisants. Retirer du feu.

4 Préchauffer le four à 210 °C. Poser la pâte sur un plan de travail fariné et la pétrir encore 2 min. Huiler généreusement une plaque à pizza ou deux petites plaques. Poser la pâte sur la plaque et la presser pour l'étaler. Garnir la pâte d'oignons, de poivron rouge, d'olives et de chèvre et saupoudrer de poivre noir concassé. Enfourner 20 à 25 min et servir immédiatement.

REMARQUE : les oignons caramélisés peuvent se préparer la veille. Veiller à les cuire à feu doux pour qu'ils conservent leur goût sucré. S'ils brûlent, ils seront amers.

PIZZA ESPAGNOLE

Préparation : 30 min + temps de repos
Cuisson : 35 min
Pour 4 à 6 personnes

Pâte

7 g de levure en sachet

1 cuil. à café de sucre en poudre

280 g de farine

250 ml d'eau chaude

Garniture

10 feuilles d'épinard hachées

1 cuil. à soupe d'huile d'olive

2 gousses d'ail écrasées

2 oignons hachés

440 g de tomates en boîte, égouttées et
concassées

1 pincée de poivre moulu

12 olives noires dénoyautées et hachées

1 Préchauffer le four à 210 °C. Beurrer un moule à gâteau roulé de 30 x 25 cm environ.
2 Pâte : dans une grande jatte, mélanger la levure, le sucre et la farine. Ajouter peu à peu l'eau chaude et bien mélanger. Pétrir la pâte sur un plan de travail fariné, jusqu'à ce qu'elle soit élastique. La poser dans un saladier légèrement

huilé, la couvrir d'un torchon et laisser lever au chaud 15 min, jusqu'à ce que la pâte ait presque doublé de volume.
3 Garniture : mettre les épinards dans une casserole, couvrir et cuire 3 min à feu doux. Égoutter et laisser refroidir. Presser l'excédent d'eau à la main et réserver.
4 Chauffer l'huile dans une casserole et faire revenir l'ail et l'oignon 5 à 6 min à feu doux. Ajouter les tomates et le poivre et laisser mijoter 5 min.
5 Faire dégonfler la pâte d'un coup de poing et la pétrir 2 à 3 min sur un plan de travail fariné. L'étendre et en garnir le moule. Étaler les épinards, puis le mélange aux tomates et parsemer d'olives.
6 Enfourner 25 à 30 min. Couper la pizza en petits carrés ou en bâtonnets et servir chaud ou froid.

MINIPIZZAS

Préparation : 20 min
Cuisson : 20 à 25 min
Pour 4 personnes

1 cuil. à soupe d'huile

1 petit poivron vert coupé en fines et courtes
lanières

150 g de champignons finement émincés

1 courgette finement émincée

4 petites pâtes à pizza

160 g de sauce napolitaine toute prête

410 g d'artichauts en boîte égouttés et coupés
en quartiers

130 g de maïs en boîte égoutté

150 g de mozzarella émincée

1 Préchauffer le four à 210 °C. Huiler légèrement 2 plaques de four. Chauffer l'huile dans une poêle et faire revenir le poivron, les champignons et la courgette 3 min à feu moyen. Laisser refroidir.
2 Tartiner les fonds de pâte de sauce napolitaine. Garnir de légumes cuits, d'artichauts et de maïs. Parsemer de mozzarella. Disposer sur les plaques.
3 Enfourner 15 à 20 min, jusqu'à ce que le fromage soit fondu et que la pâte soit croustillante. Servir immédiatement.

PÂTE À PIZZA
Traditionnellement, la pâte à pizza est confectionnée à partir des restes de pâte à pain. On peut également utiliser de la pâte à scones ou de la pâte brisée. La pitta, le pain libanais, le pain lavash ou turc (pide) constituent également de bonnes bases de pizza.

CI-CONTRE : Pizza espagnole

PIZZA À LA TOMATE ET À LA CRÈME FRAÎCHE

Préparation : 30 min + 1 h 30 de repos
Cuisson : 40 min
Pour 4 personnes

1 cuil. à café de levure

1 cuil. à café de sucre en poudre

170 ml d'eau chaude

250 g de farine

1 pincée de sel

125 ml d'huile d'olive

Garniture

125 g de crème fraîche

90 g de ricotta

2 cuil. à soupe de fines herbes hachées
   (basilic, thym citronné, sauge)

2 cuil. à soupe d'huile

2 oignons moyens finement émincés

5 tomates mûres émincées

2 gousses d'ail finement émincées

45 g d'olives niçoises marinées

10 brins de thym citronné frais

Sel et poivre noir fraîchement concassé

1 Préchauffer le four à 200 °C. Dans un bol, mélanger la levure, le sucre et l'eau chaude. Réserver 5 min dans un endroit chaud, jusqu'à ce que le mélange devienne mousseux.

2 Mettre la farine et le sel dans un mixeur ; ajouter l'huile d'olive et la levure peu à peu, jusqu'à obtention d'une pâte grossière. La pétrir sur un plan de travail fariné. La mettre dans un saladier légèrement huilé, couvrir et laisser reposer 1 h 30 dans un endroit chaud, jusqu'à ce qu'elle ait doublé de volume. La faire retomber d'un coup de poing et la pétrir de nouveau avant de l'étaler en un rond de 30 cm, ou en 4 ronds de 14 cm. Disposer sur une plaque de four anti-adhérante.

3 Garniture : dans un bol, mélanger la crème fraîche, la ricotta et les fines herbes. Étaler sur la pâte, en laissant 1 cm de bordure.

4 Chauffer l'huile dans une poêle et faire revenir les oignons 10 min, jusqu'à ce qu'ils soient cara-mélisés. Laisser refroidir légèrement puis les éta-ler sur le mélange à la ricotta. Garnir de ron-delles de tomate et d'ail, d'olives, de thym et de poivre. Enfourner 15 à 30 min, selon la taille, jusqu'à ce que la pâte soit dorée et croustillante.

PIZZETTA SANTA FE

Préparation : 15 min
Cuisson : 15 min
Pour 6 personnes

6 petites pâtes à pizza prêtes à l'emploi

185 g de salsa épicée à la tomate (en bocal)

4 petits oignons blancs émincés

1 poivron rouge émincé

440 g de haricots rouges en boîte, égouttés
   et rincés

2 cuil. à soupe de basilic frais haché

75 g de mozzarella émincée

30 g de fromage râpé

125 g de crème fraîche

125 g de chips de maïs

Guacamole

1 gousse d'ail écrasée

1 petit oignon rouge finement haché

1 gros avocat écrasé

1 cuil. à café de jus de citron

1 cuil. à soupe de salsa à la tomate en bocal

Sel

2 cuil. à soupe de crème fraîche

1 Préchauffer le four à 200 °C. Étaler sur les pâtes la salsa épicée.

2 Garnir d'oignons blancs, de poivron, de hari-cots et de basilic.

3 Saupoudrer de fromage. Enfourner 15 min jusqu'à ce que la pâte soit croustillante et que le fromage soit fondu et doré. Servir avec des chips de maïs, du guacamole et de la crème fraîche.

4 Guacamole : bien mélanger l'ail, l'oignon, l'avocat, le jus de citron, la salsa, le sel et la crème fraîche.

PIZZAS ITALIENNES

La pizza est née dans les rues de Naples, en Italie du Sud, sur les étals des marchands ambulants. La pizza napolitaine classique se compose d'une fine pâte croustillante et d'une garniture de tomates et de mozzarella. À Rome, la pizza se présente en grands rectangles coupés en morceaux et vendus au poids. La pizza sicilienne se distingue par sa pâte épaisse, cuite dans un moule huilé.

PAGE CI-CONTRE :
Pizza à la tomate et à la crème fraîche (en haut), Pizzetta Santa Fe (en bas)

CRÊPES, BEIGNETS ET OMELETTES

Toujours appréciés, ces délicieux plats salés constituent une façon énergétique de commencer une longue journée, mais aussi un agréable moyen de se retrouver entre amis après le cinéma. Quel que soit l'accompagnement choisi pour vos crêpes de pommes de terre aux fines herbes ou votre frittata épicée, leur succès est garanti !

CHAMPIGNONS

Bien que l'on trouve aujourd'hui de nombreuses variétés sur les marchés, ce sont les champignons de Paris ou les champignons des prés qui sont le plus souvent employés. Les champignons de Paris ont un parfum délicat dont s'accommodent parfaitement les farces et les sauces de pâtes. Les champignons des prés, au goût beaucoup plus fort, se prêtent à la cuisson au gril ou à la poêle et se marient très bien au basilic, à la moutarde, au vin rouge, au parmesan, au jus de citron et à l'ail.

CI-DESSUS : Crêpes frites aux champignons (à gauche), Petites Crêpes au poivron et aux olives noires (à droite)

CRÊPES FRITES AUX CHAMPIGNONS

Préparation : 25 min + 20 min de repos
Cuisson : 35 min
Pour 12 crêpes

90 g de farine

1 pincée de sel

3 œufs légèrement battus

180 ml de lait

1 cuil. à soupe d'huile d'olive légère

2 cuil. à soupe de ciboulette fraîche finement hachée

160 g de pain émietté

Huile pour friture

Garniture aux champignons

1 cuil. à soupe d'huile d'olive

1 oignon moyen finement haché

400 g de champignons finement hachés

1 cuil. à soupe de crème fleurette

1 pincée de sel et 1/2 cuil. à café de poivre

2 cuil. à soupe de parmesan fraîchement râpé

1 Tamiser la farine et le sel dans un saladier; faire un puits au centre. Verser peu à peu le mélange d'œuf et de lait. Battre jusqu'à ce qu'il n'y ait plus de grumeaux. Ajouter l'huile et la ciboulette. Couvrir de film plastique et réserver 20 min. Réserver 80 ml de pâte à crêpe dans un bol. Verser 2 à 3 cuillerées à soupe de pâte dans une poêle à crêpe huilée; faire pivoter la poêle pour étaler la pâte régulièrement. Faire cuire 1 min à feu moyen, jusqu'à ce que le dessous soit doré. Retourner la crêpe et cuire l'autre côté. Transférer sur une assiette, couvrir d'un torchon et réserver au chaud. Continuer avec le reste de pâte, en graissant la poêle si nécessaire.

2 Garniture aux champignons : chauffer l'huile dans une poêle et faire revenir l'oignon à feu moyen. Ajouter les champignons et prolonger la cuisson de 2 à 3 min. Incorporer la crème fleurette, le sel, le poivre et le fromage. Laisser refroidir.

3 Disposer les crêpes, une à la fois, sur une assiette. Déposer 1 cuillerée à soupe de garniture sur une moitié de la crêpe, en laissant une bordure de 1 cm. Badigeonner la bordure avec la pâte à crêpe réservée; replier l'autre moitié de crêpe par-dessus la garniture. Continuer jusqu'à ce que toutes les crêpes soient garnies. Étaler au pinceau un peu de pâte à crêpe sur chaque crêpe et saupoudrer de pain émietté. Badigeonner à nouveau de pâte à crêpe.

4 Verser l'huile dans une grande poêle à frire et chauffer. Faire dorer les crêpes d'un côté, puis de l'autre. Égoutter sur du papier absorbant.

REMARQUE : pour un meilleur résultat, utiliser du pain rassis. Servir les crêpes nature ou avec la sauce tomate de votre choix.

PETITES CRÊPES AU POIVRON ET AUX OLIVES NOIRES

Préparation : 15 min + 20 min de repos
Cuisson : 15 min
Pour 16 crêpes

2 poivrons rouges moyens
125 ml de lait
60 g de farine avec levure incorporée
1/2 cuil. à café de sel
1 pincée de poivre noir
3 œufs légèrement battus
2 cuil. à soupe d'olives noires finement hachées
1 cuil. à soupe de basilic finement haché
Huile d'olive pour la friture

1 Partager chaque poivron en deux; ôter les graines et aplatir les moitiés. Les passer 10 min au gril préchauffé, côté bombé en haut, jusqu'à ce que la peau cloque et noircisse. Couvrir d'un torchon humide et laisser refroidir. Les peler et hacher grossièrement la chair.

2 Passer les poivrons et le lait au mixeur.

3 Tamiser la farine et le sel dans une terrine. Ajouter le poivre et faire un puits au centre. Ajouter les œufs et la purée de poivrons. Remuer pour bien mélanger, jusqu'à ce qu'il n'y ait plus de grumeaux. Incorporer les olives et le basilic. Réserver 20 min sous un film plastique.

4 Huiler le fond d'une petite poêle. Lorsque l'huile est chaude, verser 1 à 2 cuillerées à soupe de pâte et faire cuire à feu moyen jusqu'à ce que le dessous soit doré. Retourner la crêpe et la faire cuire l'autre côté. Continuer avec le reste de pâte. Servir avec du fromage de chèvre et quelques fines herbes.

GALETTES DE POMMES DE TERRE AUX FINES HERBES

Préparation : 10 min
Cuisson : 12 min
Pour 10 à 12 galettes

2 cuil. à soupe de ciboulette fraîche hachée
2 cuil. à soupe d'estragon ou de persil frais haché
Sel et poivre noir
3 pommes de terre moyennes (environ 600 g) pelées
60 g de beurre doux
2 cuil. à soupe d'huile d'olive

1 Dans une jatte, mélanger les fines herbes, le sel et le poivre. Râper grossièrement les pommes de terre et les presser pour ôter l'excédent d'eau. Ajouter aux herbes et bien mélanger.

2 Chauffer la moitié du beurre et de l'huile à feu moyen dans une poêle antiadhérante, jusqu'à ce qu'une écume se forme. Cuire 1 bonne cuillerée à soupe de préparation pendant 2 min. Retourner et cuire 2 à 3 min, jusqu'à ce que la galette soit dorée. Égoutter sur du papier absorbant et réserver au chaud. Ajouter le reste du beurre et de l'huile et continuer avec le reste de la préparation.

REMARQUE : ces galettes peuvent se conserver 30 min sous du papier aluminium, dans un four à basse température (120 °C). On peut remplacer une pomme de terre par un panais ou une carotte, et l'estragon par de l'aneth.

ESTRAGON

L'estragon français *(Artemisia dracunculus)* est la meilleure variété. Son parfum subtil accompagne très bien les omelettes et les pommes de terre, mais il est particulièrement apprécié avec le poulet. Le vinaigre d'estragon agrémente bien les salades. Ne confondez pas la variété française avec l'estragon russe *(Artemisia dracunculoides)*, qui lui ressemble beaucoup mais n'a aucun goût.

CI-CONTRE : Galettes de pommes de terre aux fines herbes

CRÊPES DE POLENTA MEXICAINES À L'AVOCAT

Préparation : 30 min + 20 min de réfrigération
Cuisson : 20 min
Pour 4 à 6 personnes

50 g de semoule de maïs
60 g de farine
1 pincée de levure chimique
1 pincée de sel
1 cuil. à café de sucre
250 ml de lait ribot (lait fermenté)
2 œufs
30 g de beurre fondu
Huile végétale
160 g de crème fraîche pour servir

Garniture à l'avocat

1 gros avocat bien mûr
8 oignons nouveaux finement hachés
2 tomates mûres épépinées et finement
   hachées
1 cuil. à café (environ) de sauce au piment
2 cuil. à café de jus de citron
1 bonne pincée de sel
Poivre

1 Tamiser la semoule, la farine, la levure, le sel et le sucre dans une terrine ; faire un puits au centre. Dans un grand bol, battre le lait ribot, les œufs et le beurre. Verser ce mélange dans le puits et bien battre jusqu'à obtention d'une pâte homogène. Réserver 20 min sous un film plastique.
2 Garniture à l'avocat : partager l'avocat en deux, ôter le noyau et mettre la chair dans un saladier. L'écraser à la fourchette. Ajouter la moitié des oignons nouveaux puis incorporer les tomates, la sauce pimentée, le jus de citron, le sel et le poivre. Bien mélanger et réfrigérer 20 min.
3 Huiler une petite poêle. Lorsque l'huile est chaude, verser suffisamment de pâte pour en couvrir finement le fond. Faire cuire à feu moyen jusqu'à ce que le dessous soit doré. Retourner la crêpe et cuire l'autre côté. La poser sur une assiette ; couvrir d'un torchon et réserver au chaud. Continuer avec le reste de pâte, en huilant la poêle si nécessaire. Fourrer les crêpes avec quelques cuillerées de garniture à l'avocat. Servir avec de la crème fraîche et parsemer du reste d'oignon.

GALETTES À LA POMME DE TERRE ET AU POTIRON

Préparation : 25 min
Cuisson : 25 min
Pour 10 galettes

250 g de pommes de terre cuites et écrasées
250 g de potiron cuit et écrasé
60 g de beurre
3 oignons nouveaux finement hachés
2 œufs légèrement battus
30 g de farine
2 cuil. à soupe de farine avec levure incorporée
1 pincée de muscade moulue
1 pincée de poivre de Cayenne
1 pincée de sel

1 Passer les pommes de terre, le potiron et 30 g beurre au mixeur. Transférer dans une terrine, ajouter les oignons nouveaux et les œufs.
2 Dans un bol, tamiser les farines, les épices et le sel. Ajouter au mélange de potiron et bien mélanger.
3 Chauffer le reste de beurre dans une poêle antiadhérente. Faire cuire 1 bonne cuillerée de préparation pendant 2 min ; retourner la crêpe et cuire l'autre côté pendant 2 à 3 min. Égoutter sur du papier absorbant.
4 Continuer avec le reste de préparation. Réserver au chaud dans le four. Servir nature ou avec du yaourt ou du beurre.

RECETTE RAPIDE : CRÊPES DE MAÏS THAÏLANDAISES
(pour 4 à 6 personnes)

METTRE LES GRAINS de 2 épis de maïs frais dans un saladier. Ajouter 2 oignons nouveaux finement hachées, 2 cuil. à soupe de tiges de coriandre fraîche, 2 gousses d'ail écrasées, 2 cuil. à café de grains de poivre vert en boîte, égouttés et écrasés, 2 cuil. à soupe de Maïzena, 2 œufs battus, 1 cuil. à soupe de sauce de poisson (facultatif) et 2 cuil. à café de sucre roux. Battre à la cuillère en bois jusqu'à ce que tous les ingrédients soient bien mélangés. Chauffer un peu d'huile dans une poêle. Déposer quelques cuillerées de pâte espacées et cuire à feu moyen des deux côtés. Égoutter sur du papier absorbant et servir immédiatement.

POLENTA
La polenta désigne un plat confectionné à partir de semoule de maïs, qui consiste en une sorte de bouillie épaisse qu'on laisse raffermir et qu'on badigeonne d'huile avant de la faire frire ou griller.

PAGE CI-CONTRE :
Crêpes de polenta
mexicaines à l'avocat
(en haut), Galettes à la
pomme de terre et au
potiron (en bas)

BEIGNETS DE MAÏS

Préparation : 20 min
Cuisson : 20 min
Pour 4 à 6 personnes

150 g de farine
1 1/2 cuil. à café de levure chimique
1/2 cuil. à café de coriandre moulue
1 pincée de cumin moulu
250 g de maïs en boîte, bien égoutté
125 ml de lait
2 œufs légèrement battus
2 cuil. à soupe de ciboulette fraîche hachée
Sel et poivre
125 ml d'huile d'olive

Sauce

1 cuil. à soupe de vinaigre brun
3 cuil. à café de sucre roux
1 cuil. à café de sambal olek ou de sauce au piment
1 cuil. à soupe de ciboulette fraîche hachée
1/2 cuil. à café de sauce de soja

1 Tamiser la farine, la levure, la coriandre et le cumin dans une terrine ; faire un puits au centre. Ajouter le maïs, le lait, les œufs, la ciboulette, le sel et le poivre. Bien mélanger.
2 Chauffer l'huile dans une poêle antiadhérante. Déposer quelques cuillerées à soupe de préparation, espacées de 2 cm, et les aplatir légèrement. Cuire 2 min à feu moyen chaque côté. Égoutter

CI-DESSOUS :
Beignets de maïs

sur du papier absorbant. Continuer avec le reste de préparation. Servir avec de la sauce.
3 Sauce : dans une petite casserole, chauffer le vinaigre, le sucre, le sambal olek, la ciboulette et la sauce de soja 1 à 2 min.

BEIGNETS DE LÉGUMES À LA SAUCE TOMATE

Préparation : 30 min
Cuisson : 30 min
Pour 4 personnes

2 pommes de terre moyennes pelées
1 carotte moyenne pelée
2 courgettes moyennes
125 g de patates douces pelées
1 petit blanc de poireau
2 cuil. à soupe de farine
Sel
3 œufs légèrement battus
Huile pour friture

Sauce tomate

1 cuil. à soupe d'huile
1 petit oignon finement haché
1 gousse d'ail écrasée
1/2 cuil. à café de paprika moulu
3 tomates moyennes bien mûres, pelées et finement hachées
3 cuil. à soupe de basilic frais finement haché

1 Râper les pommes de terre, la carotte, les courgettes et les patates douces. Émincer le poireau. Presser les légumes râpés pour ôter autant d'eau que possible. Les mélanger avec le poireau.
2 Saupoudrer la farine sur les légumes et bien mélanger. Saler. Ajouter les œufs et bien mélanger. Chauffer environ 5 mm d'huile dans une poêle et déposer l'équivalent de 3 cuillerées à soupe de préparation en un petit tas. L'écraser doucement à la fourchette pour former un rond de 10 cm environ. Faire frire 2 à 3 min sur chaque face, jusqu'à ce que les beignets soient bien dorés. Égoutter sur du papier absorbant et réserver au chaud. Continuer avec le reste de préparation.
3 Sauce tomate : chauffer l'huile dans une casserole. Faire revenir l'oignon avec l'ail et le paprika 3 min. Ajouter les tomates, baisser le feu et prolonger la cuisson 10 min, en remuant de temps en temps. Incorporer le basilic et servir chaud.

BEIGNETS DE TOMATES VERTES

Préparation : 15 min
Cuisson : 12 min
Pour 4 à 6 personnes

★★

90 g de farine
1 cuil. à café de sel
1/2 cuil. à café de poivre blanc
35 g de semoule de maïs
1 œuf
185 ml de lait
4 tomates vertes moyennes (environ 500 g)
Huile pour friture

 Tamiser la farine, le sel et le poivre dans une terrine. Ajouter la semoule. Faire un puits.
2 Mélanger l'œuf et le lait, verser peu à peu. Battre jusqu'à ce que la pâte soit homogène, sans trop la travailler.
3 Couper les tomates en rondelles épaisses. Chauffer environ 1 cm d'huile dans une poêle.
4 Tremper les tomates dans la pâte et égoutter. Faire frire 1 min de chaque côté. Égoutter sur du papier absorbant et servir immédiatement.

BEIGNETS DE POMMES DE TERRE AUX HERBES

Préparation : 25 min
Cuisson : 8 min
Pour 4 à 6 personnes

★

620 g de pommes de terre finement râpées
180 g de patates douces (kumera) râpées
3 cuil. à soupe de ciboulette fraîche hachée
1 cuil. à soupe d'origan frais finement haché
2 cuil. à soupe de persil frais finement haché
2 œufs légèrement battus
30 g de farine
1 cuil. à soupe d'huile d'olive
250 g de crème fraîche allégée
Brins d'aneth frais pour la garniture

 Mélanger les pommes de terre, les patates douces, les herbes, les œufs et la farine jusqu'à ce que la préparation soit bien homogène.
2 Chauffer l'huile dans une poêle à fond épais. Déposer des cuillerées de préparation et les faire cuire 4 min à feu moyen de chaque côté. Servir chaud avec de la crème fraîche et de l'aneth.

TOMATES VERTES

Les tomates vertes sont tout simplement des tomates pas mûres. Elles furent mises au goût du jour à l'époque de la grande dépression dans le sud des États-Unis, et consommées en guise de repas léger d'été. Il ne faut pas les confondre avec les tomatillos, qui sont des petits fruits verts très proches de la tomate. Les tomates vertes sont tout aussi bonnes frites que marinées ou en sauce épicée.

CI-DESSUS : Beignets de tomates vertes

99

CHIPS DE LÉGUMES

En lanières ou en rondelles, les chips ont toujours beaucoup de succès et ne sont pas

toujours à base de pomme de terre, comme en témoignent ces recettes originales.

CHIPS DE BETTERAVE
À l'aide d'un épluche-légumes ou d'un couteau tranchant, détailler 500 g de betteraves pelées en très fines rondelles. Chauffer 750 ml d'huile dans une friteuse et cuire les betteraves, en plusieurs fois, jusqu'à ce qu'elles soient dorées et croustillantes. Égoutter sur du papier absorbant et réserver au fur et à mesure de la cuis-

son dans un four préchauffé à 180 °C. Servir avec une mayonnaise à l'œuf entier agrémentée de fines herbes.

RONDELLES DE PATATE DOUCE
Peler 500 g de patates douces orange (kumera) et les couper en rondelles à l'aide d'un épluche-légumes ou d'un

couteau tranchant. Chauffer 750 ml d'huile dans une friteuse et cuire les patates douces, en plusieurs fois, jusqu'à ce qu'elles soient dorées et croustillantes. Égoutter sur du papier absorbant et réserver au fur et à mesure de la cuisson dans un four préchauffé à 180 °C. Servir avec un mélange de mayonnaise, de jus de citron et de curry en poudre.

RUBANS DE COURGETTE

À l'aide d'un épluche-légumes tranchant, détailler 500 g de grosses courgettes en longs rubans verticaux. Battre légèrement 4 œufs dans un bol. Tremper les rubans dans les œufs puis dans un mélange de 100 g de chapelure et de 1 cuil. à soupe de fines herbes hachées. Chauffer 750 ml d'huile dans une friteuse et cuire les courgettes, en plusieurs fois, jusqu'à ce qu'elles soient dorées. Égoutter sur du papier absorbant et réserver dans un four préchauffé à 180 °C. Les rubans de courgette sont délicieux avec une sauce faite de tomates séchées hachées et de yaourt nature.

POMMES DE TERRE FRITES

Couper 500 g de pommes de terre lavées en gros quartiers. Chauffer 750 ml d'huile dans une friteuse et faire frire les pommes de terre, en plusieurs fois, jusqu'à ce qu'elles soient légèrement dorées; égoutter sur du papier absorbant. Continuer avec le reste des pommes de terre. Juste avant de servir, replonger les pommes de terre dans la friture, en plusieurs fois, jusqu'à ce qu'elles soient dorées et croustillantes. Saupoudrer de sel marin et arroser de vinaigre de malt.

CHIPS DE POTIRON

Peler 500 g de potiron tendre en rondelles ondulées. Chauffer 750 ml d'huile dans une friteuse et cuire les rondelles de potiron, en plusieurs fois, jusqu'à ce qu'elles soient dorées et croustillantes. Égoutter sur du papier absorbant et réserver au chaud dans un four préchauffé à 180 °C pendant le reste de la friture. Saler.

RUBANS DE CAROTTES AUX HERBES

Peler 500 g de carottes en longs rubans verticaux. Rincer et sécher 50 g de grandes feuilles de basilic. Chauffer 750 ml d'huile dans une friteuse et faire frire les carottes et le basilic, en plusieurs fois, jusqu'à ce qu'ils soient croustillants. Égoutter sur du papier absorbant et réserver dans un four préchauffé à 180 °C pendant le reste de la friture. Servir accompagné d'un mélange de sauce au piment doux, de jus de citron vert et de coriandre fraîche hachée.

À PARTIR D'EN HAUT, À GAUCHE : Pommes de terre frites, Rubans de courgette, Rondelles de patate douce, Rubans de carottes aux herbes, Chips de potiron, Chips de betterave

FRITTATA

Encore toute chaude, la frittata constitue un excellent plat de déjeuner ou de brunch, mais elle s'adapte également très bien aux pique-niques. Elle se transporte facilement et se mange aussi bien avec une fourchette qu'avec les doigts. On peut la préparer la veille et la réfrigérer jusqu'au moment voulu, à condition de la servir à température ambiante.

CI-DESSUS : Frittata au poireau, à la courgette et au fromage

FRITTATA AU POIREAU, À LA COURGETTE ET AU FROMAGE

Préparation : 20 min
Cuisson : 40 min
Pour 4 personnes

2 cuil. à soupe d'huile d'olive

3 poireaux finement émincés

2 courgettes moyennes détaillées en julienne

1 gousse d'ail écrasée

Sel et poivre

5 œufs légèrement battus

4 cuil. à soupe de parmesan fraîchement râpé

4 cuil. à soupe de gruyère fraîchement râpé

1 Chauffer 1 cuil. à soupe d'huile d'olive dans une petite poêle et faire revenir le poireau à feu doux en remuant régulièrement. Couvrir et prolonger la cuisson de 10 min. Ajouter les courgettes et l'ail, cuire encore 10 min. Transférer dans un saladier et laisser refroidir. Ajouter le sel, le poivre, les œufs et les fromages.

2 Chauffer le reste de l'huile dans la poêle ; verser la préparation et égaliser la surface. Cuire 15 min à feu doux, jusqu'à ce que la frittata soit presque prise.

3 Passer 3 à 5 min au gril chaud préchauffé, jusqu'à ce que la surface soit dorée. Laisser la frittata reposer 5 min avant de la couper en parts. Servir avec une salade verte pour un déjeuner léger.

RECETTE RAPIDE : BEIGNETS DE POMMES DE TERRE À LA SAUCE PIMENTÉE (pour 4 personnes)

PELER ET RÂPER 4 grosses pommes de terre dans une passoire. Rincer à l'eau froide et sécher en pressant sur du papier absorbant. Les mélanger dans un saladier avec 3 oignons nouveaux hachés, 2 gousses d'ail écrasées, 3 cuil. à soupe de coriandre hachée, 2 œufs battus et 40 g de farine. Saler et poivrer. Chauffer environ 2 cuil. à soupe d'huile d'olive et la même quantité de beurre dans une poêle. Déposer 3 cuil. à soupe de préparation et bien les aplatir. Cuire les beignets en plusieurs fois 3 à 4 min sur chaque côté. Égoutter sur du papier absorbant. Servir avec du mascarpone. Mélanger un peu de sauce au piment doux, de jus et de zeste de citron vert frais et une pincée de sucre roux, et arroser les beignets de cette sauce.

FRITTATA
AUX LÉGUMES VARIÉS

Préparation : 25 min
Cuisson : 18 min
Pour 2 à 4 personnes

60 ml d'huile d'olive
1 oignon finement haché
1 petite carotte râpée
1 petite courgette râpée
125 g de potiron râpé
4 cuil. à soupe de gruyère ou de cheddar coupé
    en petits dés
1/2 cuil. à café de sel
1/2 cuil. à café de poivre noir moulu
5 œufs

1 Chauffer 2 cuil. à soupe d'huile dans une poêle et faire revenir l'oignon 5 min à feu doux. Ajouter la carotte, la courgette et le potiron ; couvrir et prolonger la cuisson de 3 min.
2 Laisser refroidir dans un saladier. Incorporer le fromage, le sel et le poivre. Battre les œufs et les ajouter aux légumes.
3 Chauffer l'huile restante dans une petite poêle. Lorsqu'elle est chaude, verser la préparation en une couche régulière. Baisser le feu et cuire 3 min, jusqu'à ce que la frittata soit presque prise. Incliner la poêle et soulever les bords de la frittata de temps en temps pour laisser s'écouler l'œuf non cuit. Couper la frittata en parts et servir immédiatement.

FRITTATA AU PIMENT
ET À LA CORIANDRE

Préparation : 25 min
Cuisson : 30 min
Pour 6 personnes

3 pommes de terre moyennes pelées et
    coupées en dés
2 gros piments rouges
2 cuil. à soupe d'huile d'olive
1 oignon moyen finement haché
1 petit piment rouge finement haché
Sel
1 cuil. à soupe de feuilles de coriandre
5 œufs légèrement battus

1 Cuire les pommes de terre dans une grande casserole d'eau bouillante salée ; bien égoutter. Retirer les graines des gros piments et émincer la chair. Chauffer la moitié de l'huile dans une poêle antiadhérante. Cuire les piments émincés 2 min à feu moyen. Retirer de la poêle et réserver. Chauffer le reste de l'huile dans la poêle. Faire revenir l'oignon et le petit piment rouge 3 min à feu moyen.
2 Ajouter les pommes de terre et bien remuer. Saler. Retirer de la poêle et réserver. Remettre la moitié des gros piments dans la poêle et parsemer de coriandre. Verser la moitié de la préparation de pommes de terre, le reste des piments, puis l'autre moitié de pommes de terre.
3 Verser les œufs dans la poêle et bien les répartir. Faire cuire 8 min à feu moyen, jusqu'à ce que l'œuf soit presque cuit, puis passer au gril chaud pendant 5 min pour cuire la surface. Retourner la frittata sur un plat et la couper en part. La servir chaude ou froide, garnie de fines herbes.

CI-DESSUS : Frittata au
piment et à la coriandre

103

ŒUFS

La plupart des végétariens consomment des œufs et des produits laitiers, afin d'obtenir leur ration quotidienne de calcium et de protéines. Les œufs fermiers proviennent de poules élevées en plein air et nourries naturellement, à la différence des œufs de poules de batterie. Ils sont donc préférés par les personnes soucieuses de leur santé et du traitement des animaux.

CI-DESSUS : Omelette crémeuse (à gauche), Rouleaux d'omelette (à droite)

OMELETTE CRÉMEUSE

Préparation : 5 min
Cuisson : 5 min
Pour 2 personnes

3 œufs
60 ml de crème fleurette
Sel et poivre
20 g de beurre

1 Battre les œufs, la crème fleurette, le sel et le poivre 2 min au fouet métallique.
2 Chauffer le beurre dans une petite poêle antiadhérante et verser le mélange en une seule fois. Remuer à la cuillère en bois pendant 15 s.
3 Cuire jusqu'à ce que l'omelette soit presque prise, en inclinant la poêle et en soulevant les bords de l'omelette pour laisser s'écouler l'œuf non cuit. Lorsque l'omelette est presque cuite, la replier en deux à l'aide d'une palette. Le centre de l'omelette doit être crémeux. Au lieu de replier l'omelette, on peut aussi prolonger la cuisson en la couvrant d'un couvercle pendant 2 min. Saupoudrer de fines herbes et servir avec des tranches d'avocat.

ROULEAUX D'OMELETTE

Préparation : 15 min
Cuisson : 10 min
Pour 5 rouleaux

4 œufs
2 cuil. à soupe d'eau
2 cuil. à café de sauce de soja
2 cuil. à café d'huile d'arachide

1 Battre les œufs, l'eau et la sauce de soja 2 min au fouet métallique.
2 Huiler le fond d'une petite poêle antiadhérante et la chauffer à feu vif. Verser un cinquième de la préparation dans la poêle et secouer pour qu'elle couvre tout le fond. Chauffer 20 s, jusqu'à ce que l'œuf soit presque cuit. Retirer la poêle du feu. À l'aide d'une palette, rouler l'omelette à partir d'un bord, de façon à former un rouleau. Transférer sur une assiette chaude et couvrir d'un torchon.
3 Continuer avec le reste de la préparation, et verser à chaque fois un cinquième.
REMARQUE : pour plus de goût, on peut tartiner les omelettes de pesto ou de tapenade, par exemple, avant de les rouler. Couper chaque rouleau en tranches.

OMELETTES

Les omelettes revêtent toutes les formes, et chaque pays a sa propre façon de les confectionner. Les Français la replient sur toutes sortes de garnitures, sucrées ou salées. Les Italiens la nomment frittata; ils la préparent avec des légumes et la cuisent des deux côtés avant de la couper en parts. L'omelette espagnole ou tortilla, enfin, ressemble à la frittata mais se prépare toujours avec un mélange d'œufs et de pommes de terre.

OMELETTE SOUFFLÉE AU FROMAGE

Préparation : 10 min
Cuisson : 5 min
Pour 2 à 4 personnes

5 œufs, blancs et jaunes séparés

2 cuil. à café d'eau

2 cuil. à café de jus de citron

Sel et poivre

20 g de beurre

85 g de fromage grossièrement râpé

1 Dans un bol, mélanger les jaunes d'œufs, l'eau, le jus de citron, le sel et le poivre au batteur pendant 2 min, à vitesse maximale. Le mélange doit être pâle et onctueux.

2 Mettre les blancs d'œufs dans un bol sec et les battre en neige. À l'aide d'une cuillère en métal, les incorporer soigneusement dans le mélange aux jaunes d'œufs. Préchauffer le gril sur «chaleur forte».

3 Chauffer le beurre à feu vif dans une poêle antiadhérante. Lorsqu'il devient mousseux, verser la préparation et faire pivoter la poêle pour bien la répartir. Faire cuire 1 min à feu vif sans remuer. Retirer du feu et saupoudrer de fromage.

4 Passer au gril chaud pendant 2 à 3 min, jusqu'à ce que l'omelette soit dorée et gonflée. La couper en parts et servir immédiatement (elle a tendance à tomber très vite). Saupoudrer de fines herbes.

REMARQUE : cette omelette s'accompagne très bien de champignons grillés ou sautés, ou de tomates coupées en deux, parsemées de fromage et cuites au gril.

CI-DESSUS : Omelette soufflée au fromage

suffisamment de préparation pour couvrir le fond. Faire cuire quelques secondes, puis retourner sur une assiette. Huiler de nouveau la poêle et répéter l'opération de façon à confectionner 3 omelettes fines.

4 Empiler les omelettes les unes sur les autres et les rouler en cylindre. À l'aide d'un couteau tranchant, le couper en fines lamelles.

5 Réchauffer la sauce. Incorporer les lamelles d'omelette et bien mélanger. Si on le veut, on peut garnir de basilic frais et de poivre concassé.

REMARQUE : servir l'émincé d'omelette avec une salade, ou en accompagnement de poulet rôti. Ces lamelles peuvent aussi être ajoutées aux soupes, aux plats sautés ou aux salades.

OMELETTE ONCTUEUSE À LA COURGETTE

Préparation : 5 à 10 min
Cuisson : 12 min
Pour 2 personnes

2 courgettes moyennes

2 cuil. à soupe d'huile d'olive

60 g de beurre

1 gousse d'ail finement hachée

5 œufs

2 cuil. à soupe de crème fraîche

1/2 cuil. à café de sel

1 pincée de poivre

2 cuil. à soupe de parmesan fraîchement râpé

ÉMINCÉ D'OMELETTE À LA SAUCE TOMATE

Préparation : 25 min
Cuisson : 12 min
Pour 2 personnes

Sauce tomate

3 tomates mûres pelées et grossièrement hachés

1/2 cuil. à café de sel

1/2 cuil. à café de poivre

1 cuil. à café de sucre

2 cuil. à soupe de basilic frais haché

4 œufs

2 cuil. à café de sauce de soja

1 pincée de poivre blanc

1 cuil. à soupe d'eau

Huile d'olive légère

1 Sauce tomate : cuire les tomates dans une poêle avec le sel, le poivre et le sucre pendant 5 min, jusqu'à ce que le liquide ait réduit et épaissi. Ajouter le basilic.

2 Battre les œufs, la sauce de soja, le poivre et l'eau à l'aide d'un fouet métallique.

3 Chauffer une poêle légèrement huilée. Verser

CI-DESSUS : Émincé d'omelette à la sauce tomate
CI-CONTRE : Omelette onctueuse à la courgette

1 Ôter l'extrémité des courgettes et les couper en très fines rondelles. Chauffer la moitié de l'huile et du beurre dans une poêle et faire revenir les courgettes 2 à 3 min, en remuant jusqu'à ce qu'elles soient dorées. Saupoudrer d'ail et remuer délicatement ; prolonger la cuisson de 30 s. À l'aide d'une écumoire, retirer les courgettes de la poêle et les mettre dans une assiette. Essuyer la poêle avec du papier absorbant.

2 Battre les œufs avec la crème fraîche, le sel et le poivre. Faire chauffer le reste d'huile et de beurre dans la poêle et verser les œufs. Les remuer avec le dos d'une fourchette. Cuire l'omelette 1 min, en inclinant la poêle et en soulevant les bords de l'omelette pour faire s'écouler l'œuf non cuit.

3 Lorsque l'omelette est presque cuite, étaler les courgettes en une couche régulière de façon à complètement couvrir l'omelette. Baisser le feu et cuire 5 min. Retirer du feu et saupoudrer de parmesan. Mettre un couvercle et laisser reposer l'omelette dans la poêle pendant 2 min. Faire glisser sur un plat et la couper en parts. Servir avec une salade.

REMARQUE : achetez du parmesan en bloc et râpez-le vous-même pour un meilleur goût.

OMELETTE ESPAGNOLE

Préparation : 20 min
Cuisson : 40 min
Pour 4 à 6 personnes

 ✷ ✷

1 kg de pommes de terre pelées

Sel

2 gros oignons rouges

50 g de beurre

2 cuil. à soupe d'huile d'olive

1 gousse d'ail écrasée

4 œufs légèrement battus

2 cuil. à soupe de persil frais finement haché

1 Couper les pommes de terre en petits dés et les mettre dans une grande casserole d'eau salée. Porter à ébullition et faire cuire 3 min à découvert. Retirer la casserole du feu et laisser reposer 8 min à couvert, jusqu'à ce que les pommes de terre soient bien tendres ; égoutter.

2 Hacher grossièrement les oignons. Chauffer le beurre et l'huile dans une poêle antiadhérante à feu moyen. Faire revenir les oignons et l'ail 8 min, en remuant de temps en temps. Ajouter les pommes de terre et prolonger la cuisson de 5 min. Retirer les légumes à l'aide d'une écumoire et les mettre dans un saladier. Verser les œufs et le persil sur les pommes de terre et bien mélanger.

3 Verser la préparation dans la poêle huilée, baisser le feu et cuire 10 min à couvert, jusqu'à ce que le dessous soit doré. Faire éventuellement dorer le dessus de l'omelette au gril chaud.

REMARQUE : l'omelette espagnole s'agrémente très bien d'olives, de salade verte, d'oignons rouges et de fines herbes.

RECETTE RAPIDE : OMELETTE AUX CHAMPIGNONS ET AUX HERBES (pour 1 personne)

CHAUFFER à feu moyen 20 g de beurre dans une poêle antiadhérante. Ajouter 6 champignons émincés. Remuer jusqu'à ce qu'ils soient cuits. Dans un bol, battre 2 œufs avec 1 gousse d'ail écrasée, 1 cuil. à soupe de lait et un peu de parmesan râpé. Verser sur les champignons, saupoudrer de 4 cuil. à soupe de basilic et de ciboulette hachés. Saler, poivrer et cuire 4 min environ, jusqu'à ce que l'omelette soit presque cuite. Terminer la cuisson sous le gril. Garnir d'une cuillerée de crème fraîche.

OIGNONS ROUGES

Les oignons rouges sont généralement moins forts que les oignons nouveaux ou jaunes et se mangent souvent crus en salade. La cuisson, malheureusement, les dépare de leur jolie couleur. L'oignon coupé ou haché, quelle que soit sa variété, dégage vite une odeur désagréable ; si vous devez hacher de l'oignon à l'avance, faites-le revenir dans du beurre et conservez-le au réfrigérateur.

CI-DESSUS : Omelette espagnole

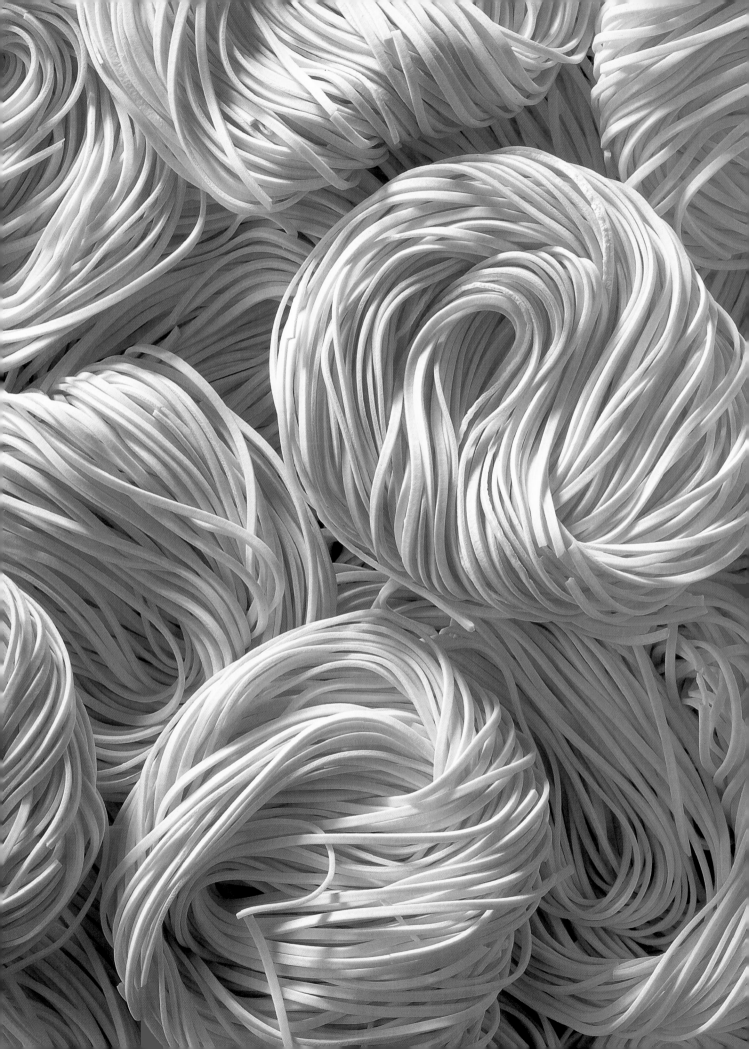

PÂTES ET NOUILLES

Les Italiens consomment des spaghetti et des macaroni depuis l'Antiquité, mais c'est seulement depuis quelques années que les pâtes occupent une place d'honneur dans nos cuisines. Elles se conjuguent à toutes les sauces et se marient à toutes les garnitures. Des nouilles épicées orientales aux simples spaghetti sauce tomate, voici une brève introduction aux innombrables possibilités culinaires qu'offrent les pâtes.

RAVIOLI AU POTIRON ET AUX HERBES

Préparation : 50 min + 30 min de repos
Cuisson : 1 h 15
Pour 6 personnes

✷✷

500 g de potiron pelé et coupé en morceaux

220 g de farine

3 œufs légèrement battus

1 pincée de muscade moulue

15 feuilles de sauge

15 feuilles de persil plat frais

Sel et poivre

125 g de beurre fondu

60 g de parmesan fraîchement râpé

1 Préchauffer le four à 180 °C. Mettre le potiron dans un plat à four huilé et faire cuire 1 h, jusqu'à ce qu'il soit tendre. Laisser refroidir. Ôter la peau. Passer la farine et les œufs 30 s au mixeur, jusqu'à ce que le mélange forme une pâte. Pétrir 3 min sur un plan de travail fariné, jusqu'à ce que la pâte soit homogène et élastique. Couvrir d'un torchon et laisser reposer 30 min.

2 Dans un saladier, écraser à la fourchette le potiron et la muscade. Assaisonner. Étaler la moitié de la pâte à ravioli pour former un rectangle de 2 mm d'épaisseur. Étaler l'autre moitié pour former un rectangle légèrement plus grand que le premier.

3 Sur le premier rectangle, déposer des cuillerées à café de farce au potiron en rangs réguliers, à environ 5 cm d'intervalle. Aplatir légèrement chaque petit tas et le couvrir d'une feuille de persil ou de sauge.

4 Passer de l'eau au pinceau entre les tas. Poser le deuxième rectangle de pâte par-dessus et appuyer doucement entre les tas de farce pour souder la pâte. Découper en carrés à l'aide d'un couteau ou d'une roulette de pâtissier. Porter une grande casserole d'eau à ébullition et jeter quelques ravioli à la fois. Faire cuire 4 min, jusqu'à ce qu'ils soient juste tendres ; bien égoutter. Servir les ravioli avec du beurre, du parmesan, du sel et du poivre.

REMARQUE : les ravioli peuvent se préparer plusieurs heures à l'avance. Les réfrigérer en séparant les couches par une feuille de papier sulfurisé, pour les empêcher de coller les uns aux autres. Faire cuire juste avant de servir.

RAVIOLI

Pour qu'elle soit légère, la pâte à ravioli doit être étalée aussi finement que possible, mais rester suffisamment épaisse pour résister à la cuisson. Après en avoir confectionné une ou deux fois, vous pourrez déterminer vous-même l'épaisseur idéale.

CI-DESSUS : Ravioli au potiron et aux herbes

TAGLIATELLE AUX OLIVES VERTES ET À L'AUBERGINE

Préparation : 20 min
Cuisson : 20 min
Pour 4 personnes

500 g de tagliatelle ou fettucine

175 g d'olives vertes

1 belle aubergine

2 cuil. à soupe d'huile d'olive

2 gousses d'ail écrasées

125 ml de jus de citron

Sel et poivre

2 cuil. à soupe de persil frais haché

50 g de parmesan fraîchement râpé

1 Faire cuire les pâtes dans une grande casserole d'eau bouillante salée. Les égoutter et les remettre dans la casserole. Pendant que les pâtes cuisent, hacher les olives et détailler l'aubergine en petits dés.
2 Chauffer l'huile dans une poêle à fond épais. Faire revenir l'ail 30 s en remuant. Ajouter l'aubergine et cuire 6 min à feu moyen en remuant fréquemment.
3 Ajouter les olives, le jus de citron, le sel et le poivre. Verser la sauce sur les pâtes et bien remuer. Servir dans des assiettes creuses réchauffées, avec du persil et du parmesan.
REMARQUE : on peut éventuellement faire dégorger l'aubergine pour lui ôter son jus amer : saupoudrer de sel et laisser reposer 30 min. Bien rincer avant emploi.

FETTUCINE AUX COURGETTES

Préparation : 20 min
Cuisson : 15 min
Pour 4 à 6 personnes

500 g de fettucine

60 g de beurre

2 gousses d'ail écrasées

500 g de courgettes râpées

75 g de parmesan fraîchement râpé

Sel

250 ml d'huile d'olive

16 feuilles de basilic moyennes

1 Cuire les pâtes dans une grande casserole d'eau bouillante salée. Pendant que les pâtes cuisent, chauffer le beurre à feu doux dans une poêle à fond épais. Faire revenir l'ail 1 min. Ajouter les courgettes et cuire 1 à 2 min, en remuant de temps en temps.
2 Égoutter les pâtes et les remettre dans la casserole. Verser dessus les courgettes et le parmesan, bien remuer. Saler.
3 Pour obtenir des feuilles de basilic craquantes, chauffer l'huile dans une petite poêle, déposer 2 feuilles à la fois et cuire 1 min environ. Retirer à l'aide d'une écumoire et égoutter sur du papier absorbant. Continuer avec le reste des feuilles. Répartir les pâtes dans les assiettes chaudes et garnir de feuilles de basilic avant de servir.

NOUILLES EN RUBAN
Les nouilles plates ou en ruban sont disponibles en plusieurs largeurs. Les tagliatelle et les fettucine se ressemblent beaucoup et sont interchangeables dans les recettes. Les tagliatelle, toutefois, sont généralement plus larges. Les pappardelle sont encore plus larges, tandis que les tagliolini sont les plus fines.

CI-CONTRE : Tagliatelle aux olives vertes et à l'aubergine
CI-DESSUS : Fettucine aux courgettes

RICOTTA

La ricotta est un fromage frais italien confectionné à partir du petit-lait d'autres fromages entiers. L'albumen contenu dans le petit-lait coagule à la chaleur. La ricotta a un goût très doux et délicat, tout à fait approprié aux pâtes. On peut la sucrer et l'utiliser dans les tartes aux fruits ou les puddings. La ricotta a la texture idéale pour les gâteaux au fromage cuits.

CI-DESSUS : Pâtes à la ricotta, aux piments et aux herbes

PÂTES À LA RICOTTA, AUX PIMENTS ET AUX HERBES

Préparation : 25 min
Cuisson : 25 min
Pour 4 personnes

500 g de pâtes en spirale (fusilli) ou de penne

60 ml d'huile d'olive

3 gousses d'ail écrasées

2 cuil. à café de piment rouge frais très finement haché

20 g de feuilles de persil plat frais hachées

25 g de feuilles de basilic frais hachées

15 g de feuilles d'origan frais hachées

Sel et poivre

200 g de ricotta fraîche coupée en petits dés

1 Faire cuire les pâtes dans une grande casserole d'eau bouillante salée. Un peu avant la fin de leur cuisson, chauffer l'huile dans une poêle antiadhérante à fond épais et faire revenir l'ail et le piment 1 min à feu doux, en remuant.

2 Égoutter les pâtes et les remettre dans la casserole. Mettre l'huile pimentée, les herbes, le sel et le poivre sur les pâtes et bien remuer. Incorporer délicatement les dés de ricotta et servir immédiatement.

FETTUCINE ALFREDO

Préparation : 10 min
Cuisson : 15 min
Pour 4 à 6 personnes

500 g de fettucine

100 g de beurre

150 g de parmesan fraîchement râpé

300 ml de crème fleurette

3 cuil. à soupe de persil frais haché

Sel et poivre

1 Faire cuire les pâtes dans une grande casserole d'eau bouillante salée.

2 Pendant que les pâtes cuisent, chauffer le beurre dans une poêle à feu doux. Ajouter le parmesan et la crème et porter à ébullition, en remuant régulièrement. Ajouter le persil, le sel et le poivre, et bien mélanger.

3 Égoutter les pâtes et les remettre dans la casserole. Verser la sauce sur les pâtes et bien remuer. Servir immédiatement.

REMARQUE : ce plat sera suffisant pour 8 personnes s'il est servi en entrée. On peut le garnir de parmesan râpé.

BUCATINI
Les bucatini sont des pâtes ressemblant aux spaghetti, mais creuses. La taille supérieure se nomme bucatoni.

BUCATINI SAUCE FERMIÈRE

Préparation : 20 min
Cuisson : 25 min
Pour 4 à 6 personnes

250 g de champignons

1 aubergine moyenne

2 cuil. à soupe d'huile d'olive

2 gousses d'ail écrasées

800 g de tomates en conserve

500 g de bucatini ou de spaghetti

Sel et poivre

3 cuil. à soupe de persil frais haché

1 Essuyer les champignons avec du papier absorbant humide et les émincer. Détailler l'aubergine en petits dés.

2 Chauffer l'huile d'olive dans une casserole à fond épais. Faire revenir les champignons, l'aubergine et l'ail 4 min en remuant. Ajouter les tomates écrasées avec leur jus, couvrir la casserole et laisser mijoter 15 min.

3 Pendant que la sauce mijote, faire cuire les pâtes dans une grande casserole d'eau bouillante. Les égoutter et les remettre dans la casserole. Saler et poivrer la sauce. Ajouter le persil haché et remuer. Verser la sauce sur les pâtes et bien mélanger. Servir immédiatement dans des assiettes creuses préalablement chauffées.

REMARQUE : si les pâtes sont prêtes un peu trop tôt, on peut les empêcher de coller en ajoutant un peu d'huile d'olive après les avoir égouttées. Bien remuer.

RECETTE RAPIDE : PÂTES À LA TOMATE ET AUX HERBES (pour 2 à 4 personnes)

FAIRE CUIRE 135 g de penne 5 min dans une grande casserole d'eau bouillante salée et couverte. Retirer du feu et laisser le couvercle ; les pâtes continueront à cuire. Dans un bol, battre 3 cuil. à soupe d'huile d'olive, 3 cuil. à soupe de vinaigre balsamique, un filet de jus de citron, un peu de sucre roux, 1 à 2 gousses d'ail écrasées, du sel et du poivre noir fraîchement moulu. Égoutter les pâtes et verser la sauce. Incorporer 1 grosse tomate mûre hachée, quelques rondelles de concombre et 60 g de persil, basilic, coriandre et thym citronné mélangés. Bien remuer et servir immédiatement avec du parmesan en copeaux. Ces pâtes sont également délicieuses avec des légumes frais blanchis (asperges, brocolis, pois mange-tout ou haricots verts).

CI-DESSUS :
Bucatini sauce fermière

chauffées avec des copeaux de parmesan. S'il s'agit d'une entrée, ce plat suffira pour 8 personnes.

TAGLIATELLE AU BLEU

Préparation : 15 min
Cuisson : 20 min
Pour 6 personnes

☆

30 g de beurre

1 gousse d'ail écrasée

2 courgettes émincées

100 ml de vin blanc

100 g de bleu émietté

300 ml de crème fraîche

1 pincée de sel et 1 pincée de poivre noir

500 g de tagliatelle blanches ou vertes

2 à 3 cuil. à soupe de parmesan fraîchement
    râpé

Persil frais haché pour la garniture

1 Faire fondre le beurre dans une poêle. Faire revenir l'ail et les courgettes jusqu'à ce que celles-ci soient tendres. Ajouter le vin, le fromage, la crème fraîche, le sel et le poivre. Laisser mijoter 10 min.

2 Cuire les tagliatelle dans une grande casserole d'eau bouillante salée pendant 6 à 8 min. Les égoutter, les rincer à l'eau chaude et les égoutter à nouveau.

3 Remettre les pâtes dans la casserole. Verser la sauce dessus et remuer à feu doux pendant quelques minutes. Saupoudrer de parmesan et de persil.

TAGLIATELLE AUX ASPERGES ET AUX HERBES

Préparation : 15 min
Cuisson : 15 min
Pour 4 à 6 personnes

☆

500 g de tagliatelle

150 g d'asperges

40 g de beurre

1 cuil. à soupe de persil frais haché

1 cuil. à soupe de basilic frais haché

300 ml de crème fraîche

Sel et poivre

50 g de parmesan fraîchement râpé

1 Cuire les pâtes dans une grande casserole d'eau bouillante salée. Pendant que les pâtes cuisent, couper les pointes d'asperge en petits morceaux.

2 Chauffer le beurre dans une casserole et faire revenir les asperges 2 min à feu moyen en remuant. Ajouter le persil et le basilic, la crème fraîche, le sel et le poivre. Prolonger la cuisson de 2 min. Ajouter le parmesan et bien remuer.

3 Égoutter les pâtes et les remettre dans la casserole. Verser la sauce aux asperges et mélanger. Servir dans des assiettes creuses préalablement

CI-DESSUS :
Tagliatelle aux asperges
et aux herbes

RECETTE RAPIDE : PÂTES AUX CHAMPIGNONS ET AU MASCARPONE (pour 2 personnes)

CHAUFFER 30 g de beurre dans une poêle antiadhérante. Faire revenir 10 champignons émincés à feu moyen, jusqu'à ce qu'ils soient dorés. Incorporer 1 ou 2 gousses d'ail écrasées et 125 g de mascarpone. Remuer à feu doux jusqu'à ce que le mascarpone soit fondu. Si le mélange est trop épais, ajouter un peu de crème fraîche. Saler, poivrer et saupoudrer de persil haché. Verser sur 250 g de pâtes cuites et égouttées, bien remuer et servir immédiatement.

SPAGHETTI SAUCE TOMATE

Préparation : 15 min + temps de réfrigération
Cuisson : 10 à 15 min
Pour 4 personnes

4 oignons nouveaux

4 tomates mûres et fermes

8 olives vertes farcies

2 cuil. à soupe de câpres

2 gousses d'ail écrasées

1/2 cuil. à café d'origan séché

4 cuil. à soupe de persil frais haché

80 ml d'huile d'olive

500 g de spaghetti fins

1 Hacher finement les oignons blancs et détailler les tomates en dés. Hacher les olives et les câpres. Mélanger tous les ingrédients, sauf les pâtes, dans un saladier. Couvrir et réfrigérer au moins 2 h.
2 Cuire les pâtes dans une grande casserole d'eau bouillante salée. Les égoutter et les remettre dans la casserole.
3 Verser la sauce froide sur les pâtes chaudes et bien remuer. Pour varier, on peut ajouter 30 g de feuilles de basilic fraîches.

TORTELLINI AU FROMAGE, SAUCE AUX NOIX ET AUX HERBES

Préparation : 15 min
Cuisson : 15 min
Pour 4 à 6 personnes

500 g de tortellini ou ravioli (frais ou secs) farcis à la ricotta

100 g de noix

60 g de beurre

100 g de pignons

2 cuil. à soupe de persil frais haché

2 cuil. à café de thym frais

Sel et poivre

60 g de ricotta fraîche

60 ml de crème fleurette

1 Cuire les pâtes dans une grande casserole d'eau bouillante salée.
2 Hacher les noix. Pendant que les pâtes cuisent, chauffer le beurre dans une casserole à fond épais, à feu moyen. Mettre les noix et les pignons et remuer 5 min jusqu'à ce qu'ils soient bien dorés. Ajouter le persil, le thym, le sel et le poivre.
3 Battre la ricotta avec la crème fleurette. Égoutter les pâtes et les remettre dans la casserole. Verser la sauce aux noix dessus et bien remuer. Garnir d'une cuillerée de crème à la ricotta.

THYM
Le thym (*Thymus vulgaris*) est une plante aromatique à toutes petites feuilles, qui se marie très bien avec l'aubergine, la courgette et le poivron. Le thym citronné (*Thymus citriodorus*) est excellent dans les farces. Le thym pousse facilement au soleil, même dans un tout petit coin de jardin, et en vaut la peine : le thym que l'on sèche ou que l'on congèle soi-même est bien meilleur que celui que l'on trouve sur le marché. Pour le faire sécher, suspendez des bouquets dans un endroit chaud, puis frottez les brins pour faire tomber les feuilles et conservez celles-ci dans un bocal hermétique.

CI-DESSUS : Spaghetti sauce tomate
CI-DESSOUS : Tortellini au fromage, sauce aux noix et aux herbes

SPAGHETTI SAUCE PRIMAVERA

Préparation : 25 min
Cuisson : 15 min
Pour 4 à 6 personnes

500 g de spaghetti
150 g d'asperges fraîches
170 g de fèves surgelées
40 g de beurre
1 branche de céleri émincée
150 g de petits pois surgelés
300 ml de crème fraîche
50 g de parmesan fraîchement râpé
Sel et poivre

1 Cuire les spaghetti dans une grande casserole d'eau bouillante salée.
2 Pendant que les spaghetti cuisent, couper les asperges en petits morceaux. Les faire cuire 2 min dans une casserole d'eau bouillante. Les retirer de la casserole à l'aide d'une écumoire et les plonger dans l'eau froide.
3 Plonger les fèves dans une casserole d'eau bouillante. Les retirer aussitôt et les passer à l'eau froide. Les égoutter et laisser refroidir complètement avant de les peler.

PARMESAN

Le parmesan (parmigiano-reggiano) appartient à un groupe de fromages italiens, appelés grana. Il entre dans la composition de nombreux plats de l'Italie du Nord. Lorsque vous achetez du parmesan, il doit être de couleur paille et d'une texture friable. Il ne doit jamais suer, ni être gris ou cireux ; son odeur doit toujours être fraîche. Le parmesan moulu que l'on trouve en magasin remplace assez médiocrement le parmesan frais.

CI-DESSOUS : Spaghetti sauce Primavera

4 Chauffer le beurre dans une poêle à fond épais. Faire revenir le céleri 2 min. Ajouter les petits pois et la crème fraîche et prolonger la cuisson de 3 min. Ajouter les asperges, les fèves, le parmesan, le sel et le poivre, et porter à ébullition ; cuire encore 1 min. Égoutter les pâtes et les remettre dans la casserole. Verser la sauce sur les spaghetti et bien remuer. Servir immédiatement dans des assiettes creuses préalablement chauffées.
REMARQUE : on peut utiliser d'autres légumes, comme les poireaux, les courgettes et les pois mange-tout, et ajouter un peu d'aneth ou de basilic haché.

TORTELLINI SAUCE AUX CHAMPIGNONS

Préparation : 40 min + 30 min de repos
Cuisson : 35 à 40 min
Pour 4 personnes

Pâtes

250 g de farine
1 pincée de sel
3 œufs
1 cuil. à soupe d'huile d'olive
60 ml d'eau

Garniture

125 g d'épinards surgelés, décongelés et bien pressés
125 g de ricotta
2 cuil. à soupe de parmesan fraîchement râpé
1 œuf battu
Sel et poivre noir fraîchement moulu

Sauce

1 cuil. à soupe d'huile d'olive
1 gousse d'ail écrasée
125 g de champignons émincés
250 ml de crème fraîche
3 cuil. à soupe de parmesan fraîchement râpé
Sel et poivre noir fraîchement moulu

1 Pâtes : tamiser la farine et le sel sur un plan de travail. Faire un puits au centre. Dans un bol, battre les œufs, l'huile et 1 cuil. à soupe d'eau. Verser le mélange peu à peu dans la farine, en travaillant avec les mains jusqu'à obtention d'une boule. Rajouter un peu d'eau si nécessaire. Pétrir

5 min sur un plan de travail fariné, jusqu'à ce que la pâte soit homogène et élastique. La déposer dans un saladier légèrement huilé, couvrir de film plastique et laisser reposer 30 min.

2 Garniture : dans un saladier, mélanger les épinards égouttés, la ricotta, le parmesan, l'œuf, le sel et le poivre. Réserver.

3 Sauce : chauffer l'huile dans une poêle. Faire revenir l'ail 30 s à feu doux. Ajouter les champignons et cuire 3 min. Incorporer la crème fraîche et réserver.

4 Étaler la pâte sur un plan de travail fariné jusqu'à ce qu'elle soit très fine. À l'aide d'un emporte-pièce fariné, découper des ronds de 5 cm. Déposer 1/2 cuil. à café de garniture au centre de chaque rond et badigeonner le pourtour avec un peu d'eau. Plier les ronds pour former des demi-cercles et presser fermement les bords. Enrouler chaque demi-cercle autour de votre doigt afin de former un anneau. Souder les deux extrémités en les pinçant fermement.

5 Cuire les tortellini, en plusieurs fois, dans une grande casserole d'eau bouillante salée, pendant 8 min. Bien égoutter et remettre dans la casserole. Réserver au chaud.

6 Réchauffer la sauce à feu moyen. Porter à ébullition. Baisser le feu et laisser mijoter 3 min. Ajouter le parmesan, le sel et le poivre, et bien mélanger. Verser la sauce sur les tortellini et remuer. Servir dans des assiettes creuses préalablement chauffées.

SPAGHETTI SIRACUSANI

Préparation : 20 min
Cuisson : 25 min
Pour 4 à 6 personnes

1 gros poivron vert
2 cuil. à soupe d'huile
2 gousses d'ail écrasées
850 g de tomates en boîte
125 ml d'eau
2 courgettes moyennes hachées
1 cuil. à soupe de câpres hachées
3 cuil. à soupe d'olives noires dénoyautées et
    coupées en deux
2 cuil. à soupe de basilic frais haché
Sel et poivre
500 g de spaghetti ou de linguine
50 g de parmesan fraîchement râpé

1 Détailler le poivron en fines lanières. Chauffer l'huile dans une poêle profonde. Faire revenir l'ail 30 s à feu doux. Ajouter le poivron, les tomates écrasées avec leur jus, l'eau, les courgettes, les câpres et les olives. Faire cuire 20 min en remuant.

2 Ajouter le basilic, le sel et le poivre. Pendant ce temps, faire cuire les pâtes dans une casserole d'eau bouillante salée ; les égoutter. Servir dans des assiettes creuses préalablement chauffées, garnir de sauce et saupoudrer de parmesan.

CÂPRES

Ces petits bourgeons de fleurs verts offrent un délicieux piquant lorsqu'ils sont confits dans le vinaigre. On les utilise comme assaisonnement ou condiment, en particulier dans la cuisine italienne et provençale. On peut ajouter 2 cuillerées à soupe de câpres à la mayonnaise pour un goût plus fort, ou pour préparer une sauce tartare.

CI-DESSUS : Tortellini sauce aux champignons
CI-DESSOUS : Spaghetti Siracusani

PAPPARDELLE À LA SAUCE ONCTUEUSE AUX CHAMPIGNONS ET AUX HARICOTS

Préparation : 20 min
Cuisson : 20 min
Pour 4 personnes

100 g de pignons

280 g de pappardelle

250 g de haricots verts

2 cuil. à soupe d'huile

1 oignon haché

2 gousses d'ail écrasées

250 g de champignons finement émincés

125 ml de vin blanc

300 ml de crème fraîche

125 ml de bouillon de légumes

1 œuf

3 cuil. à soupe de basilic frais haché

40 g de tomates séchées coupées en fines
    lanières

Sel et poivre noir fraîchement moulu

50 g de parmesan en copeaux

HARICOTS VERTS

Il existe des dizaines de variétés de haricots verts. Quels que soient ceux que vous choisissez, assurez-vous qu'ils sont craquants et de couleur vive. N'achetez jamais de haricots flasques ou trop mûrs, avec des graines dures ; ils doivent faire un petit bruit sec quand on les casse. La plupart des variétés nécessitent d'être équeutées ; pour d'autres, il faut ôter les fils.

*CI-DESSUS : Pappardelle
à la sauce onctueuse
aux champignons
et aux haricots*

1 Chauffer les pignons à feu moyen en remuant jusqu'à ce qu'ils soient dorés. Réserver. Cuire les pâtes dans une grande casserole d'eau bouillante salée.

2 Équeuter les haricots verts et les couper en longues et fines lanières. Chauffer l'huile dans une poêle à fond épais. Faire revenir l'oignon et l'ail 3 min à feu moyen. Ajouter les champignons et cuire 1 min en remuant. Verser le vin, la crème fraîche et le bouillon. Porter à ébullition, baisser le feu et laisser mijoter 10 min.

3 Battre légèrement l'œuf dans un bol. Sans cesser de remuer, incorporer un peu de jus de cuisson. Verser le mélange peu à peu dans la casserole, en remuant constamment pendant 30 s. Le feu doit être très doux, pour éviter que la sauce ne bouille et tourne. Ajouter les haricots verts, le basilic, les pignons et les tomates, et bien mélanger pour réchauffer le tout. Saler et poivrer. Égoutter les pâtes. Les répartir dans des assiettes creuses préalablement chauffées et verser la sauce dessus. Garnir de copeaux de parmesan.

SEMOULE
La semoule se situe à mi-chemin entre le blé et la farine. La semoule très fine sert à confectionner les gnocchi italiens, tandis que la semoule moyenne s'utilise dans de nombreux desserts, laitages et gâteaux.

GNOCCHI DE SEMOULE

Préparation : 20 min + 1 h de réfrigération
Cuisson : 40 min
Pour 4 personnes

750 ml de lait

1/2 cuil. à café de muscade moulue

Sel et poivre noir fraîchement moulu

85 g de semoule

1 œuf battu

150 g de parmesan fraîchement râpé

60 g de beurre fondu

125 ml de crème fraîche épaisse

75 g de mozzarella émincée

1 Garnir un moule à gâteau roulé de 28 x 18 x 3 cm environ de papier sulfurisé. Dans une casserole, mélanger le lait, la moitié de la muscade, le sel et le poivre. Porter à ébullition, baisser le feu et incorporer peu à peu la semoule. Faire cuire 5 à 10 min en remuant de temps en temps, jusqu'à ce que la semoule soit très ferme. Retirer du feu. Ajouter l'œuf et les deux tiers du parmesan ; bien remuer. Étaler la préparation dans le moule et réfrigérer 1 h.
2 Préchauffer le four à 180 °C. À l'aide d'un emporte-pièce fariné, découper la semoule en ronds de 4 cm. Les disposer dans un plat à four graissé.

3 Verser le beurre fondu dessus, puis la crème fraîche. Saupoudrer avec la muscade et le parmesan restants, parsemer de mozzarella. Enfourner 20 à 25 min, jusqu'à ce que les gnocchi soient dorés. Servir avec une salade composée.

RECETTE RAPIDE : PÂTES SAUCE AU PAIN
(pour 4 à 6 personnes)

PASSER 5 tranches de pain bis 30 s au mixeur, afin de former une fine chapelure. Cuire 500 g de pâtes en spirale (fusilli) ou de farfalle dans une grande casserole d'eau bouillante salée. Égoutter et réserver au chaud. Pendant que les pâtes cuisent, chauffer 60 ml d'huile d'olive dans une poêle à fond épais, à feu doux. Faire dorer le pain en miettes et 3 gousses d'ail écrasées 3 min en remuant. Dans un plat de service, mélanger les pâtes avec le pain, 2 cuil. à soupe de persil frais finement haché et 45 g de pecorino fraîchement râpé. Poivrer, bien remuer et servir immédiatement. Garnir éventuellement de fines herbes fraîches.

CI-DESSUS : Gnocchi de semoule

CHAMPIGNONS Riches en vitamines et

en fibres, les champignons sont des légumes que l'on peut cuisiner aussi bien dans

les plats nouveaux et légers que dans les recettes anciennes et campagnardes.

CHAMPIGNONS FARCIS AU PESTO (pour 14 champignons)

Mixer 60 g de basilic frais, 3 gousses d'ail écrasées, 80 g de pignons grillés et 50 g de parmesan râpé. Ajouter peu à peu 80 ml d'huile d'olive, saler et continuer à mixer jusqu'à ce que les ingrédients soient bien mélangés. Ôter le pied de 14 petits champignons et badigeonner légèrement les têtes d'huile de noix de macadamia. Les

faire cuire, côté bombé en haut, au gril préchauffé ou au barbecue jusqu'à ce qu'ils soient légèrement dorés. Retourner les champignons et y déposer 1 cuil. à soupe de pesto. Servir immédiatement.

TARTE AUX CHAMPIGNONS DORÉS (pour 4 personnes)

Préchauffer le four à 200 °C. Étaler un rouleau de pâte feuilletée sur une plaque

de four antiadhérante. Chauffer 2 cuil. à soupe d'huile dans une poêle, ajouter 2 oignons finement émincés et 1 cuil. à soupe de vinaigre de vin rouge. Cuire 10 min jusqu'à ce que les oignons soient caramélisés. Retirer de la poêle et laisser refroidir légèrement sur du papier absorbant. Mettre 60 g de beurre et 350 g de champignons mélangés dans la poêle ; cuire 5 min jusqu'à ce qu'ils soient tendres.

Égoutter l'excédent d'eau et laisser refroidir sur du papier absorbant. Assaisonner à votre goût. Faire cuire la pâte 10 min, puis étendre très soigneusement et rapidement les oignons dessus, en laissant une bordure de 2 cm. Garnir de champignons, parsemer de feuilles de marjolaine et de 25 g de parmesan râpé. Prolonger la cuisson de 10 min, jusqu'à ce que la tarte soit dorée.

SAUCE FROIDE
AUX CHAMPIGNONS

Chauffer 1 cuil. à soupe d'huile dans une poêle et faire revenir 2 gousses d'ail écrasées et 4 oignons nouveaux finement hachés pendant 3 min. Ajouter 220 g de champignons de Paris hachés et les cuire 5 min, jusqu'à ce qu'ils soient dorés. Saler. Retirer du feu et égoutter l'excédent d'eau. Transférer le mélange dans un saladier; incorporer 200 g de yaourt nature épais, 1 cuil. à café de cumin moulu et 2 cuil. à soupe de thym citronné ciselé. Accompagne les crudités, les gressins ou les chips de maïs.

CHAMPIGNONS MARINÉS

Dans une casserole, mélanger 250 ml de vinaigre de cidre, 125 ml de jus d'orange, 1 cuil. à soupe de graines de coriandre, 2 brins de romarin et 1 feuille de laurier; porter à ébullition. Ajouter 500 g de petits champignons de Paris et laisser mijoter 3 min. Saler et poivrer. Ôter les champignons et les mettre dans un bocal. Faire bouillir le jus de cuisson jusqu'à ce qu'il réduise de moitié. Éliminer le romarin et le laurier et les remplacer par d'autres (frais). Incorporer 80 ml d'huile d'olive. Verser la marinade sur les champignons et terminer par une couche d'huile d'olive. Se garde un mois au réfrigérateur.

FARCE AUX CHAMPIGNONS
SAUVAGES

Chauffer 60 g de beurre dans une poêle et faire revenir 3 min 1 oignon finement haché. Ajouter 220 g de champignons mélangés et les cuire 5 min. Transférer le mélange dans un saladier, ajouter 60 g de croûtons, 3 cuil. à soupe de fines herbes hachées, 95 g de riz complet cuit, 60 ml de lait, 1 œuf légèrement battu, du sel et du poivre; bien mélanger. Utiliser cette préparation pour farcir les pommes de terre cuites, les aubergines et les poivrons, ou pour farcir les omelettes et les crêpes.

À PARTIR D'EN HAUT, À GAUCHE :
Champignons marinés, Sauce froide
aux champignons,
Farce aux champignons sauvages,
Tarte aux champignons dorés,
Champignons farcis au pesto

L'HISTOIRE DES PÂTES

D'aucuns disent que les pâtes italiennes auraient été rapportées de Chine par Marco Polo en 1295, ce qui détruit la légende selon laquelle elles se consommaient déjà à l'époque de la Rome antique. Cicéron lui-même aurait été un grand amateur de *laganum*, les pâtes rubans que l'on appelle aujourd'hui tagliatelle. Le Tasse raconte en outre qu'un aubergiste du Moyen Âge aurait inventé les tortellini à l'image du nombril de Vénus. Voilà de quoi réjouir tous les amateurs de pâtes !

CI-DESSUS : Gratin de pâtes aux légumes
CI-CONTRE : Penne au pesto et aux tomates

GRATIN DE PÂTES AUX LÉGUMES

Préparation : 20 min
Cuisson : 45 à 50 min
Pour 4 personnes

1 cuil. à soupe d'huile d'olive

1 gros oignon finement haché

1 gousse d'ail écrasée

3 courgettes moyennes émincées

100 g de petits champignons de Paris émincés

500 g de sauce tomate toute prête

150 g de petits pois surgelés

Sel et poivre

150 g de pâtes

4 cuil. à soupe de parmesan fraîchement râpé

1 Préchauffer le four à 150 °C. Chauffer l'huile dans une sauteuse et faire revenir l'oignon et l'ail 4 min à feu doux et à couvert. Ajouter les courgettes et les champignons et prolonger la cuisson de 3 min. Ajouter la sauce tomate et les petits pois et cuire encore 3 min. Saler et poivrer. Retirer du feu et réserver.
2 Cuire les pâtes dans une grande casserole d'eau bouillante salée, pendant 10 à 12 min. Les égoutter et les ajouter aux légumes.
3 Verser la préparation dans un plat à four. Saupoudrer de parmesan, couvrir et enfourner 20 à 30 min.

REMARQUE : on peut agrémenter ce plat de fines herbes hachées, ou le préparer avec les légumes de son choix.

PENNE AU PESTO ET AUX TOMATES

Préparation : 5 min
Cuisson : 20 min
Pour 4 personnes

350 g de penne

2 cuil. à café d'huile

200 g de champignons émincés

180 g de crème fraîche

125 g de pesto

40 g de tomates séchées, hachées

Sel et poivre noir fraîchement moulu

1 Cuire les pâtes dans une grande casserole d'eau bouillante salée et les égoutter.
2 Remettre la casserole sur le feu et ajouter l'huile. Faire revenir les champignons 4 min, jusqu'à ce qu'ils soient tendres et dorés. Incorporer la crème fraîche, le pesto, les tomates, le sel et le poivre. Bien mélanger et cuire 2 min jusqu'à ce que la sauce soit bien chaude.
3 Remettre les pâtes dans la casserole et bien mélanger. Les réchauffer 1 min en remuant. Garnir de tomates émincées et de basilic.
REMARQUE : le pesto se vend en bocal dans les supermarchés et épiceries fines.

GNOCCHI DE POMMES DE TERRE À LA SAUCE TOMATE

Préparation : 35 min
Cuisson : 45 à 50 min
Pour 4 personnes

500 g de pommes de terre pelées et coupées
en dés

250 g de farine tamisée

25 g de parmesan fraîchement râpé + un peu
pour la garniture

30 g de beurre (ou margarine) fondu

Sel et poivre noir fraîchement moulu

Sauce tomate

1 kg de tomates pelées et hachées

2 gousses d'ail écrasées

125 ml de vin rouge

3 cuil. à soupe de basilic frais finement haché

Sel et poivre noir fraîchement moulu

1 Cuire les pommes de terre dans une casserole d'eau bouillante, pendant 15 à 20 min. Bien les égoutter et les écraser. Les mettre dans une jatte et les laisser légèrement refroidir. Ajouter la farine, le parmesan, le beurre, le sel et le poivre. À l'aide d'une palette, mélanger le tout en mouvements de coupe afin de former une pâte ferme. La pétrir brièvement sur un plan de travail fariné, sans toutefois trop la travailler.

2 Étaler l'équivalent d'une cuillerée à café de pâte en forme de grosse olive. Strier une face avec le dos d'une fourchette. Faire bouillir une grande casserole d'eau. Plonger délicatement les gnocchi, par petites quantités à la fois, et les faire cuire 5 min, jusqu'à ce qu'ils remontent en surface. Égoutter et réserver au chaud. Servir dans des assiettes préalablement chauffées, avec de la sauce tomate.

3 Sauce tomate : dans une casserole, mélanger les tomates, l'ail, le vin, le basilic, le sel et le poivre. Porter à ébullition. Baisser le feu et laisser mijoter doucement 15 à 20 min, en remuant de temps en temps, jusqu'à ce que la sauce réduise et épaississe légèrement.

BASILIC

Le basilic (*Ocymum basilicum*) possède un piquant et un arôme uniques, particulièrement agréables lorsqu'il est utilisé frais. Ne l'ajoutez qu'en fin de cuisson, afin de préserver son parfum. Si les feuilles doivent être hachées ou déchirées, ne le faites qu'à la dernière minute pour éviter qu'elles ne noircissent.

CI-DESSUS : Gnocchi de pommes de terre à la sauce tomate

doux, en remuant régulièrement. Ajouter les tomates, la carotte, le persil et le mélange de vinaigre et de vin. Baisser le feu et laisser mijoter 25 min. Saler et poivrer.

3 5 min avant de la fin de la cuisson, chauffer le reste de l'huile dans une poêle et faire dorer les noix 5 min à feu doux.

4 Pendant que la sauce mijote, faire cuire les pâtes dans une grande casserole d'eau bouillante salée ; égoutter et remettre dans la casserole. Verser la sauce sur les pâtes et bien remuer. Garnir de noix et saupoudrer de parmesan.

REMARQUE : les Italiens utilisent souvent des tomates olivettes pour les sauces ; faites de même si possible. Pour cette recette, vous en aurez besoin de 6 à 8, car elles sont assez petites.

FETTUCINE AUX HERBES ET AU POIVRE

Préparation : 5 min
Cuisson : 18 min
Pour 4 personnes

500 g de fettucine

60 g de beurre

2 gousses d'ail écrasées

2 cuil. à soupe de sauge fraîche finement hachée

2 cuil. à soupe de basilic frais finement haché

2 cuil. à soupe d'origan frais finement haché

2 cuil. à café de poivre noir concassé

4 cuil. à soupe de parmesan fraîchement râpé

1 Cuire les pâtes dans une grande casserole d'eau bouillante salée ; égoutter.

2 Remettre la casserole sur le feu et faire fondre le beurre 2 min à feu moyen. Ajouter l'ail, la sauge, le basilic, l'origan et le poivre.

3 Remettre les pâtes dans la casserole et bien remuer. Cuire 2 min en remuant, pour réchauffer le tout. Servir immédiatement, saupoudré de parmesan.

TAGLIATELLE À LA SAUCE TOMATE ET AUX NOIX

Préparation : 20 min
Cuisson : 50 min
Pour 4 à 6 personnes

4 tomates mûres

2 cuil. à soupe d'huile

1 oignon moyen finement haché

1 branche de céleri finement hachée

1 carotte moyenne râpée

2 cuil. à soupe de persil frais haché

1 cuil. à café de vinaigre de vin rouge

60 ml de vin blanc

Sel et poivre

75 g de noix grossièrement concassées

500 g de tagliatelle

4 cuil. à soupe de parmesan fraîchement râpé
pour la garniture

1 À l'aide d'un couteau tranchant, inciser d'une croix la base des tomates. Les mettre dans un saladier et les couvrir d'eau bouillante pendant 2 min environ. Égoutter et laisser refroidir. Les peler à partir de la croix et hacher grossièrement la pulpe.

2 Chauffer la moitié de l'huile dans une cocotte. Faire revenir l'oignon et le céleri 5 min à feu

CUIRE LES PÂTES

Pour cuire les pâtes à la perfection, comptez 4 l d'eau pour 500 g de pâtes, et utilisez une très grande casserole. Une grande quantité d'eau, en effet, empêche les pâtes de coller et leur permet de prendre du volume. L'ajout de sel ou d'huile est une question de goût personnel.

CI-DESSUS : Tagliatelle à la sauce tomate et aux noix

PÂTES AU PESTO ET À LA TOMATE SÉCHÉE

Préparation : 15 min
Cuisson : 12 min
Pour 6 personnes

150 g de tomates séchées, marinées à l'huile d'olive

50 g de parmesan finement râpé

50 g de pignons

25 g de basilic frais

Sel et poivre

80 ml d'huile d'olive

500 g de pâtes en spirale (fusilli)

150 g de pointes d'asperge hachées

250 g de tomates cerises, coupées en deux

1 Égoutter les tomates. Les passer au mixeur avec le fromage, les pignons, le basilic, le sel et le poivre. Sans cesser de mixer, verser l'huile peu à peu.

2 Cuire les pâtes dans une grande casserole d'eau bouillante salée. Bien les égoutter dans une passoire puis les mettre dans le plat de service.

3 Verser le pesto sur les pâtes chaudes et bien remuer. Mettre les asperges dans un bol résistant à la chaleur. Les couvrir d'eau bouillante pendant 2 min ; égoutter. Les mélanger aux pâtes avec les tomates cerises.

PÂTES AU PESTO

Préparation : 10 min
Cuisson : 10 min
Pour 4 personnes

500 g de tagliatelle aux épinards

100 g de basilic frais

4 gousses d'ail pelées et hachées

50 g de pignons

100 g de parmesan fraîchement râpé

185 ml d'huile d'olive

Sel et poivre

1 Cuire les tagliatelle dans une grande casserole d'eau bouillante salée. Pendant que les pâtes cuisent, passer le basilic, l'ail et les pignons au mixeur. Ajouter le fromage et mixer jusqu'à obtention d'un mélange homogène. Sans cesser de mixer, incorporer l'huile peu à peu.

2 Bien égoutter les pâtes et les remettre dans la casserole. Verser suffisamment de pesto dessus pour bien les enrober. Assaisonner et garnir de basilic frais.

REMARQUE : pour varier, on peut griller 40 g de pignons dans une poêle sans matière grasse et les ajouter aux pâtes juste avant de servir.

PELER LES TOMATES

1 Inciser d'une croix la base de chaque tomate. Les couvrir d'eau bouillante et laisser reposer 2 min.

2 Égoutter et laisser refroidir les tomates. Les peler à partir de la croix, vers le bas.

3 Pour ôter les graines, couper les tomates en deux horizontalement et éliminer les graines à l'aide d'une petite cuillère.

CI-DESSUS : Pâtes au pesto

SAUCE WORCESTER

La sauce Worcester est une sauce épicée utilisée pour relever toutes sortes de plats. S'inspirant d'une vieille recette indienne, elle se compose de vinaigre, de sauce de soja, de mélasse, de piment et de divers fruits tropicaux et épices. Il existe aussi une version au vin blanc, au goût plus doux.

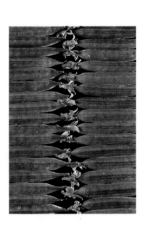

CI-DESSUS : Ravioli à la ricotta et à la sauce tomate (à gauche), Salade de pâtes aux légumes (à droite)

RAVIOLI À LA RICOTTA ET À LA SAUCE TOMATE

Préparation : 35 min + 30 min de repos
Cuisson : 45 à 50 min
Pour 4 à 6 personnes

★★

Pâte à ravioli

125 g de farine
1 pincée de sel
1 œuf
1 cuil. à soupe d'huile
1 cuil. à café d'eau

Farce

500 g de ricotta
1 cuil. à soupe de persil plat haché
1 jaune d'œuf

Sauce tomate

1 cuil. à soupe d'huile
1 oignon haché
2 gousses d'ail écrasées
1 carotte hachée
1 kg de tomates mûres pelées et hachées
50 g de concentré de tomate
1 cuil. à café de sucre roux
125 ml de bouillon de légumes

1 cuil. à soupe de sauce Worcester
30 g de basilic frais haché

1 Pâte à ravioli : tamiser la farine dans une terrine. Faire un puits au centre et incorporer progressivement le sel, l'œuf, l'huile et l'eau. Pétrir la pâte formée sur un plan de travail fariné jusqu'à ce qu'elle soit homogène et élastique. Couvrir et laisser reposer 30 min. Pendant que la pâte repose, préparer la farce et la sauce.

2 Farce : bien mélanger la ricotta avec le persil et le jaune d'œuf.

3 Sauce tomate : chauffer l'huile dans une grande casserole à fond épais. Faire revenir l'oignon, l'ail et la carotte 5 à 7 min à feu doux. Ajouter les tomates, le concentré de tomate, le sucre, le bouillon, la sauce Worcester et le basilic. Porter à ébullition, baisser le feu et laisser mijoter 30 min à couvert. Laisser légèrement refroidir puis passer le mélange au mixeur. Réserver au chaud.

4 Partager la pâte en deux et confectionner 2 boules. Les étaler finement en forme de carré. Déposer des cuillerées de farce en petits tas réguliers espacés de 5 cm sur l'un des rouleaux de pâte. Passer un pinceau humide entre les tas et recouvrir de l'autre rouleau de pâte. Appuyer entre les tas de farce afin de souder la pâte. Découper en carrés à l'aide d'un couteau ou d'une roulette de pâtissier.

5 Plonger les ravioli dans une casserole d'eau bouillante salée et les faire cuire 8 à 10 min. Les retirer à l'aide d'une écumoire et les mettre dans le plat de service. Verser la sauce dessus et servir.

SALADE DE PÂTES AUX LÉGUMES

Préparation : 15 min
Cuisson : 10 min
Pour 4 à 6 personnes, en accompagnement

250 g de farfalle

250 g de brocolis en petits bouquets

250 g de haricots verts coupés en diagonale

125 g de pois mange-tout équeutés

250 g de tomates cerises

80 ml d'huile d'olive

60 ml de vinaigre de vin blanc

2 cuil. à café de moutarde en poudre

1 cuil. à café de curcuma

Sel et poivre noir fraîchement moulu

Pousses de mange-tout ou fines herbes pour la
    garniture

1 Cuire les pâtes dans une grande casserole
d'eau bouillante salée ; les égoutter et les rincer à
l'eau froide. Réserver.
2 Plonger les brocolis, les haricots et les pois
mange-tout dans l'eau bouillante. Rincer immédiatement à l'eau froide et réserver. Laver les
tomates, les couper en deux et réserver.
3 Dans un bol, mélanger l'huile d'olive, le
vinaigre, la moutarde, le curcuma, le sel et le
poivre noir ; bien battre avec une fourchette.
4 Mélanger les pâtes et les légumes avec la sauce
dans un saladier. Garnir de pousses de mange-
tout ou de fines herbes.

RECETTE RAPIDE : SPAGHETTI À LA ROQUETTE ET AU PIMENT
(pour 4 à 6 personnes)

CUIRE 500 g de spaghetti dans une casserole
d'eau bouillante salée. Les égoutter et les
remettre dans la casserole. 5 min avant la fin
de la cuisson, chauffer 2 cuil. à soupe d'huile
d'olive dans une poêle à fond épais. Faire
revenir 2 cuil. à café de piment haché pendant 1 min à feu doux, en remuant. Ajouter
450 g de roquette équeutée et prolonger la
cuisson de 2 à 3 min. Ajouter 1 cuil. à soupe
de jus de citron et saler. Verser le mélange
de roquette sur les pâtes et mélanger.

RAVIOLI AUX FINES HERBES

Préparation : 15 min
Cuisson : 4 à 6 min
Pour 6 personnes

2 cuil. à soupe d'huile d'olive

1 gousse d'ail coupée en deux

800 g de raviolis à la ricotta

60 g de beurre coupé en petits morceaux

2 cuil. à soupe de persil frais haché

3 cuil. à soupe de basilic frais haché

2 cuil. à soupe de ciboulette fraîche hachée

Sel et poivre

Parmesan râpé

1 Dans un bol, mélanger l'huile et l'ail ; réserver.
Cuire les ravioli dans une grande casserole d'eau
bouillante salée.
2 Les égoutter et les remettre dans la casserole.
Verser l'huile sur les pâtes en ôtant l'ail. Ajouter
le beurre et les fines herbes, mélanger. On peut
remplacer le persil par de la coriandre. Saler et
poivrer. Saupoudrer de parmesan et servir.

SAUGE

La sauge (Salvia officinalis),
selon une croyance ancienne,
donnait la sagesse et pro-
longeait la vie. Aujourd'hui,
les fleurs sont utilisées en
garniture, tandis que les
feuilles entrent dans la
composition de farces ou
parfument certains plats de
légumes. Quand vous ache-
tez de la sauge, n'oubliez
pas que les feuilles fraîches
ont un parfum plus com-
plexe et plus doux que la
sauge séchée. On peut également utiliser la sauge en
infusion relaxante.

*CI-DESSUS : Ravioli aux
fines herbes*

CUISINER À L'AVANCE

Si vous préparez un repas pour de nombreux convives, cuisez les pâtes en plusieurs fois et gardez-les dans un plat à four. Incorporez un peu d'huile, couvrez le plat d'un torchon humide et mettez-le à four très doux. Vous pouvez aussi réchauffer les pâtes au micro-ondes.

CI-DESSUS : Nouilles aux légumes aigres-doux

NOUILLES AUX LÉGUMES AIGRES-DOUX

Préparation : 15 min
Cuisson : 15 min
Pour 4 à 6 personnes

200 g de nouilles chinoises fraîches aux œufs

4 jeunes épis de maïs

60 ml d'huile

1 poivron vert émincé

1 poivron rouge émincé

2 branches de céleri, émincées en diagonale

1 carotte émincée en diagonale

250 g de petits champignons de Paris émincés

3 cuil. à café de Maïzena

2 cuil. à soupe de vinaigre brun

1 cuil. à café de piment frais haché

2 cuil. à café de concentré de tomate

2 cubes de bouillon de légumes émiettés

1 cuil. à café d'huile de sésame

450 g d'ananas en boîte, en morceaux

3 oignons nouveaux émincées en diagonale

1 Cuire les nouilles dans une grande casserole d'eau pendant 3 min ; égoutter. Émincer le maïs en diagonale. Chauffer l'huile dans une poêle à fond épais. Faire sauter les poivrons, le céleri, la carotte et les champignons 5 min à feu vif.

2 Ajouter le maïs et les nouilles. Baisser le feu et cuire 2 min. Dans un bol, délayer la Maïzena dans le vinaigre et ajouter le piment, le concentré de tomates, les cubes de bouillon, l'huile et l'ananas dans son jus ; bien remuer.

3 Verser la sauce sur les ingrédients de la poêle. Remuer 5 min à feu moyen, jusqu'à ébullition et épaississement. Ajouter les oignons nouveaux et servir immédiatement.

RECETTE RAPIDE : OMELETTE AU FROMAGE ET AUX NOUILLES
(pour 2 à 4 personnes)

METTRE 85 g de nouilles chinoises instantanées avec leur sachet d'aromates dans un saladier. Couvrir d'eau bouillante et laisser reposer 2 à 3 min, jusqu'à ce que les nouilles soient tendres ; bien égoutter. Chauffer 20 à 30 g de beurre dans une poêle antiadhérante. Ajouter un peu de poivron rouge haché et de l'oignon émincé ; faire revenir 1 à 2 min. Ajouter les nouilles et cuire rapidement. Incorporer 3 œufs légèrement battus. Cuire 3 à 5 min à feu moyen. Lorsque l'omelette est presque cuite, la parsemer de 4 cuil. à soupe de fromage râpé et de fines herbes. Passer au gril préchauffé pour la faire dorer. Saupoudrer de poivre noir concassé.

NOUILLES CHINOISES AU PIMENT

Préparation : 10 min
Cuisson : 10 min
Pour 4 à 6 personnes

500 g de nouilles chinoises aux œufs

1 cuil. à soupe d'huile

1 cuil. à café d'huile de sésame

4 cuil. à soupe de cacahuètes décortiquées et pelées

2 petits piments rouges

4 aubergines fines émincées

200 g de pois mange-tout

100 g de pousses de soja

3 cuil. à soupe de beurre de cacahuètes avec morceaux

1 cuil. à soupe de sauce hoisin

80 ml de lait de coco

2 cuil. à soupe de jus de citron vert

1 cuil. à soupe de sauce thaïlandaise au piment doux

1 Cuire les nouilles dans une grande casserole d'eau bouillante pendant 3 min. Chauffer les huiles et faire dorer les cacahuètes 1 min à feu vif, en remuant. Ajouter les piments, les aubergines et les pois mange-tout, cuire 2 min à feu vif. Baisser le feu et ajouter les nouilles et les pousses de soja ; bien remuer pendant 1 min.

2 Dans un bol, délayer le beurre de cacahuètes avec la sauce hoisin, le lait de coco, le jus de citron vert et la sauce au piment. Ajouter ce mélange aux nouilles et mélanger à feu moyen jusqu'à ce que la sauce soit bien chaude.

VERMICELLES DE RIZ VÉGÉTARIENS

Préparation : 20 min + temps de trempage
Cuisson : 10 min
Pour 4 à 6 personnes

8 champignons chinois séchés

250 g de vermicelles de riz

2 cuil. à soupe d'huile

3 gousses d'ail hachées

1 morceau de gingembre de 4 cm, râpé

100 g de tofu séché, coupé en cubes de 2,5 cm

1 carotte moyenne pelée, en julienne

100 g de haricots verts coupés en morceaux de 3 cm

1/2 poivron rouge en julienne

2 cuil. à soupe de sauce Golden Mountain

1 cuil. à soupe de sauce de poisson (facultatif)

2 cuil. à café de sucre roux

150 g de pousses de soja

75 g de chou finement émincé

Sauce thaïlandaise au piment doux

1 Tremper les champignons dans de l'eau chaude pendant 20 min ; les égoutter et les émincer. Verser de l'eau bouillante sur les vermicelles et les laisser tremper 1 à 4 min, jusqu'à ce qu'elles soient tendres ; bien égoutter.

2 Chauffer une poêle à fond épais (un wok est l'idéal). Ajouter l'huile et, lorsqu'elle est chaude, faire sauter l'ail, le gingembre et le tofu pendant 1 min. Ajouter la carotte, les haricots, le poivron et les champignons ; faire sauter 2 min.

3 Ajouter les sauces et le sucre ; bien remuer, couvrir et cuire 1 min à la vapeur. Ajouter les vermicelles, 100 g de pousses de soja et le chou ; remuer, couvrir et cuire 30 s à la vapeur.

4 Disposer les vermicelles dans le plat de service, garnir des pousses de soja restantes et servir immédiatement avec la sauce au piment.

REMARQUE : la sauce Golden Mountain s'achète dans les boutiques asiatiques.

NOUILLES CHINOISES
Pour cuire des nouilles chinoises fraîches, porter une grande quantité d'eau à ébullition (sans sel ni huile). Les Chinois n'aiment pas les nouilles al dente ; leur cuisson doit être un tout petit peu plus longue. Pour arrêter la cuisson, passer les nouilles à l'eau froide puis les arroser légèrement d'huile pour éviter qu'elles ne collent.

CI-DESSUS : Vermicelles de riz végétariens

OIGNONS NOUVEAUX

Lorsque vous achetez des oignons nouveaux, choisissez-les toujours fermes et de couleur vert vif. Les plus gros sont généralement plus forts quand ils sont consommés crus. Si vous voulez préparer les oignons nouveaux à l'avance, équeutez-les, enveloppez-les de papier absorbant humidifié et conservez-les au réfrigérateur dans un sac en plastique. Ils resteront craquants pendant une semaine.

NOUILLES AU CURRY

Préparation : 25 min
Cuisson : 10 min
Pour 4 personnes

250 g de nouilles chinoises fraîches, épaisses

60 ml d'huile

2 gousses d'ail émincées

1 oignon finement émincé

1 poivron rouge coupé en julienne

1 petit concombre non pelé, coupé en fines lanières de 4 cm

2 cuil. à café de curry doux en poudre

125 ml de bouillon de légumes

2 cuil. à café de xérès sec

1 cuil. à soupe de sauce de soja

1/2 cuil. à café de sucre

3 oignons nouveaux émincées en diagonale

1 Cuire les nouilles dans une grande casserole d'eau bouillante ; égoutter.
2 Chauffer l'huile dans une poêle (un wok est l'idéal). Faire revenir l'ail, l'oignon et le poivron 3 min à feu moyen en remuant. Ajouter le concombre et le curry et remuer encore 3 min.
3 Ajouter le mélange de bouillon, xérès, sauce de soja et sucre, et remuer jusqu'à épaississement. Ajouter les nouilles et les oignons nouveaux et remuer 3 min à feu doux, jusqu'à ce que les ingrédients soient bien mélangés et chauds.

CI-DESSUS : Nouilles au curry
CI-CONTRE : Nouilles pimentées aux noix de cajou

NOUILLES PIMENTÉES AUX NOIX DE CAJOU

Préparation : 15 min
Cuisson : 10 min
Pour 4 personnes

200 g de nouilles chinoises fines, coupées

60 ml d'huile

2 cuil. à café d'huile pimentée

3 piments rouges coupés en lanières

80 g de noix de cajou grillées et non salées

1 poivron rouge finement émincé

2 branches de céleri émincées en diagonale

225 g de jeunes épis de maïs en boîte, égouttés

100 g de pousses de soja

2 cuil. à soupe d'oignons nouveaux hachés

1 cuil. à soupe de sauce de soja

2 cuil. à soupe de sauce thaïlandaise au piment doux

1 Cuire les nouilles dans une grande casserole d'eau frémissante ; égoutter.
2 Chauffer les huiles dans une poêle (un wok est l'idéal) et faire revenir les piments 1 min à feu moyen. Ajouter les noix de cajou et les faire dorer 1 min en remuant.
3 Mettre les légumes dans la poêle et cuire 3 min à feu moyen, jusqu'à ce qu'ils soient tendres. Incorporer les nouilles et les sauces. Bien remuer jusqu'à ce que les nouilles soient chaudes ; servir.

NOUILLES AUX LÉGUMES ET AUX FINES HERBES

Préparation : 20 min
Cuisson : 25 min
Pour 4 à 6 personnes

1 oignon émincé

1 petit piment rouge épépiné coupé en lanières

1 branche de céleri émincée

1 carotte émincée en diagonale

30 g de beurre et 1 cuil. à café d'huile

1 cuil. à soupe de mélange d'épices pour tacos

2 tomates pelées

2 cuil. à soupe de concentré de tomate

125 ml de vin rouge

1 feuille de laurier

125 ml de bouillon de légumes

2 cuil. à café de basilic frais haché

2 cuil. à café de persil frais haché

375 g de nouilles chinoises fraîches, fines

1 Faire revenir l'oignon, le piment, le céleri et la carotte dans le beurre et un peu d'huile, 5 min à feu moyen. Ajouter les épices, les tomates coupées en fins quartiers, le concentré de tomate, le vin, le laurier et le bouillon dans la poêle. Porter à ébullition, baisser le feu, couvrir et laisser mijoter 15 min en remuant de temps en temps. Ajouter les fines herbes et bien mélanger.
2 Cuire les nouilles dans une casserole d'eau bouillante ; égoutter. Ajouter la sauce et servir.

NOUILLES À LA SAUCE AUX HARICOTS NOIRS

Préparation : 10 min
Cuisson : 10 à 15 min
Pour 4 personnes

375 g de nouilles chinoises fraîches

1 cuil. à café d'huile d'olive

1 cuil. à café d'huile de sésame

1 cuil. à soupe de gingembre frais râpé

4 gousses d'ail écrasées

1 cuil. à soupe de haricots noirs séchés et salés, hachés (variété asiatique)

2 cuil. à soupe de sauce hoisin

1 cuil. à soupe de sauce aux haricots noirs

1 cuil. à soupe de sucre

125 ml de bouillon de légumes

230 g de pousses de bambou en boîte, émincées et égouttées

Le vert de 3 oignons nouveaux, coupé en longs morceaux

1 Cuire les nouilles dans une grande casserole d'eau bouillante ; égoutter.
2 Chauffer les huiles dans une poêle. Faire revenir le gingembre et l'ail 2 min à feu doux.
3 Ajouter les sauces, le sucre et le bouillon. Laisser mijoter 5 min jusqu'à ce que la préparation réduise légèrement et épaississe. Ajouter les pousses de bambou, les oignons nouveaux et les nouilles ; réchauffer le tout en remuant, puis servir.

HARICOTS NOIRS
Les haricots noirs présents dans les recettes asiatiques sont des graines de soja fermentées et salées. Tendres et légèrement charnus, ils sont généralement hachés ou écrasés pour exhaler tout leur arôme piquant. À ne pas confondre avec les haricots noirs séchés utilisés dans la cuisine sud-américaine.

CI-DESSUS : Nouilles aux légumes et aux fines herbes (à gauche), Nouilles à la sauce aux haricots noirs (à droite)

CÉRÉALES ET LÉGUMES SECS

Adoptant toutes les formes et toutes les couleurs – du couscous aux lentilles corail, en passant par les pois chiches et le millet –, ces mets complets sont aussi nutritifs que savoureux. Combinés l'un avec l'autre, ou avec des fruits oléagineux, ils offrent une alimentation riche en protéines. Ils fournissent également au cuisinier une infinité de possibilités de recettes, inspirées par les grands classiques du monde entier.

RIZ ARBORIO

Ce riz se distingue par ses grains perlés, gros et ronds, dont le cœur résiste légèrement sous la dent même après cuisson. Le riz arborio possède un arôme et un parfum particuliers, qui donnent toute son originalité au risotto de l'Italie du Nord.

CI-DESSUS : Curry de pois chiches

CURRY DE POIS CHICHES

Préparation : 15 min
Cuisson : 40 à 45 min
Pour 4 personnes

1 cuil. à soupe de ghee ou d'huile
2 oignons finement émincés
4 gousses d'ail écrasées
1 cuil. à café de chili en poudre
1 cuil. à café de sel
1 cuil. à café de curcuma
1 cuil. à café de paprika
1 cuil. à soupe de cumin moulu
1 cuil. à soupe de coriandre moulue
880 g de pois chiches en boîte, égouttés
440 g de tomates en boîte, en morceaux
1 cuil. à café de garam massala

1 Chauffer le ghee ou l'huile dans une casserole et faire revenir l'oignon et l'ail en remuant.
2 Ajouter les épices et remuer pendant 1 min.
3 Ajouter les pois chiches et les tomates avec leur jus ; bien mélanger. Couvrir et laisser mijoter 20 min à feu doux, en remuant de temps en temps. Incorporer le garam massala et prolonger la cuisson 10 min, toujours à couvert.

REMARQUE : ce curry, servi dans des chapattis ou du naan, constitue un délicieux repas.

RISOTTO AUX CHAMPIGNONS

Préparation : 10 min
Cuisson : 30 à 35 min
Pour 4 personnes

1 l de bouillon de légumes
250 ml de vin blanc
1 cuil. à soupe d'huile
30 g de beurre
2 poireaux finement émincés
250 g de champignons sauvages émincés
440 g de riz arborio
250 g de petits champignons de Paris émincés
2 cuil. à soupe de persil frais haché
50 g de parmesan râpé
Sel et poivre

1 Dans une casserole, porter le bouillon et le vin à ébullition ; baisser le feu et maintenir à un léger frémissement.
2 Chauffer l'huile et le beurre dans une grande

casserole et faire revenir les poireaux 5 min, jusqu'à ce qu'ils soient dorés. Ajouter les champignons sauvages et prolonger la cuisson 3 min. Ajouter le riz et remuer jusqu'à ce que les grains deviennent translucides. Ajouter 250 ml de bouillon chaud sur le riz et remuer à feu moyen jusqu'à ce que le liquide soit absorbé. Continuer à ajouter le liquide chaud, 125 ml à la fois, en remuant jusqu'à ce qu'il soit complètement absorbé. Réserver les derniers 125 ml de bouillon.

3 Incorporer les champignons de Paris et le bouillon réservé. Faire cuire jusqu'à ce que le liquide soit absorbé et que le riz soit tendre. Ajouter le persil et le parmesan. Saler et poivrer.

COUSCOUS AUX LÉGUMES

Préparation : 40 min
Cuisson : 30 min
Pour 4 à 6 personnes

2 petits oignons

3 cuil. à soupe d'huile d'olive

1 cuil. à café de curcuma

1/2 cuil. à café de piment en poudre

2 cuil. à café de gingembre frais râpé

1 bâton de cannelle

2 carottes moyennes coupées en rondelles épaisses

2 panais moyens coupés en rondelles épaisses

375 ml de bouillon de légumes

Sel

315 g de potiron coupé en petits cubes

250 g de chou-fleur partagé en petits bouquets

2 courgettes moyennes coupées en rondelles

420 g de pois chiches en boîte, égouttés

1 pincée de filaments de safran

2 cuil. à soupe de coriandre fraîche hachée

2 cuil. à soupe de persil plat frais haché

230 g de graine de couscous instantanée

250 ml d'eau bouillante salée

30 g de beurre

1 Émincer finement les oignons et les faire revenir 3 min dans une grande casserole avec 2 cuil. à soupe d'huile, en remuant de temps en temps. Ajouter le curcuma, le piment et le gingembre ; prolonger la cuisson de 1 min en remuant.

2 Ajouter le bâton de cannelle, les carottes, les panais et le bouillon, bien remuer. Saler. Couvrir et porter à ébullition. Baisser le feu et

laisser mijoter 5 min à couvert, jusqu'à ce que les légumes soient presque tendres.

3 Ajouter le potiron, le chou-fleur et les courgettes, et laisser mijoter 10 min. Incorporer les pois chiches, le safran, la coriandre et le persil ; prolonger la cuisson de 5 min à découvert. Retirer le bâton de cannelle.

4 Mettre le couscous dans un saladier et ajouter l'eau bouillante. Laisser gonfler 2 min ; ajouter le reste d'huile et le beurre, travailler la graine à la fourchette. Disposer un lit de couscous dans chaque assiette et garnir de légumes.

REMARQUE : les légumes peuvent se cuire la veille et se conserver au réfrigérateur. La graine de couscous est meilleure lorsqu'elle est préparée au dernier moment.

RECETTE RAPIDE : POTAGE DE LENTILLES BRUNES (pour 4 personnes)

Faire sauter un oignon émincé dans un peu d'huile ; ajouter 250 g de lentilles brunes, 425 g de tomates en boîte écrasées et 1 l de bouillon de légumes. Porter à ébullition, puis laisser mijoter 20 min. Saler. Ajouter du basilic et servir avec de la crème fraîche.

COUSCOUS

Le couscous (ou graine de couscous) est une semoule de blé dur roulée en petits grains. C'est l'aliment de base de la cuisine nord-africaine, que l'on cuit traditionnellement à la vapeur, au-dessus d'une marmite de ragoût. Le plus courant est le couscous «instantané», auquel on ajoute simplement de l'eau bouillante et qu'on laisse reposer quelques minutes. On incorpore ensuite du beurre ou de l'huile à la fourchette. Le terme couscous désigne également le plat entier, composé de légumes et de viande, servis sur la semoule.

CI-DESSUS : Couscous aux légumes

1 Faire tremper les pois chiches dans l'eau pendant 4 h ou toute la nuit. Le égoutter et les passer 30 s au mixeur, jusqu'à ce qu'ils soient finement moulus.

2 Ajouter l'oignon, l'ail, le persil, la coriandre, le cumin, 1 cuil. à soupe d'eau et la levure, mixer 10 s jusqu'à obtention d'une pâte épaisse. Saler. Couvrir et laisser reposer 30 min.

3 Salsa à la tomate : mélanger tous les ingrédients dans un saladier ; réserver.

4 Former des boules avec l'équivalent d'une cuillerée à soupe de préparation. Presser l'excédent d'eau avec la main. Chauffer l'huile modérément dans une poêle à fond épais. Déposer délicatement les boules de falafel dans l'huile, à l'aide d'une cuillère. Les faire frire, 5 à la fois, pendant 3 à 4 min. Lorsque toutes les boules sont dorées, les retirer délicatement de l'huile à l'aide d'une grande écumoire. Égoutter sur du papier absorbant.

5 Servir les falafels chauds ou froids sur un lit de salsa à la tomate ou dans une pitta avec de la salsa à la tomate et de l'houmous.

REMARQUE : si la préparation aux pois chiches est trop molle pour former des boules, incorporer un peu de farine.

FALAFEL

Les falafels sont si connus en Israël qu'ils ont presque acquis le statut de plat national. Servis dans une pitta, accompagnés de salade et de condiments épicés ou d'une sauce au yaourt et aux herbes, ces petits beignets de pois chiches moulus forment un délicieux déjeuner pris sur le pouce.

CI-DESSUS : Falafels et salsa à la tomate

FALAFELS ET SALSA À LA TOMATE

Préparation : 4 h de trempage + 40 min + 30 min de repos
Cuisson : 20 à 25 min
Pour 6 personnes

★★

440 g de pois chiches
750 ml d'eau + 1 cuil. à soupe
1 petit oignon finement haché
2 gousses d'ail écrasées
2 cuil. à soupe de persil frais haché
1 cuil. à soupe de coriandre fraîche hachée
2 cuil. à café de cumin moulu
1/2 cuil. à café de levure chimique
Sel
Huile pour friture

Salsa à la tomate

2 tomates moyennes pelées et finement hachées
1/4 de concombre libanais moyen, finement haché
1/2 poivron vert finement haché
2 cuil. à soupe de persil frais haché
1 cuil. à café de sucre
2 cuil. à café de sauce au piment
1/2 cuil. à café de poivre noir moulu
Jus et zeste râpé de 1 citron

LENTILLES DOUCES AUX ÉPICES

Préparation : 1 nuit de trempage + 10 min
Cuisson : 35 min
Pour 6 personnes

★

140 g de lentilles vertes, trempées pendant une nuit
1 petit oignon finement haché
1/2 cuil. à café de cumin moulu
1/2 cuil. à café de cannelle moulue
4 clous de girofle
250 ml de jus d'orange
Sel
185 ml d'eau

1 Égoutter les lentilles et les mettre dans une casserole avec l'oignon, les épices, le jus d'orange, le sel et l'eau. Porter à ébullition. Baisser le feu et laisser mijoter 30 min à découvert, en remuant de temps en temps, jusqu'à ce que le jus soit absorbé et que les lentilles soient très tendres.

2 Retirer les clous de girofle et servir chaud ou froid avec votre plat mexicain préféré.

BEIGNETS DE RISOTTO AUX CHAMPIGNONS

Préparation : 20 min + 1 h 15 de réfrigération
Cuisson : 35 à 40 min
Pour 4 personnes

800 ml de bouillon de légumes

1 cuil. à soupe d'huile d'olive

20 g de beurre

1 petit oignon finement haché

220 g de riz arborio ou à grains ronds

150 g de petits champignons de Paris finement émincés

Sel et poivre

35 g de parmesan fraîchement râpé

Huile pour friture

1 Porter le bouillon à ébullition. Baisser le feu, couvrir et laisser mijoter doucement jusqu'à utilisation. Chauffer l'huile et le beurre dans une casserole à fond épais et faire revenir l'oignon 3 min à feu moyen en remuant. Ajouter le riz et prolonger la cuisson de 2 min. Ajouter les champignons et les faire cuire 3 min. Saler et poivrer.
2 Verser le bouillon chaud, 1/2 verre à la fois, en remuant constamment, jusqu'à ce que le bouillon soit absorbé. Continuer sans cesse de remuer jusqu'à ce que le riz soit tendre et onctueux (20 min environ). Incorporer le parmesan et retirer du feu.
3 Transférer le risotto dans un saladier et laisser refroidir. Réfrigérer au moins 1 h. Avec les mains préalablement mouillées, former des petites galettes rondes. Réfrigérer 15 min.

4 Chauffer environ 2,5 cm d'huile dans une poêle. Faire frire les beignets 3 à 4 min de chaque côté. Égoutter sur du papier absorbant.

PILAF AUX OIGNONS ET AU PARMESAN

Préparation : 5 min
Cuisson : 20 à 30 min
Pour 6 personnes

60 g de beurre

3 oignons hachés

2 gousses d'ail écrasées

440 g de riz basmati

1,25 l de bouillon de légumes

Sel

240 g de petits pois écossés

50 g de parmesan fraîchement râpé

30 g de persil frais haché

1 Faire fondre le beurre dans une grande casserole et faire revenir l'oignon et l'ail 5 min à feu doux, en remuant. Ajouter le riz et le bouillon, porter à ébullition et remuer une seule fois. Baisser le feu, saler et laisser mijoter 5 min à découvert, jusqu'à ce que presque tout le liquide soit absorbé.
2 Ajouter les petits pois et mélanger. Couvrir et prolonger la cuisson 10 min, jusqu'à ce que le riz soit tendre. Ajouter le parmesan et le persil.

BOUILLON DE LÉGUMES

La plupart des plats cuits au bouillon de légumes ont plus de goût que ceux cuits à l'eau. Avant de faire votre bouillon, nettoyez les légumes sans les peler. Les légumes aromatiques comme le poireau, l'oignon, la carotte et le céleri sont les plus utilisés. Les féculents comme les pois et les pommes de terre sont déconseillés car ils ont tendance à troubler le bouillon. Les légumes à goût fort, comme l'aubergine, le chou ou le navet sont à éviter. Le bouillon de légumes s'utilise dans les sauces, les potages et les plats cuisinés, mais est aussi délicieux à consommer tel quel.

CI-CONTRE : Pilaf aux oignons et au parmesan
CI-DESSUS : Beignets de risotto aux champignons

TOFU

Le tofu n'a pas très bonne presse parmi les gourmets. On le sait très nutritif, mais également très fade. Toutefois, il se prête à toutes sortes de marinades et de cuissons, incluant des aromates comme l'ail, le gingembre, la sauce de soja et le piment. Mariné et frit en surface, il ressemble fort à tous ces produits jugés trop riches et pourtant si bons! Si vous avez déjà essayé le tofu sans être convaincu, goûtez-le à nouveau et vous pourriez être agréablement surpris.

CI-DESSUS : Crêpes de riz sauvage au tofu et aux champignons

CRÊPES DE RIZ SAUVAGE AU TOFU ET AUX CHAMPIGNONS

Préparation : 25 min + 1 h de repos
Cuisson : environ 1 h
Pour 6 à 12 personnes

★★

6 œufs légèrement battus

750 ml de lait

180 g de beurre fondu

180 g de farine

1/2 cuil. à café de levure chimique

2 cuil. à soupe de kecap manis

2 cuil. à soupe de coriandre fraîche hachée

2 cuil. à soupe d'huile d'olive

2 cuil. à soupe de gingembre frais râpé

1 piment rouge frais finement haché

2 oignons nouveaux finement hachées

100 g de riz sauvage cuit

1 cuil. à café d'huile de sésame

1 cuil. à soupe d'huile

125 g de tofu coupé en cubes

300 g de champignons frais variés

2 cuil. à café de miso blanc

2 cuil. à soupe de sauce de soja

1 cuil. à soupe de jus de citron vert

2 gousses d'ail écrasées

1 Dans une jatte, battre les œufs avec le lait et 125 g de beurre.

2 Tamiser la farine et la levure dans un bol et l'incorporer peu à peu au mélange. Ajouter le kecap manis et la coriandre et bien battre. Couvrir et réfrigérer 1 h.

3 Pendant ce temps, chauffer l'huile d'olive dans une poêle (un wok est l'idéal). Faire sauter le gingembre, le piment et les oignons nouveaux 3 min à feu vif en remuant. Retirer du feu et mettre dans un saladier avec le riz. Couvrir et réserver.

4 Ajouter le mélange de riz à la pâte à crêpe, et bien mélanger. Chauffer le reste du beurre dans une poêle antiadhérante et verser 60 ml de pâte de façon à en couvrir le fond. Cuire 2 min jusqu'à ce que la pâte commence à faire des bulles. Retourner et dorer l'autre côté. Continuer avec le reste de pâte.

5 Chauffer les huiles dans un wok. Faire sauter le tofu 5 min à feu vif, en remuant, jusqu'à ce qu'il soit doré. Ajouter les champignons, le miso, la sauce de soja et le jus de citron vert, cuire 4 min pour réchauffer le tout. Ajouter l'ail et prolonger la cuisson de 1 min en remuant. Servir 2 crêpes fourrées par personne en entrée, ou 4 par personnes en plat de résistance.

REMARQUE : le kecap manis est une sauce de soja épaisse et brune, au goût doux et aromatique. On le parfume traditionnellement d'ail, d'anis, de feuilles de salam et de galanga, et on l'adoucit avec du sirop de palme.

CHAMPIGNONS FARCIS AU QUINOA ÉPICÉ

Préparation : 20 min
Cuisson : 40 min
Pour 4 personnes

200 g de quinoa
500 ml de bouillon de légumes
1 feuille de laurier
1 étoile d'anis
2 cuil. à soupe d'huile
3 oignons finement hachés
1 cuil. à soupe de cumin moulu
1 cuil. à café de garam massala
150 g de feta hachée
1 cuil. à soupe de menthe fraîche hachée
2 cuil. à café de jus de citron vert
4 gros champignons sauvages
2 cuil. à soupe d'huile d'olive

1 Rincer le quinoa à l'eau froide pendant 5 min et bien égoutter.
2 Réunir le quinoa, le bouillon, le laurier et l'anis dans une casserole à fond épais. Porter à ébullition ; baisser le feu et laisser mijoter 15 min, jusqu'à ce que le quinoa soit translucide. Retirer du feu et laisser reposer 5 min. Au bout de ce temps, tout le bouillon sera absorbé. Retirer le laurier et l'anis.
3 Chauffer l'huile dans une grande poêle anti-adhérante et faire revenir les oignons 10 min à feu moyen, jusqu'à ce qu'ils commencent à caraméliser.
4 Ajouter le cumin, le garam massala, la feta et le quinoa. Cuire 3 min pour bien réchauffer le tout. Retirer du feu, incorporer la menthe et le jus de citron vert.
5 Retirer le pied des champignons et les hacher finement avant de les ajouter au mélange de quinoa. Badigeonner légèrement d'huile d'olive les têtes de champignons et les poser, côté bombé en haut, sur un gril préchauffé ou un barbecue. Cuire 3 min jusqu'à ce qu'ils soient dorés (le temps varie en fonction de la taille des champignons). Les retourner et les farcir de mélange au quinoa. Cuire 5 min, jusqu'à ce que les champignons soient tendres. Servir chaud avec une salade.
REMARQUE : le quinoa est une céréale cultivée dans les hauteurs des Andes péruviennes. Il est très prisé des végétariens en raison de sa haute teneur en protéines. On le trouve dans les boutiques de produits diététiques.

SALADE D'AVOCAT ET DE HARICOTS NOIRS

Préparation : 1 nuit de trempage + 15 min
Cuisson : environ 1 h 30
Pour 4 personnes

250 g de haricots noirs secs
1 oignon rouge haché
4 tomates olivettes hachées
1 poivron rouge haché
370 g de maïs en boîte égoutté
90 g de coriandre fraîche grossièrement hachée
2 avocats pelés et coupés en petits dés
1 mangue pelée et coupée en petits dés
150 g de roquette, feuilles séparées

Sauce

1 gousse d'ail écrasée
1 petit piment rouge finement haché
2 cuil. à soupe de jus de citron vert
60 ml d'huile d'olive

1 Faire tremper les haricots noirs à l'eau froide pendant une nuit. Rincer et égoutter. Mettre les haricots dans une casserole ; couvrir d'eau salée et porter à ébullition, puis laisser mijoter 1 h 30, jusqu'à ce qu'ils soient tendres. Égoutter.
2 Mélanger les haricots refroidis et tous les ingrédients dans un saladier.
3 Sauce : mettre tous les ingrédients dans un bol ; battre et verser sur la salade.

HARICOTS NOIRS
Les haricots noirs se trouvent sous forme séchée dans les magasins de produits diététiques. Ils forment un élément essentiel de l'alimentation des populations d'Amérique centrale et du Sud, des Caraïbes et du Mexique. À ne pas confondre avec les haricots salés et fermentés originaires de Chine.

CI-DESSUS :
Salade d'avocat
et de haricots noirs

BOULETTES DE LENTILLES

Préparation : 20 min
Cuisson : 15 à 20 min
Pour 30 boulettes environ

✴ ✴

250 g de lentilles brunes

4 oignons nouveaux hachés

2 gousses d'ail écrasées

1 cuil. à café de cumin moulu

80 g de pain émietté

125 g de fromage râpé

1 belle courgette râpée

Sel et poivre noir fraîchement moulu

150 g de semoule de maïs

Huile pour friture

1 Mettre les lentilles dans une casserole et les couvrir d'eau salée. Porter à ébullition, baisser le feu, couvrir et laisser mijoter 10 min jusqu'à ce que les lentilles soient tendres. Égoutter et rincer à l'eau froide.
2 Passer la moitié des lentilles, les oignons blancs et l'ail 10 s au mixeur. Transférer dans une terrine et ajouter le reste des lentilles, le cumin, le pain émietté, le fromage, la courgette, le sel et le poivre. Bien mélanger.
3 Avec les mains, former des petites boules de la valeur d'une cuillerée à soupe rase de préparation, et les rouler légèrement dans la semoule.
4 Chauffer l'huile dans une friteuse. Déposer les boulettes, en petites quantités à la fois, dans l'huile modérément chaude. Faire frire 1 min, jusqu'à ce qu'elles soient dorées. Les égoutter sur du papier absorbant. Continuer avec le reste des boulettes. Servir chaud.
REMARQUE : ces beignets s'accompagnent parfaitement de chutney ou de sauce au yaourt.

RIZ AUX ÉPINARDS

Préparation : 5 min
Cuisson : 50 min
Pour 4 personnes

✴

90 g de beurre

200 g de riz à longs grains

500 ml de bouillon de légumes

Sel et poivre noir fraîchement moulu

2 cuil. à soupe d'huile d'olive

2 gros oignons finement hachés

250 g d'épinards hachés

4 oignons nouveaux hachés

1 Chauffer le beurre dans une casserole à fond épais ; mettre le riz et le remuer 10 min à feu doux jusqu'à ce qu'il soit légèrement doré.
2 Verser le bouillon, le sel et le poivre. Porter à ébullition sans cesser de remuer. Baisser le feu et laisser mijoter 20 min à couvert. Réserver.
3 Chauffer l'huile dans une petite casserole et faire revenir les oignons 5 min à feu moyen. Ajouter les épinards, baisser le feu et cuire 5 à 10 min à couvert pour les réchauffer. Ajouter les oignons nouveaux et remuer 1 min.
4 Ajouter les épinards au riz et bien remuer pour réchauffer le tout.

CI-DESSUS :
Riz aux épinards
CI-CONTRE : Boulettes
de lentilles

DAHL INDIEN AUX PITTAS GRILLÉES

Préparation : 15 min
Cuisson : 20 à 25 min
Pour 4 à 6 personnes

310 g de lentilles brunes
2 cuil. à soupe de ghee (beurre clarifié)
1 oignon moyen finement haché
2 gousses d'ail écrasées
1 cuil. à café de gingembre frais râpé
1 cuil. à café de curcuma moulu
1 cuil. à café de garam massala
500 ml d'eau

Pittas grillées

4 pittas rondes
2 à 3 cuil. à soupe d'huile d'olive

1 Mettre les lentilles dans un grand saladier et les couvrir d'eau. Éliminer toute particule flottant en surface et bien égoutter les lentilles.
2 Chauffer le ghee dans une casserole et faire revenir l'oignon 3 min environ. Ajouter l'ail, le gingembre et les épices ; prolonger la cuisson de 1 min en remuant.
3 Ajouter les lentilles et l'eau, porter à ébullition. Baisser le feu et laisser mijoter 15 min en remuant de temps en temps, jusqu'à ce que l'eau soit complètement absorbée. En fin de cuisson, veiller à ne pas laisser les lentilles brûler au fond de la casserole.
4 Transférer dans le plat de service et servir chaud ou à température ambiante, avec des pittas grillées ou non, ou du naan.
5 Pittas grillées : préchauffer le four à 180 °C. Couper les pittas en triangles et les badigeonner légèrement d'huile. Les disposer sur une plaque de four et les enfourner 5 à 7 min, jusqu'à ce qu'elles soient légèrement dorées.
REMARQUE : à défaut de ghee, utiliser de l'huile. On peut également confectionner son propre ghee : faire fondre du beurre, écumer la mousse blanche en surface et verser le beurre clarifié dans un autre récipient, en laissant le résidu blanc.

RIZ PILAF AUX LÉGUMES

Préparation : 20 min
Cuisson : 35 à 40 min
Pour 4 personnes

60 ml d'huile d'olive
1 oignon moyen émincé
2 gousses d'ail écrasées
2 cuil. à café de cumin moulu
2 cuil. à café de paprika
1/2 cuil. à café de poivre de la Jamaïque
300 g de riz à longs grains
370 ml de bouillon de légumes
180 ml de vin blanc
3 tomates moyennes pelées et hachées
150 g de petits champignons de Paris émincés
2 courgettes moyennes émincées
150 g de brocoli coupés en petits bouquets

1 Chauffer l'huile dans une grande poêle à fond épais et faire revenir l'oignon 10 min à feu moyen. Ajouter l'ail et les épices et cuire 1 min, jusqu'à ce qu'ils exhalent leur arôme.
2 Ajouter le riz et bien remuer. Verser le bouillon, le vin, les tomates et les champignons et porter à ébullition. Baisser le feu et couvrir hermétiquement. Laisser mijoter 15 min.
3 Ajouter les courgettes et les brocolis ; remettre le couvercle et prolonger la cuisson de 5 à 7 min, jusqu'à ce que les légumes soient juste tendres. Servir immédiatement.

LENTILLES
Achetez des lentilles luisantes, sans trace de poussière, d'humidité ou de moisissure. N'en achetez pas trop à la fois car elles durcissent et sèchent avec le temps, ce qui rallonge leur temps de cuisson et les rend susceptibles de se briser. Les lentilles font d'excellentes purées et potages ; ce sont les légumineuses les plus faciles à préparer, les lentilles vertes ne nécessitant que quelques heures de trempage, et les lentilles brunes aucune. Faites attention avant de les plonger dans l'eau, car elles peuvent facilement cacher de petits cailloux.

CI-DESSUS : Riz pilaf aux légumes

POLENTA D'origine imprécise – née dans la Rome

antique ou dans le Nouveau Monde – la polenta, faite à base de semoule de maïs,

est un mets remis au goût du jour dans les cuisines contemporaines.

RECETTE DE BASE

Porter 1 l d'eau ou de bouillon à ébullition. Baisser le feu et incorporer délicatement 150 g de semoule à gros grain à l'aide d'un fouet. Continuer à fouetter pendant 5 min. Remplacer le fouet par une cuillère en bois et remuer jusqu'à ce que la cuillère tienne debout et que la polenta se détache des parois de la casserole. Incorporer 2 cuil. à soupe de beurre ramolli, saler et poivrer.

FRITTATA DE POLENTA MÉDITERRANÉENNE

(pour 6 à 8 personnes)

Préparer la polenta selon la recette de base. Transférer le mélange dans une terrine et ajouter 50 g de parmesan fraîchement râpé, 4 cœurs d'artichaut marinés finement hachés, 90 g de tomates séchées hachées, 60 g d'olives niçoises hachées et

1 cuil. à soupe d'origan frais. Verser la préparation dans un moule haut et rond légèrement beurré ; étaler la préparation régulièrement et tasser avec le dos d'une cuillère. Laisser refroidir. Retirer la frittata du moule, la badigeonner légèrement d'huile et la faire cuire sous un gril préchauffé jusqu'à ce qu'elle soit dorée. Couper en parts et servir chaud ou à température ambiante.

POLENTA GRILLÉE

(pour 4 à 6 personnes)

Préparer la polenta selon la recette de base. Incorporer 25 g de parmesan fraîchement râpé et 1 cuil. à soupe de basilic frais haché. Étaler la préparation dans un grand moule à pizza afin de former un rond de 2 cm d'épaisseur. Laisser refroidir. Couper la polenta en parts, les badigeonner légèrement d'huile et les cuire sur un gril préchauffé ou au barbecue, 3 min de chaque côté. Servir chaud en amuse-gueule.

POLENTA ET CONDIMENT AU PIMENT (pour 4 à 6 personnes)

Servir les parts de polenta grillée avec une généreuse cuillerée de mascarpone, quelques feuilles de roquette assaisonnée de vinaigre balsamique et du condiment au piment maison (voir page 245) ou un autre condiment épicé à la tomate.

BÂTONS DE POLENTA AUX ARTICHAUTS, FETA ET POIVRONS (pour 4 à 6 personnes)

Préparer la polenta selon la recette de base. Étaler le mélange dans un moule carré de 18 cm environ, légèrement beurré. Laisser refroidir. Couper la polenta en bâtons de 3 cm de large, les badigeonner légèrement d'huile et les cuire sous un gril préchauffé jusqu'à ce qu'ils soient dorés. Les servir avec des artichauts marinés coupés en quartiers (avec la tige), une rondelle de feta marinée et quelques lamelles de poivrons rouge et jaune grillés.

PIZZA DE POLENTA

(pour 4 personnes)

Préparer la polenta selon la recette de base. Incorporer 50 g de parmesan fraîchement râpé. Étaler le mélange au fond d'un moule à pizza profond, de 30 cm environ. Laisser refroidir. Badigeonner d'huile la polenta et la passer au four préchauffé à 200 °C pendant 10 min. Retirer du four et étaler 3 cuil. à soupe de pesto sur la polenta, en laissant 1 cm de bordure. Garnir de petits champignons de Paris émincés, de tomates cerises coupées en deux et d'un poivron vert émincé. Saupoudrer de 125 g de mozzarella émiettée. Enfourner 20 min jusqu'à ce que le fromage soit doré.

À PARTIR D'EN HAUT, À GAUCHE :
Polenta et condiment au piment,
Polenta grillée, Bâtons de polenta aux
artichauts, feta et poivrons, Frittata de
polenta méditerranéenne, Recette de
base, Pizza de polenta

casserole à fond épais. Faire revenir l'oignon 3 min à feu moyen et ajouter le riz. Baisser le feu et remuer pendant 3 min, jusqu'à ce que le riz soit légèrement doré. Ajouter un quart du bouillon et remuer pendant 5 min jusqu'à ce qu'il soit entièrement absorbé. Saler et poivrer.

2 Continuer avec le reste du bouillon, sans cesser de remuer, jusqu'à ce que le riz soit presque tendre. Ajouter le parmesan. Transférer dans un saladier et réfrigérer 1 h.

3 Avec les mains, façonner une boule de la valeur de 2 cuillerées à soupe de préparation. Faire un trou dans la boule et y enfoncer un dé de mozzarella et deux morceaux de tomates séchées. Refermer la boule pour couvrir la garniture, puis l'aplatir en galette. Continuer avec le reste de préparation. Réfrigérer 15 min.

4 Chauffer l'huile dans une friteuse. Frire les croquettes dans l'huile modérément chaude 1 à 2 min jusqu'à ce qu'elles soient dorées. Retirer à l'aide d'une écumoire et égoutter sur du papier absorbant. Servir avec de la salade verte.

SAUTÉ DE HARICOTS AZUKI

Préparation : 1 nuit de trempage + 15 min
Cuisson : 1 h 15
Pour 4 personnes

☆

220 g de haricots azuki

1 cuil. à café d'huile de sésame

1 cuil. à soupe d'huile

1 gousse d'ail écrasée

1 cuil. à soupe de gingembre frais râpé

3 oignons nouveaux émincés

180 g de tofu ferme, coupé en cubes

125 g de champignons shimeji émincés

1 poivron rouge émincé

1 belle carotte émincée

100 g de jeunes épis de maïs

500 g (bettes chinoises), feuilles à part

1 cuil. à soupe de sauce d'huître

1 cuil. à soupe de sauce hoisin

60 ml de sauce de soja (allégée en sel)

1 cuil. à soupe de sauce au piment doux

1 cuil. à soupe de jus de citron vert

2 cuil. à soupe de coriandre fraîche hachée

CROQUETTES DE RISOTTO À LA TOMATE ET AU FROMAGE

Préparation : 30 min + 1 h 15 de réfrigération
Cuisson : 30 à 40 min
Pour 6 personnes

☆ ☆

800 ml de bouillon de légumes

1 cuil. à soupe d'huile d'olive

20 g de beurre

1 petit oignon finement haché

275 g de riz rond

Sel et poivre noir fraîchement moulu

35 g de parmesan fraîchement râpé

30 g de mozzarella coupée en dés de 1 cm

30 g de tomates séchées hachées

Huile pour friture

Feuilles de salade variées pour la garniture

CI-DESSUS : Croquettes de risotto à la tomate et au fromage

1 Faire bouillir le bouillon dans une petite casserole. Baisser le feu, couvrir et laisser frémir doucement. Chauffer l'huile et le beurre dans une

1 Faire tremper les azuki dans l'eau froide pendant toute la nuit. Rincer et bien égoutter.

Les mettre dans une casserole à fond épais, couvrir d'eau et porter à ébullition. Baisser le feu et laisser mijoter 1 h, jusqu'à ce qu'ils soient tendres ; égoutter.

2 Chauffer les huiles dans une poêle (un wok est l'idéal) et faire revenir l'ail, le gingembre et les oignons nouveaux 2 min à feu vif, en remuant. Ajouter le tofu et le faire cuire 5 min en remuant, jusqu'à ce qu'il soit doré. Ajouter les champignons, le poivron, la carotte, le maïs et le bok choy. Faire cuire 3 min en remuant.

3 Incorporer les haricots égouttés, les sauces diverses, le jus de citron vert et la coriandre ; cuire 2 min sans cesser de remuer. Servir avec du riz vapeur.

REMARQUE : les haricots azuki sont de la même famille que le soja, et se digèrent très facilement. Parfois appelés haricots rouges, ils sont très appréciés au Japon. Cuits à l'eau, réduits en purée et mélangés avec de la matière grasse et du sucre pour former une pâte rouge, ils entrent dans la confection de nombreux bonbons asiatiques.

GALETTES DE LENTILLES ET DE POIS CHICHES À LA CRÈME À L'AIL ET À LA CORIANDRE

Préparation : 30 min + temps de réfrigération
Cuisson : 30 min environ
Pour 10 petites galettes

250 g de lentilles brunes
1 cuil. à soupe d'huile
2 oignons émincés
1 cuil. à soupe de mélange tandoori
420 g de pois chiches en boîte égouttés
1 cuil. à soupe de gingembre frais râpé
1 œuf
3 cuil. à soupe de persil frais haché
2 cuil. à soupe de coriandre fraîche hachée
180 g de chapelure ou miettes de pain rassis
Farine

Crème à l'ail et à la coriandre

125 g de crème fraîche
125 ml de crème fleurette
1 gousse d'ail écrasée
2 cuil. à soupe de coriandre fraîche hachée
2 cuil. à soupe de persil frais haché

1 Préparer et chauffer le barbecue. Porter une grande casserole d'eau à ébullition. Verser les lentilles et laisser mijoter 10 min à découvert, jusqu'à ce qu'elles soient tendres. Bien égoutter. Chauffer l'huile dans une casserole et faire revenir les oignons. Ajouter le mélange tandoori et remuer jusqu'à ce que l'arôme s'exhale. Laisser légèrement refroidir.

2 Passer les pois chiches, la moitié des lentilles, le gingembre, l'œuf et les oignons 20 s au mixeur. Transférer dans un saladier. Incorporer le reste des lentilles, le persil, la coriandre et la chapelure, bien mélanger. Diviser la préparation en 10 portions.

3 Façonner 10 petites galettes rondes (si la préparation est trop molle, la réfrigérer 15 min, jusqu'à ce qu'elle soit raffermie). Rouler les galettes dans la farine et ôter l'excédent. Poser les galettes sur une grille légèrement graissée et cuire 3 à 4 min sur chaque côté, en les retournant une seule fois. Servir avec la crème à l'ail et à la coriandre.

4 Crème à l'ail et à la coriandre : bien mélanger tous les ingrédients dans un bol.

REMARQUE : ces galettes peuvent se préparer 2 jours à l'avance et se conserver au réfrigérateur, couvertes. On peut aussi cuire les galettes dans une poêle légèrement huilée. La crème à l'ail et à la coriandre peut se préparer jusqu'à 3 jours à l'avance. La conserver au réfrigérateur dans un récipient hermétique.

CORIANDRE
La coriandre (*Coriandrum sativum*) est une plante très complète, car toutes ses parties sont comestibles. Les feuilles, les tiges et les racines s'utilisent dans la cuisine thaïlandaise ; les feuilles seules dans la cuisine mexicaine (où elles prennent le nom de cilantro) ; et les graines séchées, entières ou moulues, dans la cuisine du Moyen-Orient.

CI-DESSUS : Galettes de lentilles et de pois chiches à la crème à l'ail et à la coriandre

TARTE PHYLLO AU RISOTTO

Préparation : 45 min
Cuisson : 1 h 45
Pour 8 personnes

★★★

2 gros poivrons rouges
10 feuilles de pâte phyllo
60 ml d'huile d'olive
500 g d'épinards blanchis
250 g de feta émincée
1 cuil. à soupe de graines de sésame

Risotto

250 ml de vin blanc
1 l de bouillon de légumes
2 cuil. à soupe d'huile
1 gousse d'ail écrasée
1 poireau émincé
1 bulbe de fenouil finement émincé
440 g de riz arborio
60 g de parmesan fraîchement râpé
Sel et poivre noir fraîchement moulu

1 Partager les poivrons en deux dans le sens de la longueur. Ôter les graines et les membranes et les tailler en gros morceaux plats. Les passer au gril jusqu'à ce que la peau cloque et noircisse. Les couvrir d'un torchon et laisser refroidir. Les peler et les couper en petits morceaux.
2 Risotto : verser le vin et le bouillon dans une grande casserole. Porter à ébullition et baisser le feu.
3 Chauffer l'huile et l'ail dans une cocotte. Ajouter le poireau et le fenouil et cuire 5 min à feu moyen. Ajouter le riz et remuer 3 min jusqu'à ce qu'il soit translucide.
4 Ajouter 250 ml de liquide et remuer constamment jusqu'à ce qu'il soit entièrement absorbé. Continuer à ajouter le liquide 125 ml à la fois, sans cesser de remuer, jusqu'à ce qu'il soit absorbé et que le riz soit tendre (environ 40 min). Veiller à ce que le mélange bouillon-vin reste très chaud pendant toute la cuisson. Retirer du feu, incorporer le parmesan, saler et poivrer. Laisser refroidir légèrement.
5 Badigeonner d'huile d'olive chaque feuille de pâte phyllo et les replier en deux dans le sens de la longueur. Les chevaucher en éventail circulaire au fond d'un moule haut et rond de 23 cm, en laissant déborder la pâte à l'extérieur.
6 Verser la moitié du risotto sur la pâte et garnir

de la moitié des poivrons, des épinards et de la feta. Répéter l'opération.
7 Replier la pâte par-dessus la garniture, la badigeonner légèrement d'huile et saupoudrer de graines de sésame. Enfourner 50 min, jusqu'à ce que la pâte soit dorée.

SALADE DE LENTILLES MÉDITERRANÉENNE

Préparation : 20 min + 4 h de réfrigération
Cuisson : 20 min
Pour 4 à 6 personnes

★

1 gros poivron rouge
1 gros poivron jaune
250 g de lentilles blondes
1 oignon rouge finement haché
1 concombre libanais haché

Sauce

80 ml d'huile d'olive
2 cuil. à soupe de jus de citron
1 cuil. à café de cumin moulu
2 gousses d'ail écrasées
Sel et poivre

1 Partager les poivrons en deux dans le sens de la longueur. Retirer les graines et les membranes et les tailler en gros morceaux plats. Les passer au gril jusqu'à ce que la peau cloque et noircisse. Les laisser refroidir sous un torchon avant de les peler et de les couper en lanières de 5 mm de large.
2 Cuire les lentilles à l'eau bouillante salée pendant 10 min, jusqu'à ce qu'elles soient tendres (veiller à ne pas les faire trop cuire). Bien égoutter.
3 Mélanger les poivrons, les lentilles, l'oignon et le concombre dans un saladier.
4 Sauce : dans un bol, mélanger l'huile d'olive, le jus de citron, le cumin, l'ail, le sel et le poivre. Bien fouetter.
5 Verser la sauce sur la salade et remuer. Couvrir la salade et la réfrigérer 4 h. La servir à température ambiante.

RIZ À RISOTTO

Le riz arborio est un riz italien à grains ronds originaire de la vallée du Pô, dans la région du Piémont. On le trouve dans les épiceries fines et dans certains supermarchés. On peut le remplacer par d'autres variétés de riz rond, mais c'est le riz arborio qui donne au risotto sa texture riche et onctueuse caractéristique.

PAGE CI-CONTRE :
Tarte phyllo au risotto (en haut), Salade de lentilles méditerranéenne (en bas)

TARTE DE RIZ COMPLET À LA TOMATE FRAÎCHE

Préparation : 25 min
Cuisson : 2 h environ
Pour 6 personnes

Pâte à tarte au riz

200 g de riz complet

60 g de fromage râpé

1 œuf légèrement battu

Garniture à la tomate fraîche

6 tomates olivettes coupées en deux

6 gousses d'ail non épluchées

1 cuil. à soupe d'huile d'olive

Sel et poivre noir fraîchement moulu

8 brins de thym citronné frais

50 g de fromage de chèvre émietté

3 œufs légèrement battus

60 ml de lait

RIZ COMPLET

Le riz complet, grain et enveloppe, contient plus de vitamines et de sels minéraux que le riz blanc. Pour garder le maximum de sa valeur nutritive, il est conseillé de cuire le riz (complet ou blanc) selon la méthode d'absorption, car la plupart des vitamines sont solubles dans l'eau et se perdent à l'égouttage.

CI-DESSUS : Tarte de riz complet à la tomate fraîche

1 Pâte à tarte : cuire le riz dans une grande casserole d'eau bouillante salée pendant 35 à 40 min, jusqu'à ce qu'il soit tendre ; égoutter et laisser refroidir. Préchauffer le four à 200 °C.

Dans un saladier, mélanger le riz, le fromage et l'œuf. Étaler la préparation sur le fond et les bords d'un moule à tarte graissé, de 25 cm environ, et enfourner 15 min.

2 Garniture à la tomate fraîche : disposer les tomates, côté bombé en bas, et l'ail sur une plaque de four antiadhérante ; badigeonner d'huile et saupoudrer de sel et de poivre. Enfourner 30 min. Retirer du four et laisser refroidir légèrement. Retirer la peau de l'ail.

3 Baisser la température du four à 180 °C. Disposer les moitiés de tomates, l'ail, le thym et le fromage de chèvre sur la pâte.

4 Dans un bol, mélanger les œufs et le lait, et bien fouetter. Verser sur les tomates. Enfourner 1 h.

REMARQUE : le fromage de chèvre ramollit à la cuisson, mais ne fond pas. On peut le remplacer par de la feta.

HOUMOUS À LA BETTERAVE

Préparation : 1 nuit de trempage + 25 min
Cuisson : 1 h 15
Pour 8 personnes

250 g de pois chiches secs

1 gros oignon haché

500 g de betteraves

125 g de tahini (pâte de sésame)

3 gousses d'ail écrasées

60 ml de jus de citron

1 cuil. à soupe de cumin moulu

60 ml d'huile d'olive

1 Mettre les pois chiches dans un grand saladier, les couvrir d'eau froide et les laisser tremper toute la nuit. Égoutter.

2 Mettre les pois chiches et l'oignon dans une casserole à fond épais, couvrir d'eau salée et porter à ébullition. Cuire 1 h, jusqu'à ce que les pois chiches soient très tendres. Égoutter en réservant 250 ml de jus de cuisson. Laisser refroidir.

3 Cuire les betteraves dans une grande casserole d'eau bouillante salée. Égoutter et laisser légèrement refroidir avant de les peler.

4 Hacher les betteraves et les passer au mixeur (en plusieurs fois, si nécessaire). Ajouter les pois chiches, le tahini, l'ail, le jus de citron et le cumin. Mixer jusqu'à obtention d'une purée lisse. Ajouter peu à peu le jus de cuisson réservé et l'huile d'olive, sans cesser de mixer. Arroser le mélange obtenu d'huile d'olive et servir avec du pain libanais.

HARICOTS PIMENTÉS TEX MEX

Préparation : 20 min
Cuisson : 25 min
Pour 4 personnes

1 cuil. à soupe d'huile

2 gousses d'ail écrasées

2 petits piments rouges finement hachés

1 oignon finement haché

1 poivron vert haché

440 g de haricots rouges en boîte, égouttés et rincés

440 g de tomates pelées en boîte

125 g de salsa à la tomate, en bocal

1 cuil. à café de sucre roux

1 Chauffer l'huile, l'ail, les piments et l'oignon dans une casserole à fond épais, et cuire 3 min à feu moyen jusqu'à ce que l'oignon soit doré.

2 Ajouter le poivron, les haricots, les tomates écrasées avec leur jus, la salsa et le sucre. Porter à ébullition, baisser le feu et laisser mijoter 15 min à découvert, jusqu'à épaississement. Ces haricots peuvent être servis avec de la crème fraîche, du guacamole (voir page 72) et des chips de maïs.

REMARQUE : les haricots rouges seraient vraisemblablement apparus au Mexique il y a 5 000 ans. Ils contiennent des fibres alimentaires, du fer, du potassium et plusieurs vitamines B. On peut éventuellement les remplacer, dans cette recette, par des pois chiches en boîte, égouttés et rincés.

POIS CHICHES
Les pois chiches contiennent des fibres alimentaires, des protéines, du fer, de la vitamine B1 et du potassium. Ils doivent être trempés toute une nuit avant emploi. Les pois chiches en boîte permettent de gagner beaucoup de temps.

CI-CONTRE : Houmous à la betterave
CI-DESSUS : Haricots pimentés Tex Mex

CROQUETTES DE SOJA AUX AMANDES ET AU SÉSAME

Préparation : 20 min
Cuisson : 1 nuit de trempage + 3 h 40
Pour 10 croquettes

60 g de graines de soja séchées
125 g d'amandes fumées
1 oignon haché
1 carotte râpée
1 cuil. à soupe de tamari
3 cuil. à soupe de flocons d'avoine
1 œuf légèrement battu
3 cuil. à soupe de besan (farine de pois chiches)
1 cuil. à café de cumin moulu
1 cuil. à café de coriandre moulue
3 cuil. à soupe de graines de sésame
Huile pour friture

1 Faire tremper les graines de soja dans l'eau froide toute la nuit ; rincer et égoutter.
2 Mettre le soja dans une grande casserole à fond épais, couvrir d'eau salée et porter à ébullition. Baisser le feu et laisser mijoter 3 h, jusqu'à ce que les graines soient tendres. Rincer et égoutter.
3 Passer le soja, les amandes, l'oignon, la carotte et le tamari 2 min au mixeur, jusqu'à obtention d'un mélange grossier. Transférer dans un sala-

dier ; ajouter les flocons d'avoine, l'œuf, le besan, le cumin, la coriandre et les graines de sésame ; bien mélanger.
4 Former 10 petites galettes avec la préparation. Chauffer l'huile dans une grande poêle et faire cuire les galettes 5 min à feu moyen, de chaque côté, jusqu'à ce qu'elles soient dorées. Ces croquettes s'accommodent très bien de sauce aux prunes et au yaourt, de salade ou de pain grillé.
REMARQUE : pour gagner du temps, on peut utiliser des graines de soja en conserve (160 g). Le tamari est une sauce de soja riche, préparée sans blé.

RECETTE RAPIDE : PURÉE DE HARICOTS SECS
(pour 4 personnes)

Rincer et égoutter 800 g de haricots cannellini en boîte. Les passer au mixeur avec 1 gousse d'ail écrasée et 1 cuil. à café de romarin frais haché. Mixer brièvement jusqu'à ce que les ingrédients soient mélangés, puis verser 3 cuil. à soupe d'huile d'olive en un fin filet, sans cesser de mixer. Quand toute l'huile est incorporée, saler et poivrer. Servir à température ambiante avec des chips de maïs ou de la pitta grillée. On peut aussi réchauffer la purée et la servir en accompagnement de légumes grillés ou braisés.

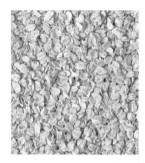

SOJA
Les graines de soja, hautement nutritives, contiennent de bonnes protéines végétales ainsi que des fibres alimentaires et des lipides. C'est la plus ancienne et la plus importante culture du monde. Le soja traité donne le lait de soja et le tofu. Les graines couleur crème, rouge ou noire, peuvent être plantées et leurs germes agrémentent agréablement les salades, les sandwiches et les plats asiatiques.

CI-DESSUS : Croquettes de soja aux amandes et au sésame

MUESLI AU MILLET SOUFFLÉ

Préparation : 5 min
Cuisson : 15 à 20 min
Pour 800 g environ

175 g de millet soufflé

350 g de fruits secs et séchés mélangés

90 g de son naturel non traité

60 g de copeaux de noix de coco

175 g de miel

1 Préchauffer le four à 180 °C. Dans un saladier, réunir le millet, les fruits secs, le son et la noix de coco.

2 Chauffer le miel dans une petite casserole à feu doux. Le verser sur le millet. Bien remuer.

3 Verser le muesli dans deux plats à four et enfourner 15 min, en remuant plusieurs fois les céréales en cours de cuisson.

REMARQUE : le millet soufflé s'achète dans les magasins de produits diététiques. À défaut, on peut le remplacer par du maïs soufflé.

Le millet convient aux personnes qui ne supportent pas le blé, car il est dépourvu de gluten. Il contient également plus de protéines et de vitamines B que le blé. Le fait de réchauffer le miel avant de l'ajouter aux céréales facilite le mélange. Le muesli se conserve dans un récipient hermétique à l'abri de la lumière et de la chaleur.

MUESLI CROUSTILLANT AUX FRUITS SECS

Préparation : 20 min
Cuisson : 25 min
Pour 1 kg

500 g de flocons d'avoine

125 g de son

150 g de pistaches décortiquées et grossièrement hachées

160 g de noix de macadamia grossièrement hachées

100 g de noix de pécan grossièrement hachées

125 g de pommes séchées, hachées

125 g d'abricots secs hachés

125 ml de sirop d'érable

1 cuil. à café d'essence de vanille

1 Préchauffer le four à 180 °C. Dans une jatte, mélanger les flocons d'avoine, le son, les pistaches, les noix de macadamia et de pécan, les pommes séchées et les abricots secs.

2 Faire chauffer le sirop d'érable et la vanille 3 min à feu doux, jusqu'à ce que le sirop soit très fluide.

3 Verser le sirop sur le muesli et remuer légèrement. Répartir le mélange dans deux plats à four antiadhérants et enfourner 20 min, jusqu'à ce que le muesli soit légèrement grillé. Remuer fréquemment. Laisser refroidir avant de le mettre dans un bocal hermétique.

REMARQUE : l'avoine est une bonne source de protéines, de vitamine B, de calcium et de fibres. C'est l'une des rares céréales à conserver le son et le germe lorsqu'elle est traitée.

MILLET

Le millet, dépourvu de gluten, contient plus de protéines et de fer que les autres céréales. On peut l'acheter sous plusieurs formes : en grains, en flocons ou en farine. La farine de millet produit du pain plat, et les graines servent à confectionner de délicieux pilafs et croquettes. Les personnes suivant un régime sans gluten l'utilisent pour faire un onctueux porridge au petit déjeuner.

CI-DESSUS : Muesli au millet soufflé
CI-DESSOUS : Muesli croustillant aux fruits secs

MOUSSAKA AUX HARICOTS BORLOTTI

Préparation : 1 nuit de trempage + 45 min
Cuisson : 2 h 15 à 2 h 30
Pour 6 personnes

★★

250 g de haricots borlotti secs

2 belles aubergines émincées

80 ml d'huile d'olive

1 gousse d'ail écrasée

1 oignon haché

125 g de champignons de Paris émincés

880 g de tomates pelées en boîte, hachées

250 ml de vin rouge

1 cuil. à soupe de concentré de tomate

1 cuil. à soupe d'origan frais haché

Sel et poivre noir fraîchement moulu

Garniture

250 g de yaourt nature

4 œufs légèrement battus

500 ml de lait

1 pincée de paprika moulu

50 g de parmesan fraîchement râpé

40 g de mie de pain émiettée

HARICOTS BORLOTTI

Les haricots borlotti sont bruns et tachetés de rouge. Ils se distinguent par leur goût de châtaigne et leur texture onctueuse. Les haricots borlotti frais ont une longue gousse rouge tachetée et s'achètent au printemps et en été.

CI-DESSUS : Moussaka aux haricots borlotti

1 Faire tremper les haricots dans l'eau froide toute la nuit ; rincer et bien égoutter.

2 Les mettre dans une grande casserole à fond épais, couvrir d'eau salée et porter à ébullition. Baisser le feu et laisser mijoter 1 h 30, jusqu'à ce qu'ils soient tendres. Égoutter.

3 Pendant ce temps, faire dégorger au sel les tranches d'aubergine pendant 30 min. Rincer et essuyer. Les badigeonner d'un peu d'huile et les passer sous un gril préchauffé 3 min de chaque côté. Égoutter sur du papier absorbant.

4 Préchauffer le four à 200 °C. Chauffer le reste d'huile dans une sauteuse et faire revenir l'oignon et l'ail 3 min à feu moyen. Ajouter les champignons et les cuire 3 min. Incorporer les tomates, le vin, le concentré de tomate, l'origan, le sel et le poivre ; porter à ébullition puis baisser le feu et laisser mijoter 40 min, jusqu'à épaississement.

5 Étaler les haricots borlotti dans un grand plat à four, couvrir de sauce à la tomate et de tranches d'aubergine.

6 Garniture : mettre le yaourt, les œufs, le lait et le paprika dans un bol et fouetter vigoureusement. Verser sur les aubergines et laisser reposer 10 min. Mélanger le parmesan et le pain émietté et saupoudrer sur la moussaka. Enfourner 45 à 60 min, jusqu'à ce que la moussaka soit dorée.

HARICOTS DE LIMA BRAISÉS AUX POIREAUX ET AUX POIRES

Préparation : 1 nuit de trempage + 30 min
Cuisson : 1 h 30
Pour 4 personnes

250 g de gros haricots de Lima (haricots
  beurre) secs
2 cuil. à soupe d'huile
2 gousses d'ail écrasées
2 poireaux émincés
1 cuil. à café de sucre roux
2 poires pelées et coupées en tranches épaisses
2 tomates moyennes pelées, épépinées et
  coupées en dés
1 cuil. à café de graines de fenouil
250 ml de vin blanc
2 cuil. à soupe de vinaigre de vin blanc
150 g d'asperges coupées en tronçons de 4 cm
8 petites feuilles de sauge
Sel et poivre
2 cuil. à soupe de pignons grillés

1 Faire tremper les haricots toute une nuit dans l'eau froide ; rincer et bien égoutter.
2 Mettre les haricots dans une casserole à fond épais, couvrir d'eau salée et porter à ébullition. Baisser le feu et laisser mijoter 1 h ; égoutter.
3 Chauffer l'huile dans une grande poêle anti-adhérante. Faire cuire l'ail, le poireau et le sucre roux 10 min à feu moyen, jusqu'à ce que le poireau commence à caraméliser.
4 Ajouter les poires, les tomates, les graines de fenouil, le vin blanc et le vinaigre ; laisser mijoter 10 min, jusqu'à ce que le liquide ait réduit d'un quart.
5 Incorporer les haricots de Lima, les asperges et la sauge ; saler et poivrer. Cuire 5 min, jusqu'à ce que les asperges soient tendres. Parsemer de pignons grillés avant de servir.
REMARQUE : les haricots de Lima sont origi-naires du Pérou. Ils ont un léger goût de beurre et une texture onctueuse. On en trouve des gros et des petits : les gros sont blancs, les petits sont blancs ou verts.
Pour griller les pignons, les étaler sur une plaque de four et les passer au four préchauffé à 180 °C pendant 5 min environ.

GÂTEAU DE POLENTA AU PIMENT

Préparation : 25 min
Cuisson : 25 à 30 min
Pour 1 gâteau de 20 cm environ

160 g de farine
1 1/2 cuil. à café de levure chimique
1 cuil. à café de sel
180 g de semoule de maïs
125 g de fromage râpé
250 g de yaourt nature
125 ml de lait
2 œufs
80 g de poivron rouge haché
2 cuil. à café de piment frais haché
60 g de beurre doux

1 Préchauffer le four à 200 °C. Tamiser la farine, la levure et le sel dans une grande jatte. Incorporer la semoule et le fromage. Dans un bol, fouetter le yaourt avec le lait, les œufs, le poivron et le piment. Chauffer un plat à four et faire fondre le beurre. L'incorporer au mélange au yaourt, puis verser la préparation sur le mélange de polenta.
2 Verser dans le plat chaud ; enfourner 25 à 30 min (vérifier la cuisson à l'aide d'une lame de couteau : elle doit ressortir sèche).

CI-DESSOUS : Gâteau de polenta au piment

PLATS CUISINÉS

Les mets mijotés qui tiennent lieu de plat unique donnent un nouvel éclairage à l'expression «à la fortune du pot». Quels que soient les ingrédients réunis dans la confection d'un ragoût ou d'un gratin végétarien, le résultat est toujours un véritable délice. Dégustés tels quels ou accompagnés de pain maison, les plats cuisinés apaiseront à eux seuls l'appétit de vos convives, tout en aiguisant leur gourmandise.

GRATIN DE FETTUCINE

Préparation : 20 min
Cuisson : 25 min
Pour 4 personnes

500 g de fettucine aux épinards

60 g de beurre ou de margarine

1 oignon finement haché

300 g de crème fraîche épaisse

250 ml de crème fleurette

1 pincée de muscade moulue

50 g de parmesan fraîchement râpé

Sel et poivre noir fraîchement moulu

150 g de mozzarella fraîchement émincée

1 Préchauffer le four à 180 °C. Cuire les fettucine dans une grande casserole d'eau bouillante salée, jusqu'à ce qu'ils soient tendres. Égoutter et réserver. Pendant que les pâtes cuisent, faire fondre le beurre dans une grande casserole et faire revenir l'oignon à feu doux, en remuant constamment. Ajouter les pâtes cuites dans la casserole.

2 Verser la crème épaisse et bien remuer avec une cuillère et une fourchette. Laisser mijoter, sans cesser de remuer, jusqu'à ce que les pâtes soient bien enduites.

3 Ajouter la crème fleurette, la muscade, la moitié du parmesan, le sel et le poivre, et bien mélanger.

Verser la préparation dans un plat à gratin beurré. Saupoudrer du reste de parmesan et de mozzarella. Enfourner 15 min, jusqu'à ce que le fromage soit fondu et doré.

REMARQUE : on peut aussi utiliser des fettucine nature ou agrémenter la recette de fines herbes hachées (basilic, persil ou thym) ou de carotte râpée. Si vous aimez l'ail, vous pouvez incorporer une ou deux gousses écrasées juste avant la fin de la cuisson de l'oignon.

RECETTE RAPIDE : RAGOÛT VÉGÉTARIEN
(pour 4 personnes)

FAIRE REVENIR un oignon haché dans une casserole. Ajouter 2 courgettes hachées, 100 g de champignons de Paris émincés, 1 poivron rouge haché, 400 g de tomates en boîte écrasées et un filet de vinaigre balsamique. Couvrir et cuire 10 min à feu moyen, jusqu'à ce que les légumes soient tendres. Ôter le couvercle et prolonger la cuisson de 5 min, jusqu'à épaississement. Assaisonner et servir avec du riz ou des pâtes.

VARIANTE : ajouter 350 g de pâtes cuites (fusilli ou penne) au ragoût et verser le tout dans un plat à gratin. Parsemer de fromage râpé et de chapelure. Mettre au four préchauffé à 210 °C pendant 10 min environ.

CI-DESSUS : Gratin de fettucine

PESTO
Le pesto classique, ou pesto genovese, se compose de basilic, de pignons, de parmesan fraîchement râpé, d'ail, d'huile d'olive, de sel et de poivre. Toutes les variétés de pesto ont un parfum assez fort et doivent être utilisées parcimonieusement pour ne pas couvrir complètement le goût des mets qu'elles accompagnent. En italien, pesto veut dire «broyé» : la méthode traditionnelle est en effet de broyer les ingrédients dans un mortier.

LASAGNE À LA CAROTTE ET AU PESTO

Préparation : 45 min + 30 min de repos
Cuisson : 55 min
Pour 4 personnes

50 g de beurre

60 g de farine

750 ml de lait

160 g de crème fraîche allégée

1 cuil. à café de poivre noir concassé

150 g de fromage râpé

4 œufs légèrement battus

2 cuil. à soupe de pesto prêt à l'emploi

750 g de carottes pelées et râpées

250 g de lasagne prêtes à l'emploi

1 Huiler un plat à gratin de 30 x 20 cm environ. Chauffer le beurre dans une grande casserole et ajouter la farine. Remuer à feu doux jusqu'à ce que le mélange dore et commence à bouillir. Ajouter peu à peu le mélange de lait, crème fraîche et poivre en remuant bien entre chaque ajout. Prolonger la cuisson de 5 min à feu moyen, sans cesser de remuer, jusqu'à ébullition et épaississement. Faire cuire encore 1 min puis retirer du feu. Incorporer 100 g de fromage et laisser légèrement refroidir. Ajouter peu à peu les œufs, sans cesser de remuer.

2 Verser un tiers de la sauce dans un bol et la réserver pour la garniture. Ajouter le pesto et les carottes râpées dans le reste de sauce en mélangeant bien.

3 Préchauffer le four à 150 °C. En commençant par un tiers de la sauce à la carotte, alterner des couches de sauce et de lasagne dans le plat à gratin (étendre 3 couches de chaque, en terminant par les lasagne). Étaler la sauce réservée sur le dessus et saupoudrer du reste du fromage. Laisser reposer 15 min pour que les lasagne ramollissent. Enfourner 40 min, jusqu'à ce que la garniture soit dorée.

4 Retirer du four, couvrir et laisser reposer encore 15 min avant de servir : le gratin sera ainsi plus facile à couper. Servir avec une salade verte.

RECETTE RAPIDE : GRATIN DE POTIRON
(pour 4 personnes)

PRÉCHAUFFER le four à 200 °C. Râper 400 g de potiron tendre et l'étaler dans un petit plat à gratin peu profond. Verser 250 ml de crème fraîche liquide et bien remuer. Dans un bol, mélanger 40 g de mie de pain émiettée, 4 cuil. à soupe de fromage finement râpé et 1/2 cuil. à café de muscade. Parsemer ce mélange sur le potiron et enfourner 20 min environ.

CI-DESSUS : Lasagne à la carotte et au pesto

RAGOÛT HONGROIS

Préparation : 30 min
Cuisson : 30 min
Pour 4 à 6 personnes

4 grosses pommes de terre

1 cuil. à soupe d'huile d'olive

30 g de beurre

1 oignon moyen haché

1 poivron rouge et 1 poivron vert
    grossièrement hachés

440 g de tomates en boîte hachées

250 ml de bouillon de légumes

2 cuil. à café de graines de carvi

2 cuil. à café de paprika

Sel et poivre noir fraîchement moulu

Croûtons

250 ml d'huile

4 tranches de pain de mie sans croûte, coupées
    en petits cubes

1 Peler les pommes de terre et les couper en gros morceaux. Chauffer l'huile et le beurre dans une cocotte et faire cuire les pommes de terre à feu moyen, jusqu'à ce qu'elles commencent à dorer sur les bords.

2 Ajouter l'oignon et les poivrons et prolonger la cuisson de 5 min. Ajouter les tomates avec leur jus, le bouillon, le carvi et le paprika. Saler,

poivrer et laisser mijoter 10 min à découvert, jusqu'à ce que les pommes de terre soient tendres. Servir avec des croûtons.

3 Croûtons : chauffer l'huile dans une poêle à feu moyen. Faire dorer les croûtons 2 min, en les retournant souvent. Égoutter sur du papier absorbant.

TOMATES ET MAÏS À LA MEXICAINE

Préparation : 25 min
Cuisson : 30 min
Pour 4 à 6 personnes

2 cuil. à soupe d'huile

2 oignons rouges hachés

2 gousses d'ail écrasées

6 tomates mûres pelées et hachées

1 poivron vert épépiné et haché

1 cuil. à soupe de vinaigre de vin rouge

1 cuil. à café de sucre

1/2 cuil. à café de piment en poudre

370 g de maïs en boîte égoutté

125 g de chips de maïs nature

150 g de gruyère râpé

250 g de crème fraîche

1 Préchauffer le four à 160 °C. Chauffer l'huile dans une casserole moyenne et faire revenir l'oignon et l'ail 3 min à feu moyen. Ajouter les

CI-CONTRE :
Ragoût hongrois

tomates, le poivron, le vinaigre, le sucre et le piment. Cuire 6 à 7 min à découvert, jusqu'à ce que le jus soit évaporé. Incorporer le maïs et prolonger la cuisson de 3 min.

2 Disposer des couches de chips de maïs, de sauce aux légumes et de fromage dans un plat à four, en terminant par une couche de fromage.

3 Étaler la crème fraîche et enfourner 15 min. Saupoudrer de ciboulette hachée.

RAGOÛT DE LÉGUMES HIVERNAL

Préparation : 15 min
Cuisson : 40 min
Pour 4 personnes

2 pommes de terre moyennes

1 panais moyen

200 g de potiron

30 g de beurre

1 cuil. à soupe de farine

375 ml de lait

1/2 cuil. à café de muscade moulue

Sel et poivre noir fraîchement moulu

Garniture

80 g de pain émietté

100 g de noix de cajou grillées, grossièrement concassées

30 g de beurre

1 Peler les pommes de terre, le panais et le potiron. Détailler le potiron en gros morceaux et le reste des légumes en plus petits morceaux. Les faire cuire dans une grande casserole d'eau bouillante salée pendant 8 min environ. Égoutter et disposer au fond d'un grand plat à four profond.

2 Faire fondre le beurre dans une casserole à feu doux. Ajouter la farine et cuire 1 min sans cesser de remuer. Retirer du feu et incorporer peu à peu le lait. Remettre sur le feu et porter à ébullition sans cesser de remuer, jusqu'à épaississement. Prolonger l'ébullition de 1 min. Ajouter la muscade, le sel et le poivre et verser la sauce sur les légumes. Préchauffer le four à 180 °C.

3 Garniture : mélanger le pain émietté et les noix de cajou. Les saupoudrer sur les légumes. Disposer quelques noisettes de beurre et enfourner 30 min, jusqu'à ce que la garniture soit dorée. Garnir de cresson.

CUISINE MEXICAINE

Lorsque les Espagnols s'emparèrent du Mexique, il y a plus de 400 ans, ils ne découvrirent pas seulement de l'or, mais également du maïs, des haricots, des piments, des tomates, des avocats, des pommes de terre, des courges, des courgettes et toutes sortes de fruits et épices nouveaux, notamment des ananas, des papayes, des cacahuètes, du cacao et de la vanille. Le raffinement et le piquant des plats aztèques et mayas sont aujourd'hui reconnus dans le monde entier.

CI-DESSUS : Tomates et maïs à la mexicaine
CI-CONTRE : Ragoût de légumes hivernal

CANNELLONI FOURRÉS AUX ÉPINARDS ET AU FROMAGE

Préparation : 40 min
Cuisson : I h 20
Pour 4 personnes

Sauce tomate

2 cuil. à soupe d'huile d'olive

I gros oignon finement haché

2 gousses d'ail finement hachées

800 g de tomates en boîte, grossièrement hachées

2 brins de romarin frais

2 feuilles de laurier

2 cuil. à soupe de concentré de tomate

Sel et poivre

500 g d'épinards

150 g de feta émiettée

150 g de ricotta

50 g de parmesan fraîchement râpé

2 cuil. à soupe de menthe fraîche finement hachée

2 œufs légèrement battus

2 cuil. à soupe de pignons grillés

Sel et poivre

16 cannelloni prêts à l'emploi

200 g de mozzarella finement émincée

I Sauce tomate : chauffer l'huile dans une grande casserole et faire revenir l'oignon et l'ail à feu moyen. Ajouter les tomates, les herbes et le concentré de tomate ; bien mélanger. Porter à ébullition, baisser le feu et laisser mijoter 25 à 30 min jusqu'à ce que la sauce épaississe. Assaisonner à votre goût. Retirer le laurier et le romarin.

2 Préchauffer le four à 200 °C. Laver et équeuter les épinards. Les cuire à la vapeur ou au micro-ondes jusqu'à ce qu'ils soient juste ramollis. Égoutter soigneusement et hacher grossièrement. Dans un saladier, mélanger les épinards, les fromages, la menthe, les œufs, les pignons, le sel et le poivre. Farcir les cannelloni de ce mélange, à l'aide d'une cuillère ou d'un couteau.

3 Verser un peu de sauce tomate au fond d'un grand plat à four. Disposer les cannelloni dessus. Couvrir du reste de sauce tomate et parsemer de mozzarella. Enfourner 30 à 40 min, jusqu'à ce que la surface soit dorée.

LAURIER

Le laurier (*Laurus nobilis*) est un arbuste méditerranéen à feuilles persistantes connu depuis l'Antiquité. Les Grecs offraient des couronnes de laurier aux vainqueurs des jeux Olympiques, aux poètes et aux héros. Les feuilles de laurier ont une délicieuse saveur, qui se développe avec la cuisson. On peut éliminer les odeurs de cuisine en brûlant quelques feuilles de laurier sur une plaque de four ou une soucoupe.

CI-DESSUS : Gâteau de pommes de terre

GÂTEAU DE POMMES DE TERRE

Préparation : 20 min
Cuisson : I h
Pour 4 à 6 personnes

8 pommes de terre pelées en rondelles

30 g de beurre

2 cuil. à soupe d'huile d'olive

I gousse d'ail écrasée

1/2 cuil. à café de poivre moulu

200 g de chapelure

125 g de fromage râpé (cheddar ou gruyère)

50 g de parmesan fraîchement râpé

I Préchauffer le four à 180 °C. Beurrer un moule rond profond, de 20 cm environ, et le garnir de papier sulfurisé beurré.

2 Chauffer le beurre et l'huile et ajouter l'ail et le poivre. Faire chevaucher une couche de rondelles de pommes de terre au fond du moule. Badigeonner de graisse à l'ail et saupoudrer d'un peu de mélange de chapelure et de fromages. Continuer à étaler les couches en terminant par le fromage. Bien tasser le tout et enfourner 1 h.

LASAGNE AUX LÉGUMES GRILLÉS

Préparation : 50 min
Cuisson : 1 h
Pour 6 personnes

★★★

Marinade

125 ml d'huile d'olive

2 cuil. à soupe de vinaigre de vin rouge

1 cuil. à soupe de câpres finement hachées

1 cuil. à soupe de persil finement ciselé

1 gousse d'ail finement hachée

1 cuil. à café de concentré de tomate

Sel et poivre

1 poivron rouge

1 belle aubergine coupée en tranches dans le sens de la longueur, dégorgée

2 belles courgettes coupées finement dans le sens de la longueur

400 g de patates douces, pelées et finement coupées dans le sens de la longueur

6 tomates olivettes coupées en quartiers

375 g de lasagne fraîches

90 g de pesto de qualité

300 g de bocconcini (boule de mozzarella) finement émincé

Huile d'olive

100 g de parmesan fraîchement râpé

1 Préchauffer le four à 200 °C. Dans un bol, fouetter les ingrédients de la marinade.

2 Partager le poivron en deux dans le sens de la longueur. Ôter les graines et les membranes et le couper en gros morceaux plats. Les passer au gril jusqu'à ce que la peau noircisse et cloque. Laisser refroidir sous un torchon avant de les peler et de les couper en fines lanières. Disposer le poivron et le reste des légumes dans un grand plat à four et verser la moitié de la marinade. Enfourner 15 min, retourner les légumes et verser le reste de la marinade. Prolonger la cuisson au four de 15 min.

3 Couper les feuilles de lasagne en 24 rectangles de 10 x 16 cm environ. Confectionner 6 tas individuels dans l'ordre suivant : lasagne, légumes, 2 cuil. à café de pesto et rondelles de bocconcini, lasagne. Disposer les tas individuels dans un plat à four graissé. Badigeonner la surface d'huile d'olive et saupoudrer de parmesan. Enfourner 15 à 20 min.

VINAIGRES AROMATISÉS
Les vinaigres de vin sont, en général, les plus doux et les plus facilement utilisables. Ils peuvent être aisément aromatisés avec des herbes fraîches, comme l'estragon, le basilic, la menthe et le thym. Mettez quelques brins de l'herbe choisie dans une bouteille stérilisée, versez le vinaigre, fermez hermétiquement et laissez reposer 3 semaines. Passez le vinaigre au chinois et remettez-le dans la bouteille avec un brin d'herbe fraîche pour pouvoir l'identifier. N'utilisez jamais d'ail pour aromatiser du vinaigre ou de l'huile; il pourrait provoquer des intoxications alimentaires.

CI-DESSUS : Lasagne aux légumes grillés

CHOU FRISÉ DE MILAN

Le chou frisé de Milan, avec ses feuilles vertes froissées et profondément nervurées, s'adapte parfaitement aux recettes de chou farci. Lorsque vous achetez un chou, quelle que soit sa variété, choisissez-le bien fourni, ferme et de couleur vive. Les feuilles du chou frisé doivent être tendres mais pas trop molles.

CHOU FARCI ÉPICÉ

Préparation : 40 min
Cuisson : 30 min
Pour 6 personnes

6 grandes feuilles de chou vert

Farce

2 cuil. à café d'huile d'olive

4 oignons nouveaux finement hachés

1 gousse d'ail écrasée

2 cuil. à soupe de concentré de tomate

75 g de raisins secs

2 cuil. à soupe d'amandes effilées

1 cuil. à café de graines de cumin

1/2 cuil. à café de cannelle moulue

2 cuil. à soupe de persil frais finement haché

470 g de riz à longs grains, cuit

250 ml de bouillon de légumes

Sauce au yaourt

185 g de yaourt nature

1 cuil. à café de cumin moulu

1 cuil. à soupe de menthe fraîche finement hachée

1 Préchauffer le four à 190 °C. Huiler un plat à four profond.

2 Blanchir les feuilles de chou 10 s à l'eau bouillante salée, jusqu'à ce qu'elles soient bien souples. Les égoutter et éliminer la tige dure. Réserver.

3 Farce : chauffer l'huile dans une grande casserole, faire revenir les oignons nouveaux et l'ail 30 s à feu moyen. Ajouter le concentré de tomate, les raisins secs, les amandes, le cumin, la cannelle, le persil et le riz ; bien remuer. Retirer du feu et laisser refroidir légèrement.

4 Déposer 3 cuil. à soupe de farce au bord d'une feuille de chou. La rouler en un petit paquet bien serré, en rentrant les bords. Continuer avec le reste de farce et de feuilles. Disposer les rouleaux dans le four et verser le bouillon dessus. Poser une assiette résistant à la chaleur sur les rouleaux pour les empêcher de se défaire. Couvrir d'un couvercle ou de papier aluminium et enfourner 20 à 25 min.

5 Sauce au yaourt : dans un bol, mélanger le yaourt, le cumin et la menthe. Servir les choux farcis chauds ou froids avec la sauce au yaourt.

REMARQUE : la sauce au yaourt doit se préparer juste avant le repas. Si vous avez du mal à détacher les feuilles du chou, faire bouillir le chou 3 à 4 min dans suffisamment d'eau pour le couvrir. Retirer et laisser légèrement refroidir. Les feuilles devraient se détacher facilement.

CI-DESSUS : Chou farci épicé

SOUFFLÉS AU POTIRON

Préparation : 20 min
Cuisson : 1 h 40
Pour 4 personnes

4 petits potirons

60 g de beurre

3 cuil. à soupe de farine

170 ml de lait

3 œufs, blancs et jaunes séparés

65 g de gruyère râpé

Sel et poivre

1 Préchauffer le four à 210 °C. Découper le chapeau de chaque potiron et éliminer les graines et les fibres à la cuillère. Disposer les potirons dans un plat à four, couvrir de papier aluminium et enfourner 1 h. Retirer les potirons du plat, les retourner sur une grille pour que le jus s'égoutte.

2 À l'aide d'une cuillère en métal, retirer presque toute la chair ramollie des potirons, en en laissant un peu pour consolider la peau. Écraser la chair dans un bol et laisser refroidir.

3 Faire fondre le beurre dans une petite casserole ; ajouter la farine et remuer 1 min, jusqu'à ce qu'elle soit dorée. Ajouter le lait peu à peu, en remuant bien entre chaque ajout. Continuer à remuer constamment à feu moyen jusqu'à épaississement ; prolonger la cuisson de 1 min puis retirer du feu. Incorporer les jaunes d'œufs et le fromage ; ajouter la chair de potiron et bien remuer jusqu'à obtention d'un mélange onctueux. Saler et poivrer.

4 Battre les blancs en neige et les incorporer délicatement avec une cuillère en métal, jusqu'à ce qu'il ne reste plus de morceaux de blanc.

5 Avec une cuillère, remplir les potirons de préparation, en dessous du bord pour qu'ils ne débordent pas en cours de cuisson. S'il reste de la préparation, la faire cuire dans un ramequin. Disposer les potirons dans un plat à four et enfourner 20 à 25 min, jusqu'à ce que les soufflés soient gonflés et dorés. Servir tout de suite.

RECETTE RAPIDE : POLENTA ONCTUEUSE
(pour 2 à 4 personnes)

LA POLENTA accompagne parfaitement les plats en sauce. Dans une casserole moyenne, porter 350 ml de bouillon de légumes et 250 ml d'eau à ébullition. Ajouter 150 g de semoule de maïs et faire cuire 10 min à feu moyen puis doux, sans cesser de remuer. Saler et poivrer. Le mélange doit devenir très épais. Retirer du feu et incorporer 80 ml de crème fraîche fluide et 30 g de beurre. Si le plat s'y prête, remplacer le beurre par 50 g de parmesan.

ORIGAN

L'origan était employé par les Grecs sous sa forme sauvage rigani. Le nom se traduit littéralement par « joie des montagnes », et le parfum chaleureux et entêtant de cette herbe aromatique se retrouve dans les salades grecques, composées de feta, de tomates, d'olives et d'oignon. Aujourd'hui, on trouve plusieurs variétés d'origan, l'une des meilleures étant l'*Origanum heracleoticum*, une variété grecque à l'arôme fort et épicé.

CI-DESSUS : Soufflés au potiron

RAGOÛT ÉPICÉ DE POIS CHICHES ET DE LÉGUMES

Préparation : I nuit de trempage + 25 min
Cuisson : I h 30
Pour 4 personnes

330 g de pois chiches secs
2 cuil. à soupe d'huile
I gros oignon haché
I gousse d'ail écrasée
3 cuil. à café de cumin moulu
1/2 cuil. à café de piment en poudre
1/2 cuil. à café de poivre de la Jamaïque
420 g de tomates en boîte pelées et écrasées
375 ml de bouillon de légumes
300 g de potiron coupé en gros morceaux
150 g de haricots verts équeutés
200 g de petits pâtissons coupés en quatre
2 cuil. à soupe de concentré de tomate
I cuil. à café d'origan séché
Sel

I Mettre les pois chiches dans un saladier, les couvrir d'eau froide et les laisser tremper toute la nuit ; égoutter.
2 Chauffer l'huile dans une grande casserole et faire revenir l'oignon et l'ail 2 min à feu vif. Ajouter les épices et faire revenir 1 min. Ajouter les pois chiches, les tomates et le bouillon. Porter à ébullition ; baisser le feu et laisser mijoter 1 h à couvert, en remuant de temps en temps.
3 Ajouter le potiron, les haricots, les pâtissons, le concentré de tomate, l'origan et le sel. Bien remuer. Laisser mijoter encore 15 min à couvert. Retirer le couvercle et prolonger la cuisson de 10 min, pour que la sauce épaississe légèrement.
REMARQUE : pour faire tremper les pois chiches rapidement, les mettre dans une casserole, couvrir d'eau froide et porter à ébullition. Retirer du feu et laisser tremper 2 h. Si vous êtes pressé, utiliser des pois chiches en boîte, égouttés et rincés.

GRATIN DE POMMES ET DE POMMES DE TERRE

Préparation : 30 min
Cuisson : 45 min
Pour 6 personnes

★

2 grosses pommes de terre
3 pommes vertes moyennes
I oignon moyen
60 g de fromage finement râpé
250 ml de crème fraîche liquide
I pincée de muscade
Poivre noir fraîchement moulu

I Préchauffer le four à 180 °C. Beurrer un grand plat à gratin. Peler les pommes de terre et les détailler en fines rondelles. Peler et épépiner les pommes ; les couper en fines tranches. Émincer très finement l'oignon pelé.
2 Disposer les pommes de terre, les pommes et l'oignon en couches successives, en terminant par une couche de pommes de terre. Parsemer de fromage. Verser la crème fraîche en la répartissant bien.
3 Saupoudrer de muscade et de poivre. Enfourner 45 min, jusqu'à ce que le gratin soit bien doré. Retirer du four et laisser reposer 5 min avant de servir.
Remarque : pour empêcher les pommes de terre et les pommes de brunir, les mettre dans un bol d'eau froide additionnée d'un filet de jus de citron. Égoutter et bien essuyer sur du papier absorbant avant emploi.

RECETTE RAPIDE : RAGOÛT D'AUBERGINES
(pour 2 personnes)

TRANCHER 6 petites aubergines dans le sens de la longueur ; les enduire légèrement de farine et les faire frire dans de l'huile ; égoutter sur du papier absorbant. Les disposer dans un plat à four peu profond et les couvrir de 125 g de bonne sauce tomate prête à l'emploi. Saupoudrer de 150 g de mozzarella émincée et de 25 g de parmesan râpé. Poivrer et mettre au four préchauffé à 180 °C pendant 15 min, jusqu'à ce que le fromage soit doré et fondu. Servir avec une salade à goût fort, comme la roquette, assaisonnée d'huile d'olive et de jus de citron.

CUMIN

Le cumin (*Cuminum cyminum*) possède un goût franc et chaleureux. On l'utilise généralement dans les curries, mais il parfume de nombreux autres plats. En Espagne, c'est l'assaisonnement traditionnel des pois chiches, ainsi que des légumes et du riz. Les graines de cumin requièrent une longue cuisson et sont donc souvent vendues en poudre. Ainsi, il conserve son goût et son emploi est plus précis.

PAGE CI-CONTRE :
Gratin de pommes et de pommes de terre (en haut), Ragoût épicé de pois chiches et de légumes (en bas)

1 Pour équeuter les asperges, les plier à leur base; elles se casseront net à l'endroit où la partie filandreuse commence. Attacher les asperges en bouquet.

2 Placer les asperges, pointes vers le haut, dans une casserole d'eau bouillante. Cuire 2 à 3 min, puis les retirer à l'aide de pincettes. Tremper les pointes brièvement dans l'eau bouillante.

CI-DESSUS :
Potirons farcis

POTIRONS FARCIS

Préparation : 25 min
Cuisson : 50 min
Pour 4 potirons individuels

4 petits potirons

60 ml d'eau

100 g de riz cuit

2 cuil. à café de pâte de curry

1 cuil. à soupe de coriandre fraîche finement hachée

1 pomme verte finement hachée

1 petite courgette finement hachée

1 petite carotte finement hachée

60 g de champignons de Paris finement émincés

150 g de pointes d'asperges hachées

2 cuil. à café de raisins secs

1 pincée de garam massala

60 g de beurre fondu

Sel

1 Préchauffer le four à 210 °C. Découper le chapeau de chaque potiron et le réserver. Éliminer les graines à l'aide d'une cuillère. Disposer les potirons dans un plat à four et remettre les chapeaux. Verser l'eau dans le plat et couvrir celui-ci de papier aluminium. Enfourner 30 min. Sortir du four et retirer les potirons ; éliminer l'eau et graisser le plat.

2 Dans un saladier, mélanger le riz, la pâte de curry, la coriandre, la pomme, la courgette, la carotte, les champignons, les asperges, les raisins secs, le garam massala, le beurre et le sel. Farcir les potirons de ce mélange. Remettre les chapeaux et placer à nouveau dans le plat. Couvrir de papier aluminium et enfourner 20 min.

GRATIN DE CHOU-FLEUR ET DE PÂTES AUX CROÛTONS

Préparation : 25 min
Cuisson : 1 h
Pour 6 personnes

150 g de pâtes courtes (penne, par exemple)

600 g de chou-fleur détaillé en petits bouquets

2 cuil. à café d'huile d'olive

2 oignons rouges hachés

2 gousses d'ail finement hachées

80 g de beurre + 50 g de beurre fondu

4 cuil. à soupe de farine

1 l de lait

200 g de parmesan fraîchement râpé

30 g de basilic frais haché

Sel

5 tranches de pain pas trop frais, sans croûte

1 Préchauffer le four à 180 °C. Cuire les pâtes à l'eau bouillante salée et les égoutter. Cuire le chou-fleur à la vapeur, jusqu'à ce qu'il soit juste tendre. Chauffer l'huile dans une poêle et faire revenir l'oignon et l'ail à feu moyen. Les mélanger au chou-fleur.

2 Faire fondre les 80 g de beurre dans une grande casserole. Délayer la farine et faire cuire 1 min sans cesser de remuer. Incorporer peu à peu le lait, en fouettant bien. Continuer à remuer jusqu'à ébullition et épaississement. Retirer du feu et incorporer 125 g de parmesan et le basilic. Saler. Ajouter le chou-fleur et les pâtes ; bien remuer.

3 Verser la préparation dans un grand plat à gratin. Couper le pain en gros cubes. Les passer dans le beurre fondu puis les éparpiller sur le chou-fleur. Saupoudrer du reste de parmesan. Enfourner 35 à 40 min jusqu'à ce que le gratin soit doré.

FENOUIL À L'AVOINE

Préparation : 25 min
Cuisson : 40 min
Pour 6 personnes

2 bulbes de fenouil

60 ml de jus de citron + 2 cuil. à soupe

Sel et poivre noir fraîchement moulu

1 cuil. à soupe de miel

1 cuil. à soupe de farine

315 ml de crème fleurette

Garniture à l'avoine

75 g de flocons d'avoine

60 g de farine

3 tranches de pain de seigle émiettées

60 g de beurre

1 gousse d'ail écrasée

1 Préchauffer le four à 180 °C. Beurrer ou huiler un grand plat à four. Équeuter le fenouil et le couper en fines lamelles. Le laver et l'égoutter soigneusement. Porter une grande casserole d'eau salée à ébullition. Ajouter 60 ml de jus de citron et le fenouil. Couvrir 3 min à feu moyen. Égoutter et rincer à l'eau froide.

2 Mettre le fenouil dans un saladier. Ajouter 2 cuil. à soupe de jus de citron, le sel, le poivre et le miel ; bien remuer. Saupoudrer de farine. Mettre la préparation dans le plat et verser la crème fleurette dessus.

3 **Garniture à l'avoine :** mélanger les flocons d'avoine, la farine et le pain émietté. Chauffer le beurre dans une petite poêle et faire revenir l'ail 30 s. Ajouter le mélange de flocons d'avoine et bien remuer. Répartir la garniture à l'avoine sur le fenouil. Enfourner 20 à 30 min, jusqu'à ce que le fenouil soit tendre et la garniture dorée.

REMARQUE : on peut remplacer le pain de seigle par du pain blanc ou complet. Le fenouil a un goût anisé assez fort ; en le blanchissant avant emploi, sa texture s'amollit et son parfum s'adoucit.

RECETTE RAPIDE : GRAINE DE COUSCOUS
(pour 2 personnes)

METTRE 185 g de graine de couscous instantanée dans un saladier résistant à la chaleur et ajouter 185 ml d'eau bouillante. Laisser reposer 3 à 5 min. Incorporer 30 g de beurre avec une fourchette et remuer jusqu'à ce que le beurre soit fondu et les grains gonflés. Saler, poivrer et assaisonner avec les fines herbes de votre choix. Pour plus de goût, incorporer une petite gousse d'ail écrasée, sautée dans du beurre ou de l'huile.

FENOUIL

Le goût anisé du fenouil parfume agréablement les potages, les sauces et les légumes marinés. Le fenouil ressemble à un bulbe de céleri, plus rond et plus court. Les feuilles s'utilisent dans les salades et les farces, et la chair peut se cuire comme un légume ou être servie crue, finement hachée, pour accompagner un plat d'antipasti.

CI-DESSUS : Fenouil à l'avoine

sens de la longueur. Faire dégorger au sel pendant 30 min. Rincer à l'eau froide ; égoutter et essorer dans du papier absorbant.

2 Disposer les aubergines sur une poêle froide. Les badigeonner d'huile. Cuire 5 min à feu vif, puis moyen, sur chaque côté, jusqu'à ce qu'elles soient bien dorées. Égoutter sur du papier absorbant. Éliminer la partie fibreuse des asperges et les cuire à la vapeur ou au micro-ondes jusqu'à ce qu'elles soient tendres. Couper 6 asperges en tronçons de 5 cm et réserver. Hacher finement le reste des asperges. Chauffer le beurre dans une casserole et faire revenir les oignons nouveaux 1 min à feu vif, puis moyen. Incorporer la farine. Verser le lait peu à peu sans cesser de remuer. Continuer à remuer 5 min à feu moyen jusqu'à ébullition et épaississement. Prolonger l'ébullition de 1 min.

3 Ajouter le fromage, le jus de citron, le sel, le poivre, le jaune d'œuf et les asperges hachées. Bien mélanger et retirer du feu. Disposer 6 tranches d'aubergine sur la plaque. Répartir équitablement la garniture à l'asperge sur chaque tranche. Recouvrir avec les autres tranches.

4 Garniture soufflée : monter le blanc en neige. Étaler le blanc d'œuf sur les tranches d'aubergine. Saupoudrer de fromage et décorer avec les asperges réservées. Enfourner 15 min jusqu'à ce que le fromage soit fondu et la garniture ferme.

SANDWICH D'AUBERGINE AUX ASPERGES

Préparation : 45 min + 30 min de repos
Cuisson : 40 min
Pour 6 personnes

2 aubergines moyennes

1 cuil. à soupe d'huile d'olive

150 g d'asperges

50 g de beurre

40 g d'oignons nouveaux finement hachés

60 g de farine

250 ml de lait

2 cuil. à soupe de romano râpé (fromage italien)

1 cuil. à soupe de jus de citron

Sel et poivre noir fraîchement moulu

1 jaune d'œuf

Garniture soufflée

1 blanc d'œuf

3 cuil. à soupe de romano râpé

1 Préchauffer le four à 180 °C. Garnir une plaque de four de papier aluminium beurré. Couper chaque aubergine en 6 tranches, dans le

CI-DESSUS : Sandwich d'aubergine aux asperges

LASAGNE AUX CHAMPIGNONS

Préparation : 20 min
Cuisson : 1 h
Pour 6 personnes

250 g de lasagne prêtes à l'emploi

310 g de sauce pour pâtes prête à l'emploi

2 cuil. à soupe d'huile

2 gousses d'ail écrasées

4 oignons nouveaux émincés

500 g de champignons de Paris

Sel

2 cuil. à soupe de basilic frais haché

250 g de ricotta émiettée

50 g de parmesan fraîchement râpé

1/2 cuil. à café de muscade moulue

150 g de roquette

60 g de gruyère râpé

75 g de mozzarella émincée

1 Préchauffer le four à 200 °C. Répartir les lasagne en 3 portions égales. Déposer 3 cuil. à soupe de sauce au fond d'un grand plat à four rectangulaire ; couvrir d'une couche de lasagnes.

2 Chauffer l'huile dans une poêle et faire revenir l'ail et les oignons nouveaux 3 min. Ajouter les champignons et prolonger la cuisson de 5 min. Saler. Retirer du feu et ajouter le basilic.

3 Étaler la moitié des champignons sur les lasagne puis parsemer de la moitié de la ricotta. Saupoudrer de la moitié du parmesan, de la muscade et de la roquette. Disposer la deuxième couche de lasagne, puis la moitié du reste de la sauce.

4 Confectionner une dernière couche avec le reste des ingrédients en terminant par la sauce. Parsemer de gruyère et de mozzarella et enfourner 40 à 50 min jusqu'à ce que les lasagne soient tendres et la garniture dorée.

AUBERGINES SAUTÉES À LA TOMATE

Préparation : 20 min + 20 min de repos
Cuisson : 1 h 15
Pour 6 personnes

2 belles aubergines

60 ml d'huile d'olive

2 gros oignons hachés

1 cuil. à café de cumin moulu

250 ml de vin blanc de qualité

800 g de tomates en boîte concassées

Sel

2 gousses d'ail écrasées

2 piments rouges finement hachés (facultatif)

75 g de raisins secs

3 cuil. à soupe de coriandre fraîche

1 Préchauffer le four à 210 °C. Couper les aubergines en rondelles épaisses de 2 cm. Les faire dégorger au sel pendant 20 min.

2 Chauffer 2 cuil. à soupe d'huile dans une grande casserole et faire revenir les oignons 5 min à feu moyen. Ajouter le cumin et remuer pendant 1 min. Verser le vin. Porter à ébullition ; baisser le feu et laisser mijoter 10 min, jusqu'à ce que le mélange ait réduit de trois quarts. Ajouter les tomates. Saler. Porter de nouveau à ébullition ; baisser le feu et cuire 10 min. Ajouter l'ail, les piments et les raisins secs. Laisser mijoter 5 min ; retirer du feu.

Rincer les aubergines et les essorer dans du papier absorbant. Chauffer le reste de l'huile dans une grande poêle. Faire frire les aubergines 3 à 4 min à feu moyen. Égoutter sur du papier absorbant.

3 Disposer les rondelles d'aubergine et la sauce à la tomate en couches dans un grand plat à four ; saupoudrer de coriandre fraîche entre chaque couche. Terminer par une couche d'aubergines. Enfourner 30 min et servir avec des pâtes.

RECETTE RAPIDE : CHIPS AU FOUR

Couper des pommes de terre non pelées en très fines rondelles. Préchauffer le four à 230 °C. Graisser légèrement une plaque de four à l'huile d'olive. Étaler les chips et les arroser d'huile d'olive. Enfourner 20 à 25 min, jusqu'à ce qu'elles soient croustillantes, en ne les retournant qu'une seule fois. Saler. Servir immédiatement.

AUBERGINES

Lorsque vous achetez des aubergines, choisissez des fruits lourds, fermes et luisants, sans rides ni taches. Si l'aubergine est molle, cela signifie qu'elle est vieille et sera amère ; si elle est dure, elle n'est pas assez mûre. Une aubergine parfaite doit s'enfoncer très légèrement sous le doigt. Conservez-les 4 à 5 jours au réfrigérateur, dans un sac en plastique.

CI-DESSUS : Aubergines sautées à la tomate

SALADES

Si une salade se limite pour vous à quelques feuilles de laitue garnies de tomates et d'un peu de concombre, ce chapitre est fait pour vous. L'alimentation végétarienne s'épanouit pleinement avec les salades : des légumes crus, grillés ou cuits à la vapeur se marient avec les graines et fruits oléagineux de votre choix, ou avec des légumes secs et un peu d'huile d'olive. Les possibilités sont infinies !

SALADE DE FARFALLE AUX TOMATES ET AUX ÉPINARDS

Préparation : 20 min
Cuisson : 12 min
Pour 4 à 6 personnes

500 g de farfalle ou fusilli

3 oignons nouveaux

60 g de tomates séchées, coupées en lanières

500 g de pousses d'épinards équeutées et hachées

4 cuil. à soupe de pignons grillés

1 cuil. à soupe d'origan frais haché

Sauce

60 ml d'huile d'olive

1 cuil. à café de piment frais haché

1 gousse d'ail écrasée

Sel et poivre

BOULGOUR

Le boulgour (ou bourghoul) est fait à partir de blé concassé, décortiqué, cuit à la vapeur et séché. Ce procédé rend le grain plus moelleux, plus léger et plus facile à cuire. Le boulgour a un petit goût de noisette et s'utilise essentiellement dans le taboulé, une salade libanaise.

CI-DESSUS : Salade de farfalle aux tomates et aux épinards

1 Cuire les pâtes dans une grande casserole d'eau bouillante salée. Les égoutter et les rincer soigneusement à l'eau froide. Transférer dans un saladier.
2 Hacher finement les oignons nouveaux. Les mettre dans le saladier avec les tomates, les épinards, les pignons et l'origan.
3 Sauce : dans un bocal, réunir l'huile, le piment, l'ail, le sel et le poivre et secouer vigoureusement. Verser la sauce sur la salade ; bien mélanger et servir immédiatement.

RECETTE RAPIDE : SALADE DE POIVRONS
(pour 4 à 6 personnes)

PASSER 3 gros poivrons (rouge, vert et jaune) au gril. Les couvrir d'un torchon et les laisser refroidir avant de les peler. Couper la chair en lanières épaisses. Les mettre dans un saladier avec 1 cuil. à soupe d'huile d'olive, 2 cuil. à soupe de grains de poivre vert, du sel et 150 g d'olives de Kalamata marinées. Incorporer 2 cuil. à soupe de menthe fraîche hachée et 1 cuil. à soupe de vinaigre de framboise. Servir sur un lit de roquette.

SALADE DE FETA
AUX HERBES

Préparation : 20 min + 30 min de macération
Cuisson : 10 min
Pour 6 à 8 personnes

2 tranches de pain blanc sans croûte, en cubes
200 g de feta en petits cubes
1 gousse d'ail écrasée
1 cuil. à soupe de marjolaine fraîche hachée
1 cuil. à soupe de ciboulette fraîche hachée
1 cuil. à soupe de basilic frais finement haché
2 cuil. à soupe de vinaigre de vin blanc
80 ml d'huile d'olive
Sel et poivre
1 salade lollo rossa
1 laitue ou feuille de chêne

1 Préchauffer le four à 180 °C. Disposer une couche de cubes de pain sur une plaque de four ; enfourner jusqu'à ce qu'ils soient dorés.
2 Mettre la feta dans un grand bol. Dans un bocal, mélanger l'ail, les fines herbes, le vinaigre, l'huile, le sel et le poivre, et secouer énergiquement pendant 30 s. Verser sur la feta et laisser macérer 30 min, en remuant de temps en temps. Couper les feuilles de salade et les mettre dans un saladier. Ajouter la feta et les croûtons ; remuer.

CI-DESSUS : Taboulé aux herbes
CI-DESSOUS : Salade de feta aux herbes

TABOULÉ AUX HERBES

Préparation : 20 min + 15 min de repos
Pas de cuisson
Pour 8 personnes

130 g de boulgour
185 ml d'eau
150 g de persil plat frais
30 g de ciboulette fraîche
75 g de basilic frais
10 g de menthe fraîche
4 oignons nouveaux finement hachés
3 tomates moyennes hachées
80 ml de jus de citron
60 ml d'huile d'olive
Sel

1 Verser l'eau sur le boulgour dans un bol ; laisser reposer 15 min, jusqu'à ce que toute l'eau soit absorbée.
2 Éliminer les tiges du persil. Laver et sécher soigneusement les herbes. Les hacher finement à l'aide d'un couteau tranchant ou d'un hachoir.
3 Mettre le boulgour, les herbes aromatiques, les petits oignons, les tomates, le jus de citron, l'huile et le sel dans un saladier et bien remuer. Réfrigérer jusqu'au moment de servir.

1 Laver et essorer les salades ; couper les feuilles dans un saladier, ajouter le poivron et le zeste de citron.

2 Sauce : battre tous les ingrédients dans un bol pendant 2 min. Verser la sauce sur la salade et tourner. Servir bien froid.

REMARQUE : préparer la sauce et la salade juste avant de servir. Toutes les variétés de salade verte se prêtent à cette recette, et s'accompagnent très bien d'un frascati frais ou d'un vin rouge léger en été.

SALADE CHAUDE DE LENTILLES ET DE RIZ

Préparation : 15 min
Cuisson : 40 min
Pour 6 personnes

180 g de lentilles vertes

200 g de riz basmati

4 gros oignons rouges finement émincés

4 gousses d'ail écrasées

250 ml d'huile d'olive

45 g de beurre

2 cuil. à café de cannelle moulue

2 cuil. à café de paprika doux moulu

2 cuil. à café de cumin moulu

2 cuil. à café de coriandre moulue

3 oignons nouveaux hachés

Sel et poivre noir fraîchement moulu

1 Cuire les lentilles et le riz séparément ; égoutter.
2 Pendant ce temps, cuire les oignons rouges et l'ail 30 min à feu doux, dans l'huile et le beurre, jusqu'à ce qu'ils soient très tendres.
3 Incorporer les épices et prolonger la cuisson de quelques min.
4 Mélanger les oignons épicés avec le riz et les lentilles. Incorporer les oignons nouveaux, saler et poivrer. Servir chaud.

REMARQUE : les lentilles brunes ne sont pas adaptées à cette recette car elles ont tendance à s'écraser. Il n'est pas utile de faire tremper les lentilles avant de les cuire, mais elles doivent être soigneusement rincées.

SALADE DU JARDIN

Préparation : 15 min
Pas de cuisson
Pour 4 à 6 personnes

1 feuille de chêne

150 g de roquette

1 petite trévise

1 gros poivron vert coupé en fines lanières

Le zeste d'un citron

Sauce

2 cuil. à soupe de coriandre fraîche
   grossièrement hachée

60 ml de jus de citron

2 cuil. à café de sucre roux

2 cuil. à soupe d'huile d'olive

1 gousse d'ail écrasée (facultatif)

Set et poivre

RIZ BASMATI
Le riz basmati est une variété de riz à longs grains fins, à la texture soyeuse, cultivé au pied de l'Himalaya. Avant de cuire le riz basmati, il faut impérativement le laver afin de le débarrasser de toute poussière ou gravillon. Son parfum délicat en fait l'accompagnement idéal des plats épicés indiens.

CI-DESSUS : Salade du jardin

FETA
La feta était à l'origine fabriquée à partir de lait de brebis par les bergers grecs de la région d'Athènes. La feta fraîche s'émiette facilement et se présente dans son petit-lait. Lorsqu'elle parvient à maturité, elle sèche et prend un goût salé. C'est un des ingrédients essentiels de la salade grecque.

SALADE DE HARICOTS MEXICAINE

Préparation : 1 nuit de trempage + 20 min
Cuisson : 50 min
Pour 4 à 6 personnes

220 g de haricots noirs secs
200 g de haricots blancs (cannellini)
1 oignon rouge moyen haché
1 poivron rouge moyen haché
270 g de maïs en boîte égoutté
3 cuil. à soupe de coriandre fraîche hachée
1 gousse d'ail écrasée
1/2 cuil. à café de cumin moulu
1/2 cuil. à café de moutarde
2 cuil. à café de vinaigre de vin rouge
60 ml d'huile d'olive
Sel et poivre

1 Faire tremper les haricots séparément dans l'eau froide toute la nuit. Les égoutter, les mettre dans deux casseroles et les couvrir d'eau. Porter à ébullition, baisser le feu et laisser mijoter 45 min jusqu'à ce qu'ils soient tendres. Égoutter, rincer et laisser refroidir.
2 Mettre l'oignon et le poivron dans un saladier et ajouter les haricots, le maïs et la coriandre.

3 Dans un bocal, mettre l'ail, le cumin, la moutarde et le vinaigre ; verser l'huile peu à peu tout en fouettant. Saler et poivrer. Verser la sauce sur les haricots et remuer délicatement.
REMARQUE : cette salade de haricots mexicaine peut se préparer la veille. C'est un plat idéal pour un barbecue ou un pique-nique. Les haricots noirs (ou black turtle) s'achètent dans les épiceries fines. À ne pas confondre avec les haricots noirs chinois.

RECETTE RAPIDE : SALADE DE MELON
(pour 4 à 6 personnes)

COUPER un gros melon d'Espagne en tranches et les disposer sur un plat. Les parsemer de 60 g de cresson bien lavé. Garnir de 2 avocats émincés, 1 poivron rouge finement émincé, 220 g de feta marinée coupée en gros morceaux et 90 g d'olives niçoises marinées. Préparer la sauce avec 60 ml d'huile d'olive, 2 cuil. à soupe de vinaigre de vin blanc, 1 cuil. à café de moutarde, du sel et du poivre. Bien battre et en arroser la salade.

CI-DESSUS : Salade de haricots mexicaine

POIRES

Il est conseillé d'acheter les poires pas tout à fait mûres et de les laisser mûrir à température ambiante jusqu'à ce que l'extrémité allongée s'amollisse légèrement. Méfiez-vous des poires trop molles à leur base : elles sont vraisemblablement blettes à l'intérieur. Une fois mûres, les poires se conservent un jour ou deux au réfrigérateur, mais doivent être portées à température ambiante pour être consommées comme dessert. Les poires williams ou comices sont les mieux adaptées aux desserts. Les poires asiatiques ajoutent un peu de croquant aux salades de fruits et de légumes; elles doivent être consommées bien fermes.

CI-DESSOUS : Salade d'épinards et d'avocat à la vinaigrette chaude

SALADE D'ÉPINARDS ET D'AVOCAT À LA VINAIGRETTE CHAUDE

Préparation : 15 min
Cuisson : 2 min
Pour 8 personnes

30 feuilles de jeunes épinards (environ 90 g)

1 frisée

2 avocats moyens

3 cuil. à soupe d'huile d'olive

2 cuil. à café de graines de sésame

1 cuil. à soupe de jus de citron

2 cuil. à café de moutarde en grains

1 Laver et essorer soigneusement les épinards et la salade. Les couper dans un saladier.

2 Peler les avocats et les détailler en fines tranches. Les étaler sur les feuilles de salade. Chauffer 1 cuil. à soupe d'huile dans une petite casserole et faire dorer légèrement les graines de sésame à feu doux. Retirer du feu immédiatement et les laisser refroidir un peu.

3 Ajouter le jus de citron, le reste d'huile et la moutarde dans la casserole; bien remuer. Pendant qu'elle est encore chaude, verser la vinaigrette sur la salade et tourner délicatement. Servir immédiatement.

RECETTE RAPIDE : SALADE DE PÂTES
(pour 4 personnes)

Cuire 250 g de pâtes en spirale dans une grande casserole d'eau bouillante salée. Les égoutter et les remettre dans la casserole. Verser un peu d'huile d'olive pour les empêcher de coller, 4 cuil. à soupe de pesto et mélanger. Laisser refroidir dans un saladier, ajouter 150 g de tomates cerises coupées en quatre et 75 g d'olives noires hachées.

SALADE DE SOJA ET DE POIRES À LA SAUCE AU SÉSAME

Préparation : 30 min
Pas de cuisson
Pour 6 personnes

250 g de pousses de pois mange-tout

250 g de pousses de soja fraîches

30 g de ciboulette hachée

100 g de pois mange-tout

1 branche de céleri

2 poires mûres mais fermes

Brins de coriandre fraîche

Graines de sésame pour la garniture

Sauce au sésame

2 cuil. à soupe de sauce de soja

1 cuil. à café d'huile de sésame

1 cuil. à soupe de sucre roux

2 cuil. à soupe d'huile d'arachide

1 cuil. à soupe de vinaigre de riz

1 Laver et égoutter les pousses de pois mange-tout. Retirer l'extrémité brune des pousses de soja. Couper la ciboulette en tronçons de 4 cm. Couper les pois et le céleri en fins bâtonnets. Peler et épépiner les poires. Les détailler en bâtonnets plus épais. Les mettre dans un saladier et couvrir d'eau pour les empêcher de brunir.

2 Sauce au sésame : dans un bocal, réunir tous les ingrédients et secouer vigoureusement.

3 Égoutter les poires. Mettre tous les ingrédients de la salade et les brins de coriandre dans un grand saladier. Verser la sauce et tourner délicatement. Saupoudrer de graines de sésame et servir immédiatement.

SALADE DE CRESSON

Préparation : 35 min
Pas de cuisson
Pour 4 à 6 personnes

500 g de cresson

3 branches de céleri

1 concombre

3 oranges moyennes

1 oignon rouge finement émincé et séparé
  en anneaux

35 g de ciboulette fraîche hachée

60 g de noix ou noix de pécan hachées

Sauce

60 ml d'huile d'olive

60 ml de jus de citron

2 cuil. à café de zeste d'orange râpé

1 cuil. à café de moutarde en grains

Sel et poivre noir fraîchement moulu

1 cuil. à soupe de miel

1 Salade : laver et égoutter les légumes. Couper le cresson en petits brins et éliminer les tiges épaisses. Émincer finement le céleri. Peler, parta-ger en deux et épépiner le concombre : l'émin-cer finement. Peler les oranges, ôter la peau blanche et couper les segments entre les mem-branes. Réfrigérer jusqu'au moment voulu.

2 Sauce : dans un bocal, mélanger vigoureuse-ment l'huile, le jus de citron, le zeste d'orange, la moutarde, le sel, le poivre et le miel.

3 Mettre tous les ingrédients de la salade, sauf les noix, dans un grand saladier. Verser la sauce et garnir de noix.

CRESSON

Lorsque vous achetez du cresson, sachez que plus les feuilles sont grandes et foncées, meilleures elles sont. Le cresson se conservera mieux s'il est entièrement recouvert d'eau et mis au réfrigéra-teur. Les brins de cresson décorent très joliment les salades vertes, et son goût poivré ajoute un peu de piquant. Il constitue égale-ment une excellente garni-ture pour les soupes froides.

CI-DESSUS : Salade de soja et de poires à la sauce au sésame
CI-CONTRE : Salade de cresson

OLIVES
Rondes ou oblongues, charnues ou fripées, noires, vertes ou brunes, marinées aux piments et aux fines herbes, réduites en tapenade ou tout simplement nature, les olives sont un concentré de saveurs méditerranéennes.

OLIVES MARINÉES AU CITRON ET À L'AIL

Rincer et égoutter 500 g d'olives de Kalamata en saumure. Effectuer une petite incision sur le côté de chaque olive afin de laisser la marinade pénétrer. Mettre les olives dans un bocal avec du zeste de citron, 3 gousses d'ail finement émincées, 1 cuil. à soupe de graines de coriandre et 2 feuilles de laurier. Verser 60 ml de vinaigre balsamique et recouvrir les olives d'huile d'olive extra-vierge. Fermer le bocal et l'entreposer à l'abri de la chaleur et de la lumière pendant 1 semaine. Servir les olives au milieu d'un plat d'antipasti.

PETITES OLIVES PIMENTÉES AUX HERBES

Rincer et égoutter 500 g d'olives niçoises en saumure. Les mettre dans un bocal avec 4 petits piments rouges coupés en deux, quelques fines rondelles de citron vert, 1 cuil. à café de piment en flocons, 2 gousses d'ail finement émincées et

quelques brins de votre herbe aromatique préférée. Dans un bol, mélanger 2 cuil. à soupe de jus de citron vert, 2 cuil. à soupe de vinaigre à l'estragon, 250 ml d'huile d'olive extravierge et quelques grains de poivre écrasés ; verser sur les olives. Ajouter de l'huile si nécessaire. Fermer et laisser mariner 1 semaine, à l'abri de la lumière et de la chaleur.

TAPENADE D'OLIVES ET DE TOMATES

Mixer 150 g d'olives niçoises marinées et grossièrement hachées. Ajouter 2 oignons nouveaux finement hachés, 60 g de câpres, 60 g de tomates séchées hachées et 60 g de poivrons séchés hachés. Mixer 10 s, jusqu'à ce que les ingrédients soient grossièrement hachés. Transférer dans un

bol, incorporer 2 tomates olivettes coupées en petits dés, 1 cuil. à soupe de persil frais haché et 1 cuil. à soupe d'huile d'olive. Saler et poivrer.

SALSA AUX OLIVES

Dans un saladier, mettre 250 g d'olives vertes marinées hachées et 90 g d'olives noires marinées hachées. Ajouter 1 oignon rouge et 1 poivron jaune finement hachés, 4 tomates olivettes coupées en petits dés et 3 cuil. à soupe de basilic frais haché ; bien remuer. Dans un bol, battre 1 gousse d'ail écrasée, 2 petits piments rouges finement hachés, 1 cuil. à soupe de jus d'orange et de jus de citron, et 60 ml d'huile d'olive. Verser sur le mélange aux olives ; couvrir et réfrigérer. Servir à température ambiante.

BRUSCHETTA AUX OLIVES, BOCCONCINI ET TOMATES

Couper un pain cuit au feu de bois en tranches de 1 cm, les badigeonner légèrement d'huile d'olive et les faire griller sur les deux faces. Garnir d'une épaisse rondelle de tomate olivette, de fines tranches de bocconcini, d'une tranche de cornichon, d'une feuille de basilic et de quelques olives noires marinées hachées. Saler, arroser d'huile d'olive et saupoudrer de poivre noir concassé.

À PARTIR D'EN HAUT, À GAUCHE : Bruschetta aux olives, bocconcini et tomates, Salsa aux olives, Petites Olives pimentées aux herbes, Tapenade d'olives et de tomates, Olives marinées au citron et à l'ail

179

PRÉPARER
LES POIS MANGE-TOUT

1 Retirer les fils à chaque
bout des mange-tout, puis
les équeuter.

2 Tirer le bout équeuté vers
vous pour ôter le fil latéral.

POIS MANGE-TOUT

Les pois mange-tout, ou
pois gourmands, sont récol-
tés avant la maturité des
pois. Lorsque vous en achetez, choisissez-les petits;
quand les pois sont déjà
formés, la gousse est généralement dure et pleine de
fils. Comme les autres
variétés de pois et de haricots, les mange-tout transforment leur sucre en amidon dès qu'ils sont
ramassés. Leur goût étant
ainsi légèrement altéré, il
est conseillé de les consommer le plus vite possible
après l'achat.

*CI-DESSUS : Salade
de pois mange-tout*

SALADE
DE POIS MANGE-TOUT

Préparation : 25 min
Cuisson : 5 min
Pour 4 à 6 personnes

☆

4 feuilles de chêne

5 feuilles de frisée

250 g de tomates cerises

200 g de pois mange-tout, coupés en diagonale

1 gros poivron rouge émincé

60 g de cresson

Parmesan pour la garniture

Croûtons à l'ail

3 tranches de pain blanc

60 ml d'huile d'olive

1 gousse d'ail écrasée

Sauce

2 cuil. à soupe d'huile d'olive

1 cuil. à soupe de mayonnaise

1 cuil. à soupe de crème fraîche

2 cuil. à soupe de jus de citron

1 cuil. à café de sucre roux

Sel et poivre noir concassé

1 Laver les salades et les tomates. Dans un saladier, réunir les mange-tout, le poivron, le cresson, la salade et les tomates.

2 **Croûtons à l'ail** : retirer la croûte du pain et
couper la mie en cubes de 1 cm. Chauffer l'huile
dans une petite poêle à fond épais et mettre l'ail
écrasé. Faire dorer les cubes de pain. Retirer du
feu et les égoutter sur du papier absorbant.

3 **Sauce** : battre tous les ingrédients dans un bol
pendant 2 min. Verser la sauce sur la salade juste
avant de servir, et tourner. Garnir de croûtons à
l'ail et de fins copeaux de parmesan.

REMARQUE : les copeaux de parmesan s'obtiennent avec un épluche-légumes.

**RECETTE RAPIDE :
SALADE D'ÉPINARDS**
(pour 2 à 4 personnes)

DANS UNE TERRINE, mélanger 2 cuil. à
soupe d'huile d'olive, 1 gousse d'ail écrasée,
2 cuil. à café de vinaigre de vin blanc, du sel
et un peu de poivre noir. Ajouter 100 g de
champignons émincés et remuer. Dans un
saladier, mettre 300 g de feuilles de jeunes
épinards. Mélanger les champignons, la sauce
et 2 œufs durs émincés. Émietter 100 g de
feta en guise de garniture.

POIRES AU BRIE ET AUX NOIX DE PÉCAN

Préparation : 15 min
Pas de cuisson
Pour 4 personnes

★

200 g de brie à température ambiante

3 poires moyennes

1 laitue

4 cuil. à soupe de noix de pécan finement hachées

Vinaigrette

3 cuil. à soupe d'huile

1 cuil. à soupe de vinaigre à l'estragon

Sel et poivre

1 Couper le brie en petits morceaux. Couper les poires en quatre, sans les peler ; retirer le cœur et les émincer finement. Laver et essorer la laitue, puis disposer les feuilles sur les assiettes individuelles. Garnir de brie et de poires.

2 Vinaigrette : secouer énergiquement l'huile, le vinaigre, le sel et le poivre dans un bocal. Verser sur la salade et saupoudrer de noix de pécan. Servir immédiatement.

REMARQUE : on peut remplacer le brie par du camembert. Quel que soit le fromage utilisé, il doit être bien fait et servi à température ambiante.

SALADE CHAUDE AUX HARICOTS

Préparation : 10 min
Cuisson : 8 min
Pour 4 personnes

★

2 cuil. à soupe d'huile d'olive

1 oignon moyen finement haché

1 gousse d'ail écrasée

1 petit poivron rouge détaillé en fines lanières

90 g de haricots verts

60 g de champignons de Paris émincés

1 cuil. à soupe de vinaigre balsamique

Sel

440 g de haricots secs variés en boîte

Persil frais haché pour la garniture

1 Chauffer la moitié de l'huile dans une casserole. Faire revenir l'oignon 2 min à feu moyen. Ajouter l'ail, le poivron, les haricots verts, les champignons, le vinaigre et le sel. Prolonger la cuisson de 5 min, en remuant.

2 Ajouter les haricots rincés et égouttés aux légumes avec le reste d'huile et remuer pour bien les réchauffer. Saupoudrer de persil.

BRIE
C'est à l'occasion du congrès de Vienne en 1815, après la bataille de Waterloo, que le brie fut déclaré «le roi des fromages». Depuis lors, sa réputation ne s'est jamais ternie. Lorsque le brie est parfaitement fait, il doit couler très légèrement à température ambiante. Son goût riche et chaleureux est bien meilleur dans le fromage entier plutôt que dans une part préemballée.

*CI-CONTRE : Poires au brie et aux noix de pécan
CI-DESSUS : Salade chaude aux haricots*

181

SALADE DE CHICORÉE AU BLEU

Préparation : 15 min
Cuisson : 5 min
Pour 6 personnes

3 tranches de pain
3 cuil. à soupe d'huile
30 g de beurre
1 chicorée frisée
125 g de bleu
2 cuil. à soupe d'huile d'olive
3 cuil. à café de vinaigre de vin blanc
2 cuil. à soupe de ciboulette fraîche hachée
Sel et poivre

1 Croûtons : retirer la croûte du pain et couper la mie en petits cubes. Chauffer l'huile et le beurre dans une poêle et faire dorer le pain 3 min en remuant. Égoutter sur du papier absorbant.
2 Laver et essorer la chicorée. Mettre les feuilles dans un saladier et émietter le fromage dessus.
3 Dans un bocal, mettre l'huile d'olive, le vinaigre, le sel et le poivre et bien secouer. En arroser la salade, parsemer de ciboulette et de croûtons et remuer. Servir immédiatement.

SALADE AU CHOU ROUGE

Préparation : 15 min
Pas de cuisson
Pour 6 personnes

150 g de chou rouge finement émincé
125 g de chou vert finement émincé
2 oignons nouveaux finement émincés
3 cuil. à soupe d'huile d'olive
2 cuil. à café de vinaigre de vin blanc
1/2 cuil. à café de moutarde
1 cuil. à café de graines de carvi
Sel et poivre

1 Mettre les choux et les oignons dans un saladier.
2 Mélanger énergiquement l'huile, le vinaigre, la moutarde, le carvi, le sel et le poivre dans un bocal.
3 Verser la sauce sur la salade, remuer délicatement et servir immédiatement.

SALADE DE HARICOTS VERTS

Préparation : 15 min
Cuisson : 15 min
Pour 4 personnes

300 g de haricots verts équeutés
1 cuil. à soupe d'huile d'olive
2 cuil. à café de jus de citron
1 cuil. à soupe de pignons
80 ml de jus de tomate
1 gousse d'ail écrasée
Quelques gouttes de Tabasco

1 Faire cuire les haricots verts 1 min dans une casserole d'eau bouillante salée. Les plonger dans l'eau glacée ; bien égoutter. Les mélanger avec l'huile, le jus de citron. Préchauffer le four à 180 °C. Étaler les pignons sur une plaque de four garnie de papier aluminium et les enfourner 5 min.
2 Dans une casserole, mélanger le jus de tomate, l'ail et le Tabasco. Porter à ébullition et laisser mijoter 8 min à feu doux, à découvert, jusqu'à ce que la sauce ait réduit de moitié. Laisser refroidir. Disposer les haricots sur un plat de service ; les arroser de sauce tomate et parsemer de pignons.

SALADE D'ÉPINARDS AUX NOIX

Préparation : 15 min
Cuisson : 2 min
Pour 4 personnes

30 feuilles de jeunes épinards (environ 90 g)
250 g de jeunes haricots verts hachés
1/2 oignon moyen finement émincé
90 g de yaourt nature
1 cuil. à soupe de jus de citron
1 cuil. à soupe de menthe fraîche hachée
4 cuil. à soupe de noix concassées et grillées
Tortillons de poivron rouge pour garnir

1 Rincer les épinards à l'eau froide. Couvrir les haricots d'eau bouillante salée et laisser reposer 2 min. Égoutter. Essuyer les légumes.
2 Disposer les épinards, les haricots et l'oignon. Mélanger le yaourt, le jus de citron et la menthe. Verser sur la salade, parsemer de noix et garnir de poivron.

BLEU
Les fromages bleus sont apparus par accident, mais les moisissures qui donnent au fromage cet aspect persillé ont été identifiées et isolées ; la plupart des pays producteurs de fromages fabriquent désormais plusieurs variétés de bleus. Le bleu peut varier du jaune au blanc pur, mais les moisissures doivent être présentes partout. Un bleu ne doit jamais être brun ni présenter d'auréoles.

PAGE CI-CONTRE, DE HAUT EN BAS :
Salade de haricots verts,
Salade au chou rouge,
Salade de chicorée au bleu

1 Hacher la tomate et couper le concombre en rondelles. Émincer les radis et l'oignon, et couper la feta en petits cubes.

2 Disposer la tomate, le concombre, les radis, l'oignon, la feta et les olives sur un lit de lollo rossa ou autre salade. Arroser du mélange de jus de citron, d'huile d'olive et d'origan. Saler.

CHOU À L'OIGNON FRIT

Préparation : 20 min
Pas de cuisson
Pour 4 à 6 personnes

1/2 chou chinois ou chou frisé de Milan

40 g d'oignon frit

30 g d'ail frit

1/2 poivron rouge coupé en très fines lanières

3 cuil. à soupe de menthe fraîche hachée

80 ml de lait de coco

1 cuil. à soupe de sauce de poisson (facultatif)

1 cuil. à café de sucre roux

2 piments rouges frais finement émincés

Quartiers de citron vert pour la garniture

1 Hacher finement le chou. Le mettre dans un saladier et le parsemer d'oignon et d'ail frits, de poivron rouge et de menthe.

2 Dans un bol, réunir le lait de coco, la sauce de poisson et le sucre roux ; bien mélanger. Verser la sauce sur la salade et garnir de piment et de quartiers de citron.

REMARQUE : l'oignon et l'ail frits se trouvent en bocaux dans les magasins de produits asiatiques. Ils s'utilisent très fréquemment dans la cuisine thaïlandaise pour garnir les salades, les potages et les plats de nouilles. On peut les préparer soi-même : émincer finement de l'oignon et de l'ail pelés, les faire cuire dans l'huile à feu doux, en remuant régulièrement, jusqu'à ce qu'ils soient bien dorés ; égoutter et laisser refroidir avant de saler. À préparer juste avant de servir.

SALADE GRECQUE

Préparation : 15 min
Pas de cuisson
Pour 4 personnes

1 grosse tomate

1 concombre libanais de taille moyenne

2 radis

1 petit oignon

100 g de feta

50 g d'olives noires dénoyautées

1 salade lollo rossa ou autre

2 cuil. à soupe de jus de citron

3 cuil. à soupe d'huile d'olive

1/2 cuil. à café d'origan séché

CI-DESSUS :
Salade grecque

SALADE AUX DEUX RIZ

Préparation : 20 min
Cuisson : 40 min
Pour 6 personnes

100 g de riz sauvage

200 g de riz complet

1 oignon rouge moyen

1 petit poivron rouge

2 branches de céleri

2 cuil. à soupe de persil frais haché

4 cuil. à soupe de noix de pécan concassées

Sauce

60 ml de jus d'orange

60 ml de jus de citron

1 cuil. à café de zeste d'orange finement râpé

1 cuil. à café de zeste de citron finement râpé

80 ml d'huile d'olive

Sel

1 Cuire le riz sauvage 30 à 40 min dans une casserole d'eau bouillante salée. Bien égoutter et laisser refroidir complètement. Cuire le riz complet 25 à 30 min : égoutter et laisser refroidir.
2 Hacher finement l'oignon et le poivron. Couper le céleri en fines lanières. Mélanger le riz et les légumes avec le persil dans un saladier. Mettre les noix de pécan dans une poêle sans matières grasses et remuer à feu moyen pendant

2 à 3 min, jusqu'à ce qu'elles soient légèrement grillées. Les laisser refroidir dans une assiette.
3 Sauce : mélanger les jus et les zestes d'orange et de citron avec l'huile d'olive et le sel dans un bocal ; bien secouer.
4 Verser la sauce sur la salade et remuer délicatement. Ajouter les noix de pécan et mélanger. Servir avec de la pitta ou un autre pain oriental.

COLESLAW (SALADE DE CHOU)

Préparation : 25 min
Pas de cuisson
Pour 4 personnes

150 g de chou vert

150 g de chou rouge

2 carottes moyennes

3 oignons nouveaux

60 g de mayonnaise

1 cuil. à soupe de vinaigre de vin blanc

1/2 cuil. à café de moutarde

Sel et poivre

1 Hacher finement les choux, râper les carottes et émincer les petits oignons. Mélanger le tout dans un saladier.
2 Battre la mayonnaise avec le vinaigre et la moutarde, saler et poivrer. Bien remuer.

RIZ SAUVAGE

En dépit de son nom, le riz sauvage n'est pas un riz mais la graine d'une plante aquatique originaire d'Amérique du Nord, et cultivée autrefois par les Indiens d'Amérique. Il en existe une variété un peu différente en Asie. Le véritable riz sauvage est difficile à trouver et donc souvent très cher, mais son goût est unique. Les variétés cultivées pour le commerce sont moins savoureuses, mais également moins onéreuses. Veillez à ne pas trop le faire cuire, ce qui lui enlèverait de son goût.

CI-DESSUS : Salade aux deux riz

CACAHUÈTES

La cacahuète est originaire d'Amérique du Sud. Contrairement aux idées reçues, il ne s'agit pas d'un fruit oléagineux, mais d'une légumineuse. Crues, les cacahuètes, ou arachides, ont un goût proche du haricot vert. On les enduit généralement d'huile chaude et de sel pour les faire griller à four modéré.

SALADE PIMENTÉE DE CONCOMBRE AUX CACAHUÈTES

Préparation : 25 min + 45 min de marinade
Pas de cuisson
Pour 4 à 6 personnes

3 concombres moyens

1 cuil. à soupe de vinaigre de vin blanc

2 cuil. à café de sucre blanc

1 à 2 cuil. à soupe de sauce au piment doux

12 petites échalotes hachées

15 g de feuilles de coriandre fraîches

Sel

185 g de cacahuètes grillées, concassées

2 cuil. à soupe d'ail frit

1 cuil. à soupe de sauce de poisson (facultatif)

1 Peler le concombre, le couper en deux dans le sens de la longueur, ôter les graines et émincer finement la chair.
2 Dans un bol, mélanger le vinaigre et le sucre jusqu'à ce que le sucre soit dissous. Mettre la sauce dans un saladier et ajouter le concombre, la sauce au piment, les échalotes et la coriandre. Saler. Laisser mariner 45 min.
3 Juste avant de servir, parsemer de cacahuètes, d'ail frit et de sauce de poisson.

CI-DESSUS : Salade pimentée de concombre aux cacahuètes

REMARQUE : on peut remplacer les échalotes par de l'oignon rouge.

SALADE DE POMMES DE TERRE AUX HERBES

Préparation : 15 min
Cuisson : 10 à 15 min
Pour 4 personnes

650 g de pommes de terre Roseval

1 oignon rouge

1 cuil. à soupe de menthe fraîche hachée

1 cuil. à soupe de persil frais haché

1 cuil. à soupe de ciboulette fraîche hachée

4 cuil. à soupe de mayonnaise

4 cuil. à soupe de yaourt nature

1 Nettoyer les pommes de terre (sans les peler) et les couper en cubes. Les cuire dans une grande casserole d'eau bouillante salée ; égoutter et laisser refroidir complètement. Ciseler l'oignon.
2 Mettre les pommes de terre, l'oignon et les herbes dans un saladier. Mélanger la mayonnaise et le yaourt, verser sur la salade en remuant très délicatement. Servir à température ambiante.
REMARQUE : pour un meilleur résultat, utiliser de la mayonnaise faite à la maison.

SALADE DE POIS CHICHES AUX OLIVES

Préparation : 1 nuit de trempage + 20 min
Cuisson : 25 min
Pour 6 personnes

330 g de pois chiches secs

1 petit concombre libanais

2 tomates moyennes

1 petit oignon rouge

3 cuil. à soupe de persil frais haché

60 g d'olives noires dénoyautées

1 cuil. à soupe de jus de citron

3 cuil. à soupe d'huile d'olive

1 gousse d'ail écrasée

1 cuil. à café de miel

Sel

1 Faire tremper les pois chiches dans l'eau froide pendant toute la nuit. Les égoutter, les mettre dans une casserole, couvrir d'eau salée et faire cuire 25 min, jusqu'à ce qu'ils soient juste tendres. Égoutter et laisser refroidir.
2 Couper le concombre en deux dans le sens de la longueur. Ôter les graines et couper en tranches de 1 cm. Couper les tomates en cubes et hacher finement l'oignon. Mélanger les pois chiches, le concombre, les tomates, l'oignon, le persil et les olives dans un saladier.
3 Secouer vigoureusement le jus de citron, l'huile, l'ail, le miel et le sel dans un bocal. Verser la sauce sur la salade et remuer légèrement. Servir à température ambiante.

SALADE DE TOFU

Préparation : 20 min + 1 h de marinade
Pas de cuisson
Pour 4 personnes

2 cuil. à soupe de sauce thaïlandaise au piment doux

1/2 cuil. à café de gingembre frais râpé

1 gousse d'ail écrasée

2 cuil. à café de sauce de soja

2 cuil. à soupe d'huile

Sel

250 g de tofu ferme

100 g de pois mange-tout, coupés en tronçons de 3 cm

2 petites carottes coupées en julienne

100 g de chou rouge finement émincé

2 cuil. à soupe de cacahuètes concassées

1 Dans un bocal, secouer énergiquement la sauce au piment, le gingembre, l'ail, la sauce de soja, l'huile et le sel. Couper le tofu en dés de 2 cm et les mettre dans un saladier. Verser la marinade dessus et remuer. Couvrir de film plastique et réfrigérer 1 h.
2 Mettre les pois mange-tout dans une petite casserole, les couvrir d'eau bouillante salée. Laisser reposer 1 min, égoutter et plonger les pois dans de l'eau glacée. Bien égoutter.
3 Ajouter les mange-tout, les carottes et le chou au tofu et remuer délicatement. Transférer dans un saladier ou dans les assiettes individuelles et saupoudrer de cacahuètes. Servir immédiatement.

CI-DESSOUS :
Salade de pois chiches aux olives (en haut),
Salade de tofu (en bas)

1 Préchauffer le four à 180 °C. Badigeonner d'huile le pain lavash et le saupoudrer légèrement de paprika. Le couper en deux dans le sens de la longueur, puis en 16 dans le sens de la largeur. Disposer le pain sur une plaque de four et enfourner 5 min pour le faire dorer.

2 Laver et essorer la salade. Mélanger le fromage avec la ciboulette. Disposer les divers ingrédients dans les assiettes individuelles, avec 4 morceaux de pain lavash sur le côté. Servir immédiatement.

REMARQUE : le lavash est un pain plat rectangulaire. On le trouve dans certains supermarchés.

SALADE DE NACHOS

Préparation : 20 min
Pas de cuisson
Pour 4 personnes

440 g de haricots rouges en boîte

1 grosse tomate coupée en dés

125 g de salsa douce en bocal

280 g de chips de maïs nature

8 feuilles de laitue ciselées

1 petit avocat émincé

20 g de gruyère râpé

1 Rincer les haricots à l'eau froide. Bien égoutter et les mélanger avec la tomate et la salsa.

2 Disposer un lit de chips de maïs sur chaque assiette et garnir de laitue, de mélange aux haricots et d'avocat. Saupoudrer de fromage avant de servir.

COTTAGE CHEESE

Le *cottage cheese* est un fromage frais américain produit à partir de la caillebotte du lait écrémé. Il est pauvre en matières grasses. Le *cottage cheese* accompagne parfaitement les salades de fruits et entre dans la composition de certains plats.

CI-DESSUS, DE HAUT EN BAS : Salade de penne aux tomates séchées, Salade de nachos, Salade au cottage cheese

SALADE AU COTTAGE CHEESE

Préparation : 20 min
Cuisson : 5 min
Pour 4 personnes

1 rectangle de pain lavash

2 cuil. à café d'huile de colza

Paprika doux, à saupoudrer

16 feuilles de chêne

2 cuil. à soupe de ciboulette fraîche

500 g de cottage cheese

200 g de raisin noir

1 carotte moyenne

3 cuil. à soupe de germes de luzerne

SALADE DE PENNE AUX TOMATES SÉCHÉES

Préparation : 20 min
Cuisson : 10 min
Pour 6 personnes

500 g de penne

3 cuil. à soupe d'huile d'olive

150 g de tomates séchées, égouttées

25 g de basilic frais

70 g d'olives noires dénoyautées et coupées en deux

2 cuil. à café de vinaigre de vin blanc

1 gousse d'ail coupée en deux

60 g de parmesan en copeaux

1 Cuire les pâtes dans une grande casserole d'eau bouillante salée. Égoutter et rincer à l'eau froide. Égoutter de nouveau. Les mettre dans un saladier et les arroser de 1 cuil. à soupe d'huile pour les empêcher de coller.

2 Émincer finement les tomates séchées. Mélanger le basilic, les tomates et les olives avec les pâtes.

3 Dans un bocal, mélanger le reste d'huile, le vinaigre et l'ail ; bien secouer. Laisser reposer 5 min et éliminer l'ail. Agiter de nouveau la sauce et la verser sur la salade. Remuer délicatement. Garnir de copeaux de parmesan et servir.

SALADE AUX AGRUMES ET AUX NOIX

Préparation : 20 min
Pas de cuisson
Pour 8 personnes

2 oranges

2 pamplemousses

125 g de pois mange-tout

75 g de roquette

1/2 salade feuille de chêne

1 gros concombre libanais émincé

40 g de cerneaux de noix

Vinaigrette aux noix

2 cuil. à soupe d'huile de noix

2 cuil. à soupe d'huile

2 cuil. à café de vinaigre à l'estragon

2 cuil. à café de moutarde en grains

1 cuil. à café de sauce au piment doux

Sel

1 Peler les oranges et les pamplemousses et ôter la peau blanche. Couper les fruits en segments entre les membranes et ôter les pépins. Couvrir les mange-tout d'eau bouillante et les laisser reposer 2 min avant de les plonger dans de l'eau glacée. Égoutter et essuyer dans du papier absorbant. Mélanger les fruits, les mange-tout, les salades, le concombre et les noix dans un saladier.

2 Vinaigrette aux noix : mélanger tous les ingrédients dans un bocal et secouer vigoureusement.

3 Verser la sauce sur la salade et bien remuer.

SALADE DE POMMES DE TERRE ÉPICÉE

Préparation : 15 min
Cuisson : 20 min
Pour 6 personnes

500 g de petites pommes de terre nouvelles, coupées en deux

250 g de haricots verts équeutées et coupés en deux en diagonale

Sauce

60 ml d'huile d'olive

2 piments rouges épépinés et émincés

1 gousse d'ail écrasée

15 g de coriandre fraîche hachée

1 cuil. à soupe de vinaigre de vin rouge

1/2 cuil. à café de graines de carvi

1 Cuire les pommes de terre dans une grande casserole d'eau salée frémissante pendant 20 min. Égoutter et réserver. Blanchir les haricots 2 min dans l'eau bouillante salée, jusqu'à ce qu'ils soient vert vif. Égoutter et réserver.

2 Sauce : battre tous les ingrédients dans un bol pendant 2 min. Verser la sauce sur les pommes de terre et les haricots, servir immédiatement.

GRAINES DE CARVI

Les graines de carvi *(Carum carvi)* sont réputées pour leurs propriétés digestives ainsi que leur haute teneur en sels minéraux et protéines. La mastication de graines de carvi aide à éliminer l'odeur d'ail et stimule l'appétit. Employées le plus fréquemment dans les pains de seigle, les graines de carvi sont également présentes dans les pains aux céréales. Un petit bol de graines de carvi accompagne très bien les fromages forts comme le munster et le livarot.

CI-DESSUS : Salade aux agrumes et aux noix

GARNITURES DE LÉGUMES

Les garnitures bien préparées ajoutent une note de qualité à vos plats de résistance. Parmi les innombrables variétés de légumes, parmi les centaines de couleurs, de formes et de saveurs, le seul problème est de savoir lesquels choisir !

GHEE

Le ghee est un corps gras utilisé dans la cuisine indienne et dans maints pays arabes, où il prend le nom de *samna*. Son goût fort et doux à la fois est produit en clarifiant le beurre et en éliminant le résidu blanc. On y ajoute souvent des aromates : des graines de cumin, des feuilles de laurier, des clous de girofle et du gingembre en Inde ; de l'origan, du thym et autres fines herbes au Moyen-Orient.

CI-DESSUS : Curry de pommes de terre et de petits pois

CURRY DE POMMES DE TERRE ET DE PETITS POIS

Préparation : 20 min
Cuisson : 35 min
Pour 4 personnes

750 g de pommes de terre pelées

2 cuil. à café de graines de moutarde brune

2 cuil. à soupe de ghee ou d'huile

2 oignons émincés

2 gousses d'ail écrasées

2 cuil. à café de gingembre frais râpé

1 cuil. à café de curcuma

Sel et poivre

1/2 cuil. à café de piment en poudre

1 cuil. à café de cumin moulu

1 cuil. à café de garam massala

125 ml d'eau

110 g de petits pois frais ou surgelés

2 cuil. à soupe de menthe fraîche hachée

1 Couper les pommes de terre en gros cubes. Chauffer les graines de moutarde dans une grande poêle sèche, jusqu'à ce qu'elles commencent à éclater. Ajouter le ghee, les oignons, l'ail et le gingembre ; cuire en remuant jusqu'à ce que les oignons soient tendres. Ajouter le curcuma, le sel, le poivre, le piment, le cumin, le garam massala et les pommes de terre. Bien remuer pour enduire les pommes de terre.

2 Verser l'eau et laisser mijoter 15 à 20 min à couvert, jusqu'à ce que les pommes de terre soient cuites. Ajouter les petits pois et remuer ; laisser mijoter 3 à 5 min à couvert, jusqu'à ce que le jus de cuisson soit absorbé. Incorporer la menthe et servir chaud ou tiède.

ROSTI

Préparation : 10 min + temps de réfrigération
Cuisson : 45 min
Pour 4 personnes

6 pommes de terre moyennes

Sel et poivre noir fraîchement moulu

60 g de beurre

1 Cuire les pommes de terre à l'eau bouillante salée. Égoutter, laisser refroidir et peler. Couvrir et réfrigérer toute la nuit. Râper les pommes de terre, saler et poivrer.

2 Chauffer la moitié du beurre dans une poêle à fond épais ; lorsqu'il commence à grésiller, ajouter les pommes de terre et tasser pour former une fine galette régulière. Cuire 15 à 20 min à feu moyen puis doux, jusqu'à ce que les pommes de terre soient dorées en dessous (veillez à ne pas les laisser brûler). Secouer la

poêle pour les empêcher d'adhérer. Renverser le rosti sur une grande assiette.

3 Chauffer le reste de beurre dans la poêle, faire glisser le rosti sur le côté non cuit et cuire 15 à 20 min jusqu'à ce qu'il soit doré. Servir immédiatement, coupé en parts et accompagné d'une salade verte.

AUBERGINES À LA SAUCE TOMATE ET AUX HERBES

Préparation : 30 min
Cuisson : 40 min
Pour 4 personnes

6 à 8 aubergines fines

Huile d'olive pour la friture + 2 cuil. à soupe

2 gousses d'ail écrasées

1 oignon haché

1 poivron rouge épépiné et haché

2 tomates mûres, épépinées et hachées

125 ml de bouillon de légumes

1 cuil. à café de thym frais finement haché

1 cuil. à café de marjolaine fraîche finement hachée

2 cuil. à café d'origan frais finement haché

1 cuil. à café de sucre

3 ou 4 cuil. à café de vinaigre de vin blanc

3 cuil. à soupe de petites olives noires

Sel et poivre

Quelques feuilles de basilic hachées

1 Couper les aubergines en deux dans le sens de la longueur. Verser suffisamment d'huile dans une grande poêle pour en couvrir le fond. La chauffer jusqu'à ce qu'elle soit presque fumante. Frire les aubergines à feu moyen, en plusieurs étapes, 2 à 3 min sur chaque face. Retirer de la poêle à l'aide de pincettes et égoutter sur du papier absorbant. Ajouter un peu d'huile si nécessaire pour frire l'autre partie. Couvrir les aubergines et les réserver au chaud.

2 Chauffer 2 cuil. à soupe d'huile dans une casserole et faire revenir l'ail et l'oignon 2 à 3 min à feu moyen. Ajouter le poivron et les tomates et cuire 1 à 2 min en remuant.

3 Verser le bouillon. Porter à ébullition, baisser le feu et laisser mijoter 5 à 10 min, en remuant de temps en temps, jusqu'à réduction et épaississement du jus. Incorporer les herbes, le sucre et le vinaigre. Prolonger la cuisson de 3 à 4 min. Incorporer les olives, saler et poivrer. Servir les aubergines chaudes couvertes de sauce tomate et de basilic.

REMARQUE : la sauce tomate peut se préparer la veille, sans les herbes. Il suffit de rajouter les herbes en réchauffant la sauce, ce qui évitera de lui donner un goût amer.

THYM
Le thym (*Thymus vulgaris*) est l'une des principales herbes de la cuisine méditerranéenne. Son parfum est meilleur lorsque la plante est en fleur, et même s'il sèche très bien, mieux vaut l'utiliser frais. Lorsque vous achetez du thym séché, assurez-vous que les feuilles ne se réduisent pas en poudre ; cela veut dire qu'elles sont vieilles et peu parfumées. Achetez du thym séché en petites quantités car les feuilles rances peuvent gâcher un plat.

CI-DESSUS : Aubergines à la sauce tomate et aux herbes

FLEURS DE COURGETTE FARCIES

CIBOULETTE

La ciboulette est l'une des quatre fines herbes classiques, les trois autres étant le cerfeuil, le persil et l'estragon. La ciboulette peut être douce ou forte, selon sa taille. Les brins les plus gros ont un goût proche de l'oignon.

Préparation : 35 min
Cuisson : 20 min
Pour 4 personnes

125 g de ricotta
60 g de cheddar ou de mozzarella finement émincée
2 cuil. à soupe de ciboulette fraîche hachée
12 fleurs de courgette
40 g de farine
Sel

Pâte à beignets

125 g de farine
1 œuf légèrement battu
175 ml d'eau glacée
Huile pour friture

Sauce tomate

1 cuil. à soupe d'huile d'olive
1 petit oignon finement haché
1 gousse d'ail écrasée
425 g de tomates en boîte concassées
1/2 cuil. à café d'origan séché

1 Mélanger la ricotta, le fromage et la ciboulette dans un bol.
2 Ouvrir délicatement les fleurs de courgette ; retirer les étamines et remplir les fleurs de mélange au fromage. Refermer les fleurs en torsadant l'extrémité. Les enduire légèrement de farine et ôter l'excédent.
3 Pâte à beignets : mettre la farine dans une terrine et faire un puits au centre ; ajouter l'œuf et l'eau. Battre jusqu'à ce que le liquide soit incorporé et que la pâte soit parfaitement lisse.
4 Chauffer l'huile dans une friteuse jusqu'à ce qu'elle soit modérément chaude. À l'aide de pincettes, tremper chaque fleur dans la pâte puis dans l'huile. Frire jusqu'à ce que la fleur soit légèrement dorée et égoutter sur du papier absorbant. Saler. Servir immédiatement avec de la sauce tomate.
5 Sauce tomate : chauffer l'huile dans une petite casserole et faire revenir l'oignon 3 min à feu moyen. Ajouter l'ail et prolonger la cuisson de 1 min. Ajouter les tomates et l'origan, bien remuer. Saler. Porter à ébullition, baisser le feu et laisser mijoter 10 min. Servir chaud.
REMARQUE : les petites fleurs de courgette sont souvent vendues avec une petite courgette encore attachée. Les plus grandes fleurs en sont généralement dépourvues.

CI-DESSOUS : Fleurs de courgette farcies

LÉGUMES AU FOUR GLACÉS AU GINGEMBRE

Préparation : 25 min
Cuisson : 1 h 10
Pour 4 à 6 personnes

150 g de patates douces
1 pomme de terre moyenne
1 carotte moyenne
1 panais moyen
1 navet moyen
2 cuil. à soupe d'huile d'olive
60 g de beurre
2 cuil. à soupe de sucre en poudre
1 cuil. à soupe de gingembre frais finement râpé
60 ml d'eau

POMMES DE TERRE SAUTÉES AU ROMARIN

Préparation : 15 à 20 min
Cuisson : 35 min
Pour 4 à 6 personnes

750 g de petites pommes de terre nouvelles
30 g de beurre
2 cuil. à soupe d'huile d'olive
Poivre noir
2 gousses d'ail écrasées
1 cuil. à soupe de romarin frais haché
1 cuil. à café de gros sel
1/2 cuil. à café de poivre noir concassé

1 Laver les pommes de terre et les essuyer dans du papier absorbant. Les couper en deux. Les faire cuire à l'eau bouillante salée ou à la vapeur jusqu'à ce qu'elles soient juste tendres. Égoutter et laisser refroidir légèrement.
2 Chauffer le beurre et l'huile dans une poêle à fond épais. Ajouter les pommes de terre et poivrer. Cuire 5 à 10 min à feu moyen, jusqu'à ce qu'elles soient dorées, en les remuant régulièrement.
3 Incorporer l'ail, le romarin et le sel. Prolonger la cuisson de 1 min. Ajouter le poivre concassé et bien remuer. Servir chaud ou tiède.
REMARQUE : cette recette s'accommode également très bien de thym ou de persil.

SEL
Le sel, ou chlorure de sodium, s'utilise depuis la nuit des temps pour conserver et assaisonner les aliments. L'une de ses principales qualités est d'absorber l'eau des aliments. C'est pour cette raison que l'on fait dégorger les aubergines, dont le jus est amer.

CI-DESSUS : Légumes au four glacés au gingembre
CI-DESSOUS : Pommes de terre sautées au romarin

1 Préchauffer le four à 210 °C. Huiler une grande plaque de four.
2 Peler les légumes et les couper en bâtons de 5 cm de long et 1 cm d'épaisseur.
3 Disposer les légumes en une seule couche sur la plaque et les badigeonner d'huile d'olive. Enfourner 1 h, jusqu'à ce qu'ils soient dorés.
4 Faire fondre le beurre dans une petite casserole. Ajouter le sucre et remuer à feu doux jusqu'à ce qu'il soit dissous. Ajouter le gingembre et l'eau et bien remuer. Porter à ébullition, baisser le feu et laisser mijoter 5 min à découvert, jusqu'à réduction et épaississement. Verser le glaçage sur les légumes, bien remuer et remettre la plaque au four pendant 5 min. Servir immédiatement, accompagné de légumes verts vapeur.

RECETTE RAPIDE : ASPERGES SAUTÉES
(pour 2 à 4 personnes)

ÉQUEUTER 150 g de pointes d'asperges vertes (si possible jeunes et fines). Chauffer 1 cuil. à soupe d'huile et 20 g de beurre dans une poêle et faire sauter les asperges 3 à 4 min en remuant fréquemment. Elles deviendront vert vif, puis brunes par endroits. Ajouter 2 cuil. à café de jus de citron en fin de cuisson. Saler. Bien remuer et servir immédiatement.

POIS MANGE-TOUT ET CAROTTES AU BEURRE CITRONNÉ

Préparation : 15 min
Cuisson : 10 min
Pour 4 personnes

125 g de carottes

125 g de pois mange-tout

60 g de beurre

2 gousses d'ail écrasées

1 cuil. à soupe de jus de citron vert (et le zeste d'1 citron vert pour garnir)

1/2 cuil. à café de sucre roux

Sel

1 Peler les carottes et les trancher en fines rondelles diagonales. Laver et équeuter les pois mange-tout. Chauffer le beurre dans une grande poêle à fond épais et faire revenir l'ail 1 min à feu doux. Ajouter le jus de citron vert et le sucre. Remuer jusqu'à ce que le sucre soit dissous.

2 Ajouter les carottes et les mange-tout, saler et les faire cuire 2 à 3 min à feu moyen. Servir chaud, garni de zeste de citron vert.

3 Zeste de citron vert : peler le citron en longues lanières à l'aide d'un épluche-légumes. Retirer la peau blanche et couper en fines lanières avec un couteau tranchant.

REMARQUE : on peut remplacer les pois mange-tout par des cocos plats ou des haricots verts. On peut également ajouter des petites carottes nouvelles, avec une partie de leurs feuilles. Le citron vert peut être remplacé par un citron jaune. Pour faire de ce plat une salade légère, remplacer le beurre par 2 cuil. à soupe

GALETTES DE POMMES DE TERRE ET COMPOTE DE POMMES

Préparation : 20 min
Cuisson : 30 min
Pour 4 personnes

600 g de pommes de terre finement râpées

1 gros oignon finement haché

2 cuil. à café de graines de céleri ou de fenouil

3 cuil. à soupe de farine

2 œufs battus

Sel et poivre noir fraîchement moulu

Huile pour friture

250 g de compote de pommes non sucrée, prête à l'emploi

1 Essorer l'excédent d'eau des pommes de terre. Dans une grande jatte, mélanger les pommes de terre, l'oignon, les graines de céleri (ou fenouil), la farine, les œufs, le sel et le poivre.

2 Chauffer 2 cm d'huile dans une grande poêle à fond épais. Former des galettes avec l'équivalent de 2 cuil. à soupe pleines de préparation, et les faire frire, 2 à la fois, 3 min sur chaque face. Servir immédiatement avec la compote de pommes.

REMARQUE : éliminer l'eau des pommes de terre évite les projections d'huile pendant la cuisson.

PRESSER LES CITRONS VERTS
Pour obtenir le maximum de jus d'un citron vert, passez-le 30 s au micro-ondes (puissance maximale). Cela ramollit le fruit et facilite l'extraction du jus.

CI-DESSUS : Galettes de pommes de terre et compote de pomme
CI-CONTRE : Pois mange-tout et carottes au beurre citronné

d'huile d'olive et suivre les instructions de la recette. Laisser reposer à température ambiante et parsemer de noix de cajou finement concassées ou de pignons grillés.

BOUQUETS D'OIGNONS NOUVEAUX ET DE CÉLERI

Préparation : 20 min
Cuisson : 10 min
Pour 6 personnes

4 branches de céleri

24 oignons nouveaux

30 g de beurre

1 cuil. à café de graines de céleri

1 cuil. à soupe de miel

125 ml de bouillon de légumes

1 cuil. à café de sauce de soja

1 cuil. à café de Maïzena

1 cuil. à café d'eau

Sel

1 Couper le céleri en tronçons de 10 cm, puis en lanières aussi épaisses que les oignons nouveaux. Éliminer la racine des oignons nouveaux et les détailler en tronçons de 10 cm. Réserver l'extrémité verte en guise de liens. Plonger les extrémités vertes 30 s dans l'eau bouillante, jusqu'à ce qu'elles soient vert vif, puis immédiatement après dans de l'eau glacée. Égoutter et essorer dans du papier absorbant.

2 Mélanger les oignons nouveaux et le céleri. Diviser en 6 petits bouquets. Attacher chaque bouquet avec une extrémité verte.

3 Chauffer le beurre dans une poêle et faire revenir les bouquets 1 min à feu vif puis moyen sur chaque face. Retirer de la poêle. Ajouter les graines de céleri et les cuire 30 s. Verser le miel, le bouillon, la sauce de soja et la Maïzena délayée dans l'eau. Saler. Porter à ébullition, baisser le feu sans cesser de remuer. Ajouter les bouquets d'oignons et de céleri et laisser mijoter 7 min. Servir immédiatement avec le jus de cuisson.

REMARQUE : ces bouquets forment une très jolie façon de présenter les légumes. On peut confectionner des bouquets de bâtonnets de carottes, de courgettes, de potiron, d'asperge, de panais ou de tout autre association de légumes requérant le même temps de cuisson.

CURRY DE POMMES DE TERRE AUX GRAINES DE SÉSAME

Préparation : 20 min
Cuisson : 20 min
Pour 4 personnes

4 belles pommes de terre

1 cuil. à soupe d'huile

1 cuil. à café de graines de cumin

1 cuil. à café de graines de coriandre

2 cuil. à café de graines de moutarde

2 cuil. à soupe de graines de sésame

1/2 cuil. à café de curcuma

1 cuil. à café de piment frais haché

2 cuil. à café de zeste de citron finement râpé

2 cuil. à soupe de jus de citron

Sel et poivre

1 Cuire les pommes de terre à l'eau ou au micro-ondes. Laisser refroidir, peler et couper en morceaux. Chauffer l'huile dans une sauteuse, à feu moyen. Faire cuire les graines de cumin, de coriandre et de moutarde 1 min sans cesser de remuer.

2 Ajouter les graines de sésame ; prolonger la cuisson de 1 à 2 min, en remuant jusqu'à ce qu'elles soient dorées. Ajouter le curcuma, le piment, les pommes de terre, le zeste et le jus de citron. Bien remuer. Saler et poivrer.

CI-DESSUS : Curry de pommes de terre aux graines de sésame

COUPER ET PELER
LES AVOCATS

1 Pour partager un avocat en deux, insérez un couteau jusqu'à ce qu'il touche le noyau et couper tout autour. Séparez les deux moitiés en les tournant dans les deux sens.

2 Enfoncez le couteau dans le noyau, tournez et retirez.

3 Ôtez délicatement la peau avec les doigts.

LÉGUMES À LA MEXICAINE

Préparation : 30 min + 2 h de réfrigération
Cuisson : 50 min
Pour 4 à 6 personnes

Polenta

350 ml de bouillon de légumes

250 ml d'eau

150 g de semoule de maïs

50 g de parmesan fraîchement râpé

2 cuil. à soupe d'huile d'olive

Sel

1 gros poivron vert

1 gros poivron rouge

3 tomates moyennes

6 petits pâtissons verts

6 petits pâtissons jaunes

1 épi de maïs frais

1 cuil. à soupe d'huile

1 oignon moyen émincé

1 cuil. à soupe de cumin moulu

1/2 cuil. à café de piment en poudre

2 cuil. à soupe de coriandre fraîche hachée
    (facultatif)

Sel et poivre noir fraîchement moulu

1 Huiler un moule rond et profond, de 20 cm de diamètre environ.

2 Polenta : verser le bouillon et l'eau dans une casserole et porter à ébullition. Saler. Ajouter la semoule et remuer constamment pendant 10 min, jusqu'à ce qu'elle soit très épaisse. Retirer du feu et incorporer le parmesan. Étaler la polenta dans le moule et égaliser la surface. Réfrigérer 2 h. Retirer du moule, couper en 6 parts. Badigeonner une face d'huile d'olive et passer au gril préchauffé pendant 5 min, jusqu'à ce que la polenta soit dorée. Faire dorer l'autre face.

3 Couper les poivrons en petits dés. Hacher les tomates, couper les pâtissons en quatre et couper l'épi de maïs en tranches de 2 cm, puis en quatre.

4 Chauffer l'huile dans une grande sauteuse et faire revenir l'oignon 5 min à feu moyen. Incorporer le cumin et le piment ; prolonger la cuisson de 1 min. Ajouter les légumes, porter à ébullition et baisser le feu. Laisser mijoter 30 min à feu doux et à découvert, jusqu'à ce que les légumes soient tendres (remuer de temps en temps). Incorporer la coriandre, saler et poivrer. Servir avec les parts de polenta.

REMARQUE : les légumes peuvent se préparer la veille, de même que la polenta. Il suffit de la griller juste avant de servir. On peut ajouter un peu d'ail écrasé à l'huile d'olive avant d'en badigeonner la polenta.

*CI-DESSUS : Légumes
à la mexicaine*

POTIRON AU PIMENT ET À L'AVOCAT

Préparation : 20 min
Cuisson : 10 min
Pour 6 personnes

750 g de potiron

2 cuil. à soupe d'huile d'olive

1 cuil. à soupe de coriandre fraîche hachée

1 cuil. à soupe de menthe fraîche hachée

2 cuil. à café de sauce au piment doux

1 petit oignon rouge finement haché

2 cuil. à café de vinaigre balsamique

1 cuil. à café de sucre roux

Sel

1 gros avocat

1 Éliminer les graines à l'intérieur du potiron. Couper la chair en tranches et retirer la peau. Le cuire dans une grande casserole d'eau salée frémissante jusqu'à ce qu'il soit tendre, mais encore ferme. Bien égoutter.

2 Dans un bol, mélanger l'huile, la coriandre, la menthe, la sauce au piment, l'oignon, le vinaigre, le sucre et le sel. Partager l'avocat en deux, le peler et couper la chair en fines tranches.

3 Réunir le potiron chaud et l'avocat dans le plat de service. Verser la sauce pimentée et remuer délicatement. Servir immédiatement.

REMARQUE : ce plat doit être préparé juste avant de servir. La sauce peut se faire quelques heures à l'avance. La couvrir et la conserver au réfrigérateur. Pour un goût plus relevé, l'additionner d'un petit piment rouge frais haché.

CURRY DE LÉGUMES

Préparation : 25 min
Cuisson : 20 à 25 min
Pour 4 à 6 personnes

1 cuil. à soupe de graines de moutarde brune

2 cuil. à soupe de ghee ou d'huile

2 oignons hachés

4 cuil. à soupe de pâte de curry douce

400 g de tomates en boîte

125 g de yaourt

250 ml de lait de coco

2 carottes émincées

200 g de chou-fleur en bouquets

2 aubergines fines émincées

200 g de haricots verts coupés en deux

150 g de brocoli en bouquets

2 courgettes émincées

100 g de petits champignons de Paris coupés en deux

1 Chauffer les graines de moutarde dans une poêle sèche jusqu'à ce qu'elles commencent à éclater. Ajouter le ghee (ou l'huile) et les oignons ; cuire en remuant jusqu'à ce que les oignons soient tendres. Ajouter la pâte de curry et remuer 1 min.

2 Ajouter les tomates, le yaourt et le lait de coco ; remuer à feu doux pour bien mélanger. Ajouter les carottes et laisser mijoter 5 min à découvert.

3 Ajouter le chou-fleur et les aubergines ; laisser mijoter 5 min. Incorporer le reste des ingrédients et prolonger la cuisson de 10 à 12 min.

LAIT DE COCO
Le lait de coco est essentiel à la cuisine asiatique. Il ne s'agit pas du liquide que l'on trouve à l'intérieur de la noix de coco, mais du jus extrait de la chair râpée et écrasée. La première extraction, la crème de coco, est très épaisse. Le lait ne vient qu'à la deuxième extraction. On le trouve en conserve, en brique ou sous forme déshydratée.

CI-CONTRE : Potiron au piment et à l'avocat
CI-DESSUS : Curry de légumes

PURÉES DE LÉGUMES

Ces purées colorées peuvent être servies en guise de sauces chaudes ou froides,

et forment de délicieuses garnitures pour les crêpes salées et les omelettes.

PURÉE DE TOPINAMBOURS

Dans une casserole, mettre 1 kg de topinambours pelés et 2 gousses d'ail émincées; couvrir d'eau froide et porter à ébullition. Cuire jusqu'à ce que les topinambours soient tendres. Les passer au mixeur avec l'ail et 60 g de beurre, en incorporant peu à peu 60 ml d'huile d'olive extravierge. Saler et poivrer, arroser d'huile d'olive et saupoudrer de paprika doux.

PURÉE DE POIREAUX ET DE PANAIS

Cuire 1 poireau finement émincé et 3 panais pelés et hachés dans une grande casserole d'eau bouillante salée. Égoutter et passer au mixeur. Mettre la purée dans une casserole avec 2 cuil. à soupe de ciboulette fraîche hachée, 30 g de beurre, du sel et du poivre. Bien réchauffer la purée. Retirer du feu et incorporer 3 cuil. à soupe environ de crème fraîche.

PURÉE D'ASPERGES

Chauffer 30 g de beurre et 1 cuil. à soupe d'huile dans une casserole, y faire revenir

3 oignons nouveaux hachés et 320 g d'asperges vertes hachées pendant 3 min. Ajouter 125 ml de bouillon de légumes et 125 ml de crème fraîche liquide. Couvrir et laisser mijoter jusqu'à ce que les légumes soient tendres. Les retirer du jus de cuisson et les passer au mixeur. Si les asperges sont filandreuses, les passer au moulin à légumes. Porter le jus de cuisson à ébullition et le faire réduire d'un quart. Remettre la purée dans la casserole et incorporer 1 cuil. à soupe de parmesan râpé. Cuire 5 min à feu moyen, jusqu'à épaississement. Saler et poivrer.

PURÉE DE POIVRONS ROUGES

Faire griller 3 gros poivrons rouges jusqu'à ce que la peau noircisse et cloque. Les laisser refroidir dans un sac en plastique avant de les peler, de les épépiner et

de les hacher grossièrement. Les passer au mixeur avec 4 oignons nouveaux hachés, 2 gousses d'ail écrasées et 2 petits piments rouges finement hachés. Mettre la purée dans une casserole et incorporer 2 cuil. à soupe de sauce de poisson (facultatif), 2 cuil. à soupe de jus de citron vert et 2 cuil. à soupe de coriandre fraîche hachée. Cuire 5 min à feu moyen, jusqu'à épaississement.

PURÉE DE TOMATES ET DE POIS CHICHES

Faire tremper 250 g de pois chiches secs toute une nuit dans l'eau froide. Les cuire à l'eau bouillante salée avec 1 oignon haché et 1 feuille de laurier pendant 1 h 30. Égoutter, retirer le laurier et réserver 60 ml de jus de cuisson. Couper 4 tomates olivettes en deux, les saupoudrer de sel et

les arroser d'huile d'olive. Passer les tomates au four préchauffé à 200 °C pendant 30 à 40 min, jusqu'à ce qu'elles soient très tendres. Laisser refroidir les tomates et les pois chiches puis les passer au mixeur. Ajouter 2 gousses d'ail écrasées, 2 cuil. à soupe de jus de citron vert, 1 cuil. à café de sucre, 60 ml d'huile d'olive et le jus réservé. Mixer jusqu'à obtention d'un mélange homogène. Incorporer 2 cuil. à soupe de basilic frais haché et 1 cuil. à soupe de parmesan râpé.

À PARTIR D'EN HAUT, À GAUCHE :
Purée de poireaux et de panais, Purée
d'asperges, Purée de poivrons rouges,
Purée de tomates et de pois chiches,
Purée de topinambours

GRILLER LES POIVRONS

1 Ôter les graines et les membranes des poivrons et couper la chair en gros morceaux plats.

2 Passer sous un gril chaud, côté peau en haut, jusqu'à ce que la peau noircisse et cloque. Laisser refroidir sous un torchon (ou dans un sac en plastique).

3 Ôter la peau avec les mains. La chair ainsi grillée est beaucoup plus douce que quand elle est crue.

PAGE CI-CONTRE :
Légumes marinés au barbecue

LÉGUMES MARINÉS AU BARBECUE

Préparation : 40 min + 1 h de macération
Cuisson : 5 min
Pour 4 à 6 personnes

3 petites aubergines fines
3 courgettes moyennes
2 petits poivrons rouges
6 champignons de Paris

Marinade

60 ml d'huile d'olive
60 ml de jus de citron
Quelques feuilles de basilic frais hachées
1 gousse d'ail écrasée
Sel

1 Couper les aubergines et les courgettes en rondelles diagonales. Les disposer en une seule couche sur une plaque, les saupoudrer de sel et laisser dégorger 15 min. Bien égoutter et essuyer dans du papier absorbant. Équeuter les poivrons rouges, ôter les graines et les membranes et les couper en longs et larges morceaux. Couper le pied des champignons au niveau du chapeau. Mettre tous les légumes dans un plat peu profond non métallique.

2 **Marinade :** dans un bocal, mélanger l'huile, le jus de citron, le basilic, l'ail et le sel. Verser la marinade sur les légumes et remuer délicatement. Conserver 1 h au réfrigérateur, sous un film plastique, en remuant de temps en temps. Préparer et allumer le barbecue.

3 Mettre les légumes sur la grille huilée et chaude du barbecue. Cuire au-dessus de la partie la plus chaude du feu, 2 min de chaque côté. Lorsque les légumes sont bien dorés, les disposer dans le plat de service. Badigeonner régulièrement les légumes de marinade en cours de cuisson.

REMARQUE : les légumes peuvent macérer pendant 2 h maximum. Les sortir du réfrigérateur 15 min avant leur cuisson. Ce plat peut être servi chaud ou à température ambiante. Servir les restes sur des tranches de pain. On peut ajouter d'autres herbes à la marinade, comme du persil, du romarin ou du thym. Cette marinade peut également être utilisée en sauce de salade.

POMMES DE TERRE GRATINÉES

Préparation : 20 min
Cuisson : 45 min
Pour 6 personnes

8 pommes de terre moyennes, pelées et coupées en deux
60 g de beurre fondu
1 cuil. à soupe de mie de pain émiettée
85 g de fromage râpé
1/2 cuil. à café de paprika doux moulu
Sel

1 Préchauffer le four à 210 °C. Beurrer ou huiler un plat à four peu profond.

2 Disposer les pommes de terre, côté bombé en haut, sur une planche. Trancher finement le dos des pommes de terre sans les couper entièrement. Les disposer dans le plat à four et les badigeonner de beurre fondu. Enfourner 30 min, en badigeonnant régulièrement de beurre.

3 Saupoudrer les pommes de terre du mélange de mie de pain, de fromage, de paprika et de sel ; prolonger la cuisson au four de 15 min, jusqu'à ce qu'elles soient gratinées. Servir immédiatement.

RECETTES RAPIDES : CHOU BRAISÉ AUX FINES HERBES (pour 2 personnes)

ÉMINCER finement 450 g de chou (vert, rouge ou les deux). Faire fondre 30 g de beurre dans une casserole et ajouter le chou en remuant pour bien l'enduire. Couvrir et braiser le chou pendant 5 min environ. Retirer le couvercle et remuer. Incorporer 4 cuil. à soupe de basilic finement émincé. Saler, poivrer et servir immédiatement.

POMMES DE TERRE AUX FINES HERBES (pour 4 personnes)

CUIRE 12 petites pommes de terre nouvelles dans une casserole d'eau bouillante salée. Égoutter et remettre dans la casserole. Ajouter 30 g de beurre et 1 cuil. à soupe de ciboulette fraîche hachée et de thym citronné frais. Couvrir et secouer à feu doux jusqu'à ce que le beurre soit fondu. Assaisonner à votre goût.

Couper la patate douce en cubes. Verser le lait de coco et l'eau dans la poêle. Porter à ébullition, baisser le feu et laisser mijoter 5 min à découvert. Ajouter la patate douce et prolonger la cuisson de 6 min.

2 Ajouter l'aubergine et les feuilles de citronnier. Cuire 10 min jusqu'à ce que les légumes soient très tendres, en remuant de temps en temps.

3 Ajouter la sauce de poisson, le jus et le zeste de citron vert et le sucre. Bien mélanger. Parsemer de feuilles de coriandre et garnir éventuellement de quelques feuilles de citronnier. Servir avec du riz vapeur.

PÂTE DE CURRY THAÏLANDAISE

Préparation : 10 min
Cuisson : 3 min
Pour un bocal de 250 ml environ

1 cuil. à soupe de graines de coriandre

2 cuil. à café de graines de cumin

2 cuil. à café de pâte de crevettes séchées

1 cuil. à café de grains de poivre noir

1 cuil. à café de muscade moulue

12 piments rouges ou verts

130 g d'échalotes hachées

2 cuil. à soupe d'huile

4 tiges de citronnelle (partie blanche seulement) finement hachées

10 gousses d'ail hachées

2 cuil. à soupe de racines de coriandre fraîche hachées

2 cuil. à soupe de tiges de coriandre fraîche hachées

6 feuilles de citronnier hachées

2 cuil. à café de zeste de citron vert râpé

2 cuil. à café de sel

1 Griller les graines de coriandre et de cumin 2 à 3 min dans une poêle sèche, puis les broyer finement.

2 Envelopper la pâte de crevettes de papier aluminium et la passer 3 min au gril chaud, en retournant le paquet deux fois à l'aide de pincettes.

3 Mixer tous les ingrédients jusqu'à obtention d'un mélange homogène. Réfrigérer dans un récipient hermétique jusqu'à 3 semaines.

REMARQUE : vous pouvez aussi acheter la pâte de curry dans les épiceries asiatiques.

PÂTE DE CURRY THAÏLANDAISE

La pâte de curry rouge ou verte est un ingrédient essentiel à la confection des curries thaïlandais. On peut également l'utiliser pour parfumer les soupes, le riz frit, les pâtes, les pommes de terre sautées et les œufs brouillés. La pâte de curry rouge est produite à partir de piment rouge frais, tandis que la pâte de curry verte emploie des piments verts. Faites maison, ces pâtes se conservent jusqu'à 3 semaines au réfrigérateur.

CI-DESSUS : Curry vert de patate douce et d'aubergine

CURRY VERT DE PATATE DOUCE ET D'AUBERGINE

Préparation : 25 min
Cuisson : 30 min
Pour 4 à 6 personnes

1 cuil. à soupe d'huile

1 oignon moyen haché

1 à 2 cuil. à soupe de pâte de curry verte

1 patate douce moyenne

375 ml de lait de coco

250 ml d'eau

1 aubergine moyenne coupée en quatre et émincée

6 feuilles de citronnier

2 cuil. à soupe de sauce de poisson (facultatif)

2 cuil. à soupe de jus de citron vert

2 cuil. à café de zeste de citron vert

2 cuil. à café de sucre roux

Feuilles de coriandre fraîche

1 Chauffer l'huile dans une grande poêle (un wok est l'idéal). Faire revenir l'oignon et la pâte de curry 3 min à feu moyen, en remuant.

PETITES POMMES DE TERRE DORÉES AU FOUR

Préparation : 20 min + 1 h de repos
Cuisson : 30 min
Pour 6 personnes

750 g de petites pommes de terre
2 cuil. à soupe d'huile d'olive
2 cuil. à soupe de thym frais
2 cuil. à café de gros sel

1 Laver soigneusement les pommes de terre à l'eau froide. Couper les plus grosses pour qu'elles aient toutes la même taille. Les cuire à l'eau salée, à la vapeur ou au micro-ondes, jusqu'à ce qu'elles soient juste tendres (elles doivent rester entières et intactes). Égoutter et essuyer dans du papier absorbant.

2 Mettre les pommes de terre dans un grand saladier ; ajouter l'huile et le thym, bien remuer et laisser reposer 1 h. Préchauffer le four à 180 °C.

3 Mettre les pommes de terre dans un plat à four huilé. Enfourner 20 min, en les tournant et en les badigeonnant régulièrement d'huile aromatisée. Les disposer dans le plat de service et saupoudrer de sel. Garnir de quelques brins de thym frais.

ÉPIS DE MAÏS VAPEUR AUX ÉPICES

Préparation : 25 min
Cuisson : 10 à 20 min
Pour 4 personnes

4 épis ou 15 petits épis de maïs
1 morceau de gingembre de 5 cm, râpé
3 gousses d'ail hachées
1 à 3 cuil. à café de piment rouge frais haché
2 cuil. à café de grains de poivre vert concassés
2 cuil. à soupe d'eau
2 cuil. à soupe de sauce de poisson (facultatif)

1 Enlever les feuilles et les filaments des épis de maïs. Dans un bol, mélanger le gingembre, l'ail, le piment, les grains de poivre et l'eau.

2 Rouler chaque épi dans le mélange d'épices et les disposer dans un panier vapeur en bambou tapissé de feuilles de bananier ou de papier sulfurisé.

3 Mettre le panier au-dessus d'un wok ou d'une casserole d'eau bouillante, couvrir et faire cuire 10 à 20 min à la vapeur (en fonction de la taille des épis) ; égoutter. Arroser de sauce de poisson et servir immédiatement.

REMARQUE : les paniers en bambou sont bon marché et très pratiques pour cuire les légumes à la vapeur. Veiller à toujours tapisser le fond afin d'empêcher les aliments de passer au travers. Les petits épis de maïs s'achètent chez certains marchands de fruits et légumes.

GROS SEL

Le gros sel provient de l'eau de mer évaporée ou des marais salants. Côté goût, il est imbattable. On l'achète en gros granulés, à utiliser dans un moulin, ou en grains plus fins.

CI-CONTRE : Petites Pommes de terre dorées au four
CI-DESSUS : Épis de maïs vapeur aux épices

FEUILLES DE CITRONNIER

Le fruit et les feuilles de cet arbre de l'Asie du Sud-Est sont extrêmement aromatiques. Les feuilles s'utilisent dans la cuisine asiatique un peu comme les feuilles de laurier dans la cuisine occidentale. Les feuilles fraîches se vendent chez les bons primeurs; les feuilles séchées, qui conservent un parfum très prononcé, s'achètent dans les magasins de produits diététiques et les épiceries asiatiques.

CI-DESSOUS :
Curry rouge de légumes

CURRY ROUGE DE LÉGUMES

Préparation : 25 min
Cuisson : 25 à 30 min
Pour 4 personnes

1 cuil. à soupe d'huile

1 oignon moyen haché

1 à 2 cuil. à soupe de pâte de curry rouge

375 ml de lait de coco

250 ml d'eau

2 pommes de terre moyennes hachées

220 g de chou-fleur en bouquets

6 feuilles de citronnier fraîches

150 g de doliques asperges coupés en petits morceaux

1/2 poivron rouge coupé en fines lanières

10 jeunes épis de maïs coupés en deux dans le sens de la longueur

1 cuil. à soupe de grains de poivre vert grossièrement concassés

20 g de feuilles de basilic grossièrement hachées

2 cuil. à soupe de sauce de poisson (facultatif)

1 cuil. à soupe de jus de citron vert

2 cuil. à café de sucre roux

15 g de feuilles de coriandre fraîche

1 Chauffer l'huile dans une grande poêle (un wok est l'idéal) et faire revenir l'oignon et la pâte de curry 4 min à feu moyen, sans cesser de remuer.

2 Verser le lait de coco et l'eau; porter à ébullition et laisser mijoter 5 min à découvert. Ajouter les pommes de terre, le chou-fleur et les feuilles de citronnier et prolonger la cuisson de 7 min. Ajouter les doliques, le poivron, le maïs et le poivre; faire cuire 5 min jusqu'à ce que les légumes soient tendres.

3 Ajouter le basilic, la sauce de poisson, le jus de citron vert et le sucre. Parsemer de coriandre. Servir avec du riz vapeur.

REMARQUE : à défaut de jeunes épis de maïs frais, employer des épis en boîte, à ajouter juste avant de servir.

RAGOÛT DE FENOUIL, TOMATES ET HARICOTS BLANCS

Préparation : 25 min
Cuisson : 1 h 15
Pour 4 à 6 personnes

5 tomates pelées, épépinées et hachées

2 poireaux lavés et émincés

2 gousses d'ail finement hachées

1 gros bulbe de fenouil lavé, coupé en deux et émincé (sans le cœur)

3 cuil. à soupe d'huile d'olive extravierge

60 ml d'apéritif anisé

2 feuilles de laurier frais

5 brins de thym frais

Sel et poivre fraîchement moulu

500 g de pommes de terre pelées et coupées en gros morceaux

400 g de haricots blancs en boîte, rincés et égouttés

250 ml de bouillon de légumes

250 ml de vin blanc

125 g de pesto prêt à l'emploi pour la garniture

1 Préchauffer le four à 180 °C. Dans un grand plat à four, mélanger les 9 premiers ingrédients; bien remuer (si possible, le faire très à l'avance afin de laisser les arômes se développer.)

2 Couvrir le plat et l'enfourner 30 min. Retirer du four; ajouter les pommes de terre, les haricots, le bouillon et le vin. Mélanger et couvrir. Prolonger la cuisson au four de 35 à 45 min, jusqu'à ce que les pommes de terre soient cuites. Retirer le laurier et le thym. Servir dans des assiettes chauffées, avec une cuillerée de pesto.

POMMES DE TERRE AU FOUR SAUCE MOJO

Préparation : 20 min
Cuisson : 20 à 25 min
Pour 4 à 6 personnes

18 petites pommes de terre
1 cuil. à soupe d'huile d'olive
2 cuil. à café de sel

Sauce mojo

2 gousses d'ail
1 cuil. à café de graines de cumin
1 cuil. à café de paprika doux moulu
80 ml d'huile d'olive
2 cuil. à soupe de vinaigre de vin blanc
1 cuil. à soupe d'eau chaude

1 Préchauffer le four à 210 °C. Disposer les pommes de terre en une seule couche dans un plat à four. Les arroser d'huile et bien secouer pour les enrober. Saupoudrer de sel.
2 Enfourner 20 à 25 min, jusqu'à ce que la peau des pommes de terre soit dorée et légèrement fripée. Secouer deux fois le plat en cours de cuisson.
3 **Sauce mojo** : passer l'ail, le cumin et le paprika 1 min au mixeur. Sans cesser de mixer, verser l'huile peu à peu en un fin filet. Lorsque toute l'huile est incorporée, ajouter le vinaigre et l'eau chaude et mixer encore 1 min.
4 Servir les pommes de terre chaudes accompagnées d'une cuillerée de sauce mojo.

RATATOUILLE

Préparation : 20 min
Cuisson : 25 à 30 min
Pour 4 personnes

2 cuil. à soupe d'huile d'olive
2 oignons moyens coupés en quartiers
2 courgettes moyennes coupées en gros bâtonnets
1 petit poivron rouge coupé en carrés
1 petit poivron vert coupé en carrés
1 petit poivron jaune coupé en carrés
2 gousses d'ail écrasées
1 aubergine moyenne coupée en deux
440 g de tomates en boîte écrasées
1/2 cuil. à café de basilic ou d'origan séché
Sel et poivre noir fraîchement moulu
Persil frais (facultatif)

1 Chauffer l'huile dans une cocotte et faire revenir les oignons 4 min à feu moyen. Ajouter les courgettes, les poivrons et l'ail ; remuer pendant 3 min.
2 Couper l'aubergine en gros morceaux et les ajouter à la cocotte avec les tomates, le basilic (ou l'origan), le sel et le poivre : porter à ébullition. Baisser le feu et laisser mijoter 15 à 20 min à couvert, jusqu'à ce que les légumes soient tendres. Saupoudrer de persil.

PERSIL

Le persil *(Petroselinum crispum)* est le roi des herbes aromatiques. Gorgé de vitamines A, B complexes, C et E, il est également riche en fer et en calcium. Le persil aide à la digestion, combat le teint brouillé, régularise le fonctionnement des intestins et prévient la formation des calculs. C'est le composant principal du bouquet garni, un mélange de fines herbes variées que l'on ajoute aux bouillons et aux potages afin de les parfumer.

CI-DESSUS : Pommes de terre au four sauce mojo
CI-DESSOUS : Ratatouille

LÉGUMES VARIÉS À LA TOMATE

Préparation : 15 min
Cuisson : 10 à 15 min
Pour 4 à 6 personnes

2 cuil. à café d'huile d'olive

1 petit oignon finement émincé

60 g de concentré de tomate

1 pincée de piment en poudre

1 cuil. à café de graines de cumin

125 ml de jus de tomate

250 ml de bouillon de légumes

440 g de tomates en boîte écrasées

2 petites carottes émincées

2 courgettes moyennes coupées en morceaux

20 haricots verts équeutés

300 g de chou-fleur en petits bouquets

Sel

1 Chauffer l'huile dans une grande casserole et mettre l'oignon, le concentré de tomate, le piment, le cumin et le jus de tomate. Remuer.
2 Verser le bouillon et les tomates écrasées. Porter à ébullition puis baisser le feu. Ajouter le reste des légumes, saler et laisser mijoter à découvert. Servir avec des tortillas fraîches.

PATATE DOUCE

En dépit de son nom, la patate douce n'est pas apparentée à la pomme de terre. Toutefois, c'est un tubercule qui, comme la pomme de terre, contient de l'amidon. La patate douce se cuit comme une pomme de terre ordinaire.

CI-DESSUS : Légumes variés à la tomate
CI-CONTRE : Patates douces confites

PATATES DOUCES CONFITES

Préparation : 10 min
Cuisson : 45 à 60 min
Pour 6 personnes

800 g de patates douces orange

90 g de beurre

100 g de sucre roux

1 cuil. à soupe de jus de citron

125 ml de jus d'orange

1 bâton de cannelle

2 cuil. à café de zeste de citron râpé

1 Préchauffer le four à 180 °C. Peler les patates douces et les couper en rondelles épaisses. Disposer les rondelles dans un plat à four; les arroser de beurre fondu.
2 Ajouter le sucre, les jus de citron et d'orange, la cannelle.
3 Couvrir d'un couvercle ou de papier aluminium et enfourner 30 min environ. Enlever le couvercle et remuer délicatement. Ôter la cannelle, parsemer de zeste de citron et prolonger la cuisson au four de 15 à 30 min, jusqu'à ce que le dessus soit légèrement croustillant.

REMARQUE : la patate douce confite est un plat américain traditionnellement servi en accompagnement lors de Thanksgiving. Les recettes sont aussi nombreuses que les cuisiniers !

FÈVES AUX PETITS POIS ET AUX ARTICHAUTS

Préparation : 15 min
Cuisson : 15 min
Pour 4 à 6 personnes

2 oignons moyens

2 cuil. à soupe d'aneth frais

1 cuil. à soupe de menthe fraîche

60 ml d'huile d'olive

250 g de fèves surgelées, rincées et égouttées

125 ml d'eau

2 cuil. à soupe de jus de citron

250 g de petits pois surgelés

400 g de cœurs d'artichaut en boîte, égouttés et coupés en deux

4 oignons nouveaux hachés

Sel et poivre noir fraîchement moulu

1 Émincer les oignons en rondelles. Hacher finement l'aneth et la menthe.

2 Chauffer l'huile dans une grande casserole et faire revenir les oignons 5 min à feu doux, jusqu'à ce qu'ils soient dorés.

3 Ajouter les fèves, l'eau et le jus de citron. Porter à ébullition, baisser le feu et laisser mijoter 5 min à couvert.

4 Ajouter les petits pois, les cœurs d'artichaut et les fines herbes. Laisser mijoter 5 min à couvert, jusqu'à ce que les petits pois soient tendres mais pas trop mous. Retirer du feu, incorporer les oignons nouveaux, le sel et le poivre. Servir chaud ou à température ambiante.

HARICOTS VERTS À LA TOMATE

Préparation : 15 min
Cuisson : 20 min
Pour 6 personnes

500 g de haricots verts

440 g de tomates en boîte

2 cuil. à soupe d'huile d'olive

1 gros oignon haché

1 gousse d'ail écrasée

2 cuil. à café de sucre

2 cuil. à soupe de vinaigre de vin

1 cuil. à soupe de basilic frais haché

3 cuil. à soupe d'olives hachées (facultatif)

Sel et poivre moulu

Feuilles de basilic pour la garniture

1 Équeuter les haricots et les couper en deux. Les cuire 3 min à l'eau bouillante salée ; égoutter et rincer à l'eau froide. Réserver. Hacher les tomates en réservant le jus.

2 Chauffer l'huile dans une casserole et faire revenir l'oignon et l'ail en remuant. Saupoudrer de sucre et prolonger la cuisson jusqu'à ce que les oignons caramélisent. Ajouter le vinaigre et cuire 1 min. Ajouter les tomates et leur jus, le basilic, les olives, le sel et le poivre. Laisser mijoter 5 min à découvert. Mettre les haricots.

3 Réchauffer les haricots et garnir de basilic.

CI-DESSUS : Fèves aux petits pois et aux artichauts
CI-CONTRE : Haricots verts à la tomate

YAOURT MAISON

Pour faire soi-même son yaourt, utiliser 500 ml de lait entier ou écrémé. Versez le lait dans une casserole, portez à ébullition jusqu'à ce qu'il monte, puis baissez le feu et laissez frémir au moins 2 min. Laissez tiédir (à 43-44 °C). Délayez 2 cuil. à soupe de yaourt nature dans un peu de lait tiède, puis incorporez-le au reste du lait. Versez le mélange dans des pots ou des bocaux en Pyrex stérilisés, et fermez-les hermétiquement. Vous pouvez éventuellement mettre les pots dans une grande casserole d'eau chaude entourée d'une couverture ou d'une serviette. Laissez reposer dans un endroit chaud pendant 6 h minimum, jusqu'à ce que le yaourt soit froid et pris. Réfrigérez 2 h avant utilisation. Pour un yaourt plus épais et plus crémeux, délayez 1 à 2 cuil. à soupe de lait en poudre dans le lait, avant de le chauffer.

CI-DESSUS : Aubergines frites épicées

AUBERGINES FRITES ÉPICÉES

Préparation : 15 min + 15 min de repos
Cuisson : 15 min
Pour 4 à 6 personnes

2 aubergines moyennes
Sel
40 g de farine
2 cuil. à café de cumin moulu
2 cuil. à café de coriandre moulue
1 cuil. à café de piment en poudre
Huile pour friture
125 g de yaourt nature
1 cuil. à soupe de menthe fraîche hachée

1 Couper les aubergines en rondelles de 1 cm. Les disposer en une seule couche sur une plaque et les saupoudrer généreusement de sel. Laisser dégorger 15 min, puis les rincer et les essuyer sur du papier absorbant.
2 Tamiser la farine et les épices dans une assiette. Enduire les rondelles d'aubergine de mélange et ôter l'excédent. Chauffer environ 2 cm d'huile dans une poêle à fond épais. Frire les aubergines, quelques-unes à la fois, 2 à 3 min sur chaque face. Égoutter sur du papier absorbant. Servir les aubergines avec le mélange de yaourt et de menthe.

LÉGUMES DORÉS AU FOUR

Préparation : 15 min
Cuisson : 1 h
Pour 6 personnes

6 pommes de terre moyennes
90 g de beurre fondu
60 ml d'huile d'olive
6 petits oignons
750 g de potiron pelé
6 petites carottes
Sel et poivre

1 Préchauffer le four à 210 °C. Peler et laver les pommes de terre et les couper en deux. Les cuire 5 min à l'eau bouillante salée ; égoutter et essuyer sur du papier absorbant. À l'aide des dents d'une fourchette, strier les pommes de terre pour rendre leur surface rugueuse.
2 Disposer les pommes de terre dans un plat à four peu profond ; les badigeonner généreusement du mélange de beurre et d'huile. Enfourner 20 min.
3 Pendant ce temps, peler les oignons et couper la base. Détailler le potiron en 6 morceaux de même taille et couper la base des carottes. Mettre ces légumes avec les pommes de terre dans le plat. Badigeonner du mélange de beurre et d'huile. Saler et poivrer. Enfourner 20 min, badigeonner à nouveau et cuire encore 15 min.

LÉGUMES AU LAIT DE COCO

Préparation : 20 min
Cuisson : 15 min
Pour 4 personnes

2 cuil. à soupe d'huile

2 gousses d'ail hachées

1 morceau de gingembre de 5 cm râpé

2 cuil. à café de grains de poivre noir (facultatif)

1 aubergine moyenne coupée en dés

1 petite patate douce coupée en dés

2 cuil. à café d'eau

100 g de haricots verts coupés en morceaux
   de 5 cm

750 g d'asperges coupées en morceaux de 5 cm

125 ml de lait de coco

2 cuil. à café de sauce de poisson (facultatif)

100 g d'épinards

Quelques feuilles de basilic frais

1 Chauffer l'huile dans une poêle à fond épais (un wok est l'idéal), cuire l'ail, le gingembre et les grains de poivre 30 s. Ajouter l'aubergine, la patate douce et l'eau ; prolonger la cuisson de 5 min à feu moyen, en remuant fréquemment. Ajouter les haricots, couvrir et les braiser 4 min, en secouant la poêle pour les empêcher d'attacher.

2 Ajouter les asperges et le lait de coco ; cuire 3 min, jusqu'à ce que les asperges soient juste tendres. Ajouter la sauce de poisson, les épinards et le basilic. Remuer jusqu'à ce que les épinards et le basilic ramollissent légèrement.

RECETTES RAPIDES : CHAMPIGNONS GRILLÉS

RETIRER le pied de gros champignons des prés (compter 1 par personne) et essuyer les têtes à l'aide de papier absorbant. Disposer les champignons, côté bombé en haut, sur une plaque de gril garnie de papier aluminium ; badigeonner d'huile d'olive (parfumée aux herbes, à l'ail ou au piment). Cuire 5 min sous un gril doux en les badigeonnant d'huile de temps en temps. Saler et poivrer.

CHAMPIGNONS À LA CRÈME ET À L'AIL
(pour 2 personnes)

CHAUFFER 30 g de beurre dans une casserole. Ajouter 250 g de champignons de Paris émincés et 2 gousses d'ail écrasées. Remuer 3 à 5 min à feu moyen. Mettre à feu vif et verser 250 ml de crème fraîche ; porter à ébullition. Baisser le feu et laisser mijoter 3 min. Ajouter 1 cuil. à soupe de persil haché, saler et poivrer.

PRÉPARER
LES CHAMPIGNONS SECS

1 Mettre les champignons secs dans un saladier résistant à la chaleur et les couvrir d'eau bouillante. Laisser tremper 10 min environ.

2 Une fois l'eau refroidie, ôter l'excédent d'eau en pressant les champignons réhydratés.

3 Émincer finement les champignons ou les préparer selon les instructions de la recette.

CI-DESSUS : Légumes au lait de coco

211

SAUTÉS DE LÉGUMES

Les petits plats sautés offrent un gain de temps inestimable. Simples et rapides, ils permettent aux légumes de conserver leur couleur naturelle, leur parfum et leur craquant. Les aliments sautés perdent très peu de leur valeur nutritionnelle et constituent une solution idéale pour utiliser à bon escient les quelques légumes qui restent dans le bac de votre réfrigérateur. À vous de les associer pour confectionner un repas unique et savoureux, teinté d'une note asiatique.

2 Chauffer les huiles dans une grande poêle (un wok est l'idéal), faire sauter l'ail, le gingembre et les oignons nouveaux 1 min à feu moyen. Ajouter le brocoli, les poivrons, les champignons et les olives. Les faire sauter 2 min jusqu'à ce qu'ils soient juste tendres. Saler.

3 Dans un bol, mélanger la sauce de soja, le miel et la sauce au piment. Verser la sauce sur les légumes et remuer délicatement. Saupoudrer de graines de sésame et servir immédiatement.

DOLIQUES ASPERGES ÉPICÉS SAUTÉS

Préparation : 20 min
Cuisson : 8 min
Pour 4 personnes

1 cuil. à soupe de grains de poivre vert en boîte, égouttés

Quelques feuilles de coriandre fraîche et leur tige hachées

1 cuil. à soupe d'huile

2 gousses d'ail hachées

220 g de doliques asperges, coupés en tronçons de 4 cm

150 g d'asperges vertes, coupées en tronçons de 4 cm

1 cuil. à café de sucre roux

2 cuil. à café d'eau

1 cuil. à soupe de sauce de poisson (facultatif)

1 cuil. à café de piment rouge ou vert haché (facultatif)

LÉGUMES SAUTÉS

Préparation : 15 min
Cuisson : 5 à 10 min
Pour 4 personnes

1 cuil. à soupe de graines de sésame

2 oignons nouveaux

250 g de brocoli

1 poivron rouge moyen

1 poivron jaune moyen

150 g de champignons de Paris

1 cuil. à soupe d'huile

1 cuil. à café d'huile de sésame

1 gousse d'ail écrasée

2 cuil. à café de gingembre frais râpé

45 g d'olives noires

Sel

1 cuil. à soupe de sauce de soja

1 cuil. à soupe de miel

1 cuil. à soupe de sauce au piment doux

1 Étaler les graines de sésame sur une plaque de four et les passer au gril chaud jusqu'à ce qu'elles soient dorées. Réserver. Émincer finement les oignons nouveaux et partager le brocoli en petits bouquets. Couper les poivrons en deux, éliminer les graines et les membranes et détailler la chair en fines lanières. Couper les champignons en deux.

FAIRE GERMER LES GRAINES
De nombreuses graines peuvent germer avec succès. Voici une liste des principales graines propices à la germination :
- haricots mungo
- graines de soja
- pois chiches
- azuki
- lentilles
- luzerne
- fenugrec

Essayez de faire germer plusieurs types de graines et incorporez-les à vos salades ou, au dernier moment, dans vos sautés de légumes.

CI-DESSUS : Légumes sautés
CI-CONTRE : Doliques asperges épicés sautés

1er JOUR
Mettez les graines dans un bocal et remplissez-le d'eau froide. Couvrez le bocal de mousseline ou d'un collant propre fixé à l'aide d'un élastique. Laissez tremper toute la nuit.

2e JOUR
Égouttez l'eau du bocal, remplissez-le d'eau propre et égouttez à nouveau. Entreposez à l'abri de la chaleur et de la lumière.

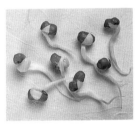

3e JOUR
Répétez la procédure de rinçage et d'égouttage deux fois dans la journée. Veillez à ce que les haricots soient bien égouttés, car toute eau restante pourrait les faire pourrir.

4e JOUR
Les graines devraient avoir germé. Entreposez le bocal dans un endroit clair pendant la seconde moitié de la journée. Rincez et réfrigérez jusqu'à 1 semaine.

---

 1 Broyer finement les grains de poivre et les mélanger à la coriandre.
2 Chauffer l'huile dans une poêle (un wok est l'idéal) et faire sauter le mélange au poivre, l'ail, les doliques, les asperges et le sucre 30 s à feu moyen.
3 Ajouter l'eau, couvrir et laisser cuire 2 min, jusqu'à ce que les légumes soient juste tendres. Assaisonner de sauce de poisson, parsemer de piment et servir immédiatement.

REMARQUE : les doliques asperges ont une texture craquante très agréable. À défaut, on peut les remplacer par des haricots verts.

AUBERGINE ET CHOU DORÉS

Préparation : 20 min
Cuisson : 5 min
Pour 4 personnes

★

2 cuil. à soupe d'huile
3 oignons nouveaux
3 gousses d'ail hachées
1 cuil. à soupe de sucre roux
2 aubergines moyennes, coupées en triangles
2 cuil. à café de sauce Golden Mountain
1/4 de chou chinois émincé
2 cuil. à soupe de jus de citron vert
2 cuil. à café de sauce de poisson (facultatif)
1 piment finement émincé

1 Chauffer l'huile dans une grande poêle (un wok est l'idéal) et faire revenir les oignons nouveaux et l'ail 1 min à feu moyen.
2 Ajouter le sucre et les aubergines ; faire sauter 3 min, jusqu'à ce que l'aubergine soit dorée.
3 Ajouter la sauce Golden Mountain, le chou et le jus de citron vert. Bien remuer, couvrir et laisser cuire 30 s, jusqu'à ce que le chou ramollisse légèrement. Verser la sauce de poisson et remuer. Servir immédiatement avec un peu de piment.

REMARQUE : les aubergines thaïlandaises sont violettes ou à rayures violettes et blanches. Leur taille est très variable : certaines sont aussi petites que des pois, d'autres de la taille d'une balle de golf ou en forme de petite courgette. Elles conviennent toutes à cette recette, à condition d'adapter le temps de cuisson à leur taille. La sauce Golden Mountain est un élément essentiel de la cuisine thaïlandaise ; elle s'achète dans les épiceries asiatiques.

RECETTE RAPIDE : MAÏS ÉPICÉ (pour 2 à 4 personnes)

ÉGOUTTER 425 g de jeunes épis de maïs en boîte et les essuyer sur du papier absorbant. Chauffer 1 cuil. à soupe d'huile dans un wok et faire sauter 1 gousse d'ail écrasée, 1 cuil. à café de piment rouge haché et 1/2 cuil. à café de cumin moulu pendant 30 s. Ajouter le maïs et le faire sauter 3 min environ. Servir immédiatement.

Remarque : cette recette accompagnera un repas qui manque d'un peu de piment.

CI-DESSUS : Aubergine et chou dorés

TOFU ET TEMPEH Riches en protéines

et en glucides, ces sous-produits du soja jouent depuis des siècles un rôle essentiel dans

l'alimentation orientale, en apportant un peu de consistance aux plats de légumes.

SALADE DE TEMPEH ÉPICÉE
(pour 4 à 6 personnes)
Préchauffer le four à 200 °C. Mettre 250 g de tempeh épicé, coupé en fines lanières, sur une plaque de four anti-adhérante. Badigeonner légèrement d'huile de sésame et enfourner 20 min. Mettre le tempeh dans un saladier avec 400 g de légumes en julienne (carottes, mange-tout,

poivrons rouges et oignons nouveaux). Ajouter 150 g de chou rouge émincé, 2 cuil. à soupe de graines de sésame grillées et 125 g de nouilles chinoises frites. Sauce : battre 2 gousses d'ail écrasées dans 1 cuil. à soupe de sauce au piment doux, 2 cuil. à soupe de jus de citron vert et 60 ml d'huile. Verser la sauce sur la salade et la tourner.

TEMPEH VAPEUR AUX LÉGUMES ASIATIQUES

Tapisser un grand panier en bambou d'un mélange de légumes verts asiatiques (bok choy, chou, feuilles de brocoli et de coriandre). Garnir de bâtonnets de carottes, de pleurotes finement émincés et de 250 g de tempeh épicé coupé en morceaux. Couvrir le panier et le dépo-

ser dans un wok rempli au quart d'eau. Faire cuire 7 min à la vapeur, ajouter quelques mange-tout et prolonger la cuisson de 3 min. Sauce : mélanger 125 ml de sauce au piment doux et 60 ml de sauce de soja. Servir les légumes verts garnis de légumes et de tempeh, le tout arrosé de sauce.

BOUCHÉES DE TOFU AU SÉSAME (pour 4 personnes)

Rincer et couper 500 g de tofu ferme en cubes de 2,5 cm. Mettre le tofu dans un plat peu profond avec 2 gousses d'ail écrasées, 2 cuil. à soupe de gingembre frais râpé, 1 cuil. à soupe de sucre roux et 80 ml de sauce de soja allégée en sel. Couvrir et réfrigérer 2 h environ. Bien égoutter. Dans une terrine, mélanger 150 g de graines de sésame, 1 cuil. à soupe de Maïzena et 2 cuil. à soupe de farine complète. Ajouter les cubes de tofu et bien les enduire de mélange au sésame. Chauffer 60 ml d'huile dans une poêle. Faire frire le tofu, en petites quantités à la fois, jusqu'à ce qu'il soit doré. Égoutter sur du papier absorbant. Sauce pimentée : dans un bol, mélanger 2 cuil. à soupe de sauce au piment doux, 2 cuil. à soupe de jus de citron vert, 2 cuil. à soupe de coriandre fraîche hachée et 200 g de yaourt nature épais.

BROCHETTES DE TOFU ET DE LÉGUMES (pour 4 personnes)

Enfiler 375 g de tofu ferme coupé en cubes, des tomates cerises, des champignons de Paris, des feuilles de laurier et des morceaux de poivron vert sur de longues brochettes en bambou ou en métal. Badigeonner légèrement d'un mélange de 60 ml de jus d'ananas, 1 cuil. à soupe de marinade Teriyaki et 1 cuil. à soupe de menthe fraîche hachée. Cuire sur une grille préchauffée ou au barbecue, en badigeonnant régulièrement les brochettes de sauce.

À PARTIR D'EN HAUT, À GAUCHE :
Bouchées de tofu au sésame,
Brochettes de tofu et de légumes,
Tempeh vapeur aux légumes asiatiques,
Salade de tempeh épicée

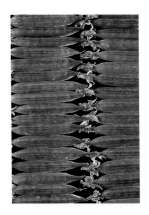

HUILE DE SÉSAME
L'huile de sésame a la particularité de conférer un goût de noisette aux aliments, mais également de rehausser les divers parfums d'un plat. Il existe plusieurs variétés d'huile de sésame, allant d'une huile épaisse et brune réalisée à partir de graines de sésame grillées et utilisées en assaisonnement par les Chinois, à l'huile jaune pâle employée dans les plats de l'Inde et du Moyen-Orient.

CI-DESSUS : Tofu aux légumes

TOFU AUX LÉGUMES

Préparation : 25 à 30 min
Cuisson : 20 min
Pour 4 à 6 personnes

★

125 g de vermicelles de riz

185 ml d'huile + 1 cuil. à soupe

1 cuil. à soupe de sauce de soja

1 cuil. à soupe de xérès

1 cuil. à soupe de sauce d'huître (facultatif)

125 ml de bouillon de légumes

2 cuil. à café de Maïzena

2 cuil. à café d'eau

1 gousse d'ail écrasée

1 cuil. à café de gingembre frais râpé

375 g de tofu ferme coupé en petits cubes

2 carottes moyennes coupées en julienne

250 g de pois mange-tout équeutés

4 oignons nouveaux finement émincés

425 g de champignons de couche en boîte, égouttés

1 Couper les vermicelles en plusieurs morceaux. Chauffer l'huile dans un wok et faire cuire les vermicelles à feu moyen, par petites quantités à la fois, jusqu'à ce qu'ils soient croustillants (ajouter de l'huile si nécessaire). Égoutter sur du papier absorbant.

2 Dans un bol, mélanger la sauce de soja, le xérès, la sauce d'huître et le bouillon. Délayer la Maïzena dans l'eau dans un autre bol.

3 Chauffer le wok, ajouter 1 cuil. d'huile et faire revenir l'ail et le gingembre 1 min à feu vif. Ajouter le tofu et le faire sauter 1 min en remuant. Retirer le tofu du wok. Ajouter les carottes et les mange-tout et les faire sauter 1 min. Ajouter le mélange de sauces, couvrir et prolonger la cuisson de 3 min, jusqu'à ce que les légumes soient juste tendres.

4 Remettre le tofu dans le wok. Ajouter les oignons nouveaux, les champignons et la Maïzena. Remuer jusqu'à épaississement puis retirer du feu. Servir avec les vermicelles frits.

POIS MANGE-TOUT AU POIVRON ROUGE

Préparation : 15 à 20 min
Cuisson : 7 min
Pour 4 personnes

1 gros oignon pelé

185 g de pois mange-tout

1 cuil. à soupe d'huile

1 cuil. à soupe de gingembre frais râpé

1 poivron rouge coupé en lanières

1 petite gousse d'ail écrasée

1 cuil. à soupe de sauce d'huître (facultatif)

1 cuil. à café de sucre

1 pincée de sel

1 cuil. à soupe d'eau

1 Couper l'oignon en deux et l'émincer finement en rondelles. Équeuter les pois mange-tout.

2 Chauffer l'huile dans une poêle (un wok est l'idéal), faire revenir l'oignon, le gingembre et le poivron 4 à 5 min à feu vif, en remuant. Ajouter l'ail et les mange-tout et faire sauter 2 min, jusqu'à ce que les mange-tout deviennent vert vif.

3 Ajouter la sauce d'huître, le sucre, le sel, l'eau et bien remuer. Servir immédiatement.

LÉGUMES THAÏLANDAIS AU LAIT DE COCO

Préparation : 15 à 20 min
Cuisson : 15 min
Pour 4 à 6 personnes

1 cuil. à soupe d'huile

2 petits oignons pelés et coupés en quartiers

1 cuil. à café de cumin moulu

150 g de chou-fleur en bouquets

1 poivron rouge moyen haché

2 branches de céleri émincées en diagonale

185 g de potiron râpé

250 ml de lait de coco

250 ml de bouillon de légumes

1 cuil. à soupe de sauce au piment doux

150 g de haricots verts

1 cuil. à soupe de coriandre fraîche hachée

1 Chauffer l'huile dans une poêle (un wok est l'idéal) et faire revenir l'oignon et le cumin 2 min à feu moyen, en remuant.

2 Ajouter le chou-fleur et le faire sauter 2 min à feu vif. Ajouter le poivron, le céleri et le potiron et faire sauter 2 min, toujours en remuant, jusqu'à ce que les légumes deviennent tendres.

3 Verser le lait de coco, le bouillon et la sauce au piment ; porter à ébullition. Baisser le feu et cuire 8 min à découvert, jusqu'à ce que les légumes soient juste tendres. Équeuter les haricots et les couper en deux. Les ajouter aux autres légumes avec la coriandre et faire cuire encore 2 min. Servir avec du riz vapeur.

TEMPEH

Le tempeh, comme le tofu, est un dérivé du soja. Contrairement au tofu, le tempeh est un produit fermenté, comme le miso et la sauce de soja. Il se fabrique en ajoutant un ferment aux graines de soja cuites. Il est ensuite compressé en blocs compacts. Le tempeh se présente souvent dans des marinades épicées, car il est très fade nature.

CI-DESSUS : Pois mange-tout au poivron rouge
CI-DESSOUS : Légumes thaïlandais au lait de coco

SAUTÉ DE BROCOLI
AUX AMANDES

Préparation : 10 min
Cuisson : 5 min
Pour 4 personnes

1 cuil. à café de graines de coriandre
500 g de brocoli
3 cuil. à soupe d'huile d'olive
2 cuil. à soupe d'amandes effilées
1 gousse d'ail écrasée
1 cuil. à café de gingembre frais finement émincé
2 cuil. à soupe de vinaigre de vin
1 cuil. à soupe de sauce de soja
2 cuil. à café d'huile de sésame
1 cuil. à café de graines de sésame grillées

1 Broyer légèrement les graines de coriandre au mortier ou au rouleau à pâtisserie. Partager le brocoli en petits bouquets.
2 Chauffer l'huile dans une grande poêle à fond épais (un wok est l'idéal), faire revenir les graines de coriandre et les amandes 1 min à feu moyen, jusqu'à ce que les amandes soient dorées.
3 Ajouter l'ail, le gingembre et le brocoli. Faire sauter 2 min à feu vif en remuant. Retirer la poêle du feu. Verser le mélange de vinaigre, de sauce et d'huile dans la poêle. Bien remuer. Servir immédiatement, saupoudré de graines de sésame grillées.
REMARQUE : ce plat peut se préparer jusqu'à 2 h à l'avance. Le cuire juste avant de servir.

LÉGUMES CHINOIS
AU GINGEMBRE

Préparation : 10 à 15 min
Cuisson : 5 min
Pour 4 personnes

1 cuil. à soupe d'huile
3 cuil. à café de gingembre frais râpé
4 oignons nouveaux émincés
230 g de châtaignes d'eau en boîte, égouttées et émincées
430 g de jeunes épis de maïs en boîte, égouttés
50 g de chou chinois finement émincé
125 g de pousses de soja (sans partie brune)
1 cuil. à soupe de sauce de soja
1 à 2 cuil. à soupe de sauce d'huître (facultatif)
2 cuil. à café d'huile de sésame

1 Chauffer l'huile dans une sauteuse (un wok est l'idéal), faire revenir le gingembre et les oignons nouveaux 1 min à feu vif, en remuant. Ajouter les châtaignes d'eau et le maïs ; faire revenir 30 s.
2 Ajouter le chou, les pousses de soja et les sauces ; prolonger la cuisson de 1 min en remuant. Incorporer l'huile de sésame et bien remuer. Servir immédiatement.

GINGEMBRE

Le gingembre (*Zingiber officinale*) est un rhizome (tige souterraine). Achetez-le en morceaux fermes sans parties molles et veillez à ce qu'il ne soit pas spongieux quand on le presse. Plus le gingembre a poussé avant la récolte, plus il est filandreux : sa découpe sera donc plus difficile, mais son parfum plus fort. Le gingembre peut se conserver 1 semaine à température ambiante, et plus longtemps au réfrigérateur. Enveloppez-le de papier absorbant pour absorber l'humidité et conservez-le dans un sac en plastique.

CI-DESSUS : Légumes chinois au gingembre

RECETTE RAPIDE :
LÉGUMES VERTS
ASIATIQUES SAUTÉS
(pour 4 personnes)

LAVER ET ESSORER 500 g de bok choy (bettes chinoises) ou de choy sum. Couper les tiges et les feuilles en morceaux de 5 cm environ. Chauffer 1 cuil. à soupe d'huile d'arachide dans un wok ; ajouter 1 gousse d'ail écrasée et 1 cuil. à café de gingembre frais finement râpé et cuire quelques secondes. Ajouter le bok choy et faire revenir 1 à 2 min en remuant, jusqu'à ce qu'il soit juste tendre. Ajouter 2 cuil. à café de sauce de soja (et 1 cuil. à café d'huile de sésame, selon le goût) et bien remuer. Servir immédiatement.

ASPERGES SAUTÉES AUX GRAINES DE SÉSAME

Préparation : 10 min
Cuisson : 6 min
Pour 4 personnes

1 cuil. à soupe de graines de sésame

2 cuil. à soupe d'huile

1 gousse d'ail finement émincée

1 cuil. à café de gingembre frais râpé

750 g d'asperges vertes équeutées et coupées
    en tronçons de 5 cm

1/2 cuil. à café de poivre

1/2 cuil. à café de sucre

2 cuil. à café d'huile de sésame

1 cuil. à soupe de sauce de soja

1 Chauffer une poêle (un wok est l'idéal) et faire revenir les graines de sésame 2 min à feu vif, en remuant. Retirer de la poêle et réserver.
2 Chauffer l'huile dans la poêle, faire revenir l'ail, le gingembre et les asperges 3 min à feu vif en remuant, jusqu'à ce que les asperges soient presque tendres. Saupoudrer de poivre et de sucre. Prolonger la cuisson de 1 min à feu vif.
3 Arroser d'huile de sésame, de sauce de soja et parsemer de graines de sésame. Servir immédiatement.

CHAMPIGNONS SAUTÉS

Préparation : 10 à 15 min
Cuisson : 5 min
Pour 4 personnes

1 cuil. à soupe d'huile

1 morceau de galanga de 2,5 cm, finement émincé

2 gousses d'ail hachées

2 piments rouges finement hachés

200 g de champignons de Paris coupés en deux

100 g de pleurotes coupés en deux

1 cuil. à soupe de sauce de poisson (facultatif)

1 cuil. à café de sauce Golden Mountain

30 g de basilic frais haché

1 Chauffer l'huile dans une poêle (un wok est l'idéal), faire revenir le galanga, l'ail et les piments 2 min en remuant. Ajouter les champignons de Paris et faire sauter 2 min. Ajouter les pleurotes et faire sauter 30 s environ, en remuant constamment jusqu'à ce que les champignons commencent à devenir tendres.
2 Ajouter la sauce de poisson, la sauce Golden Mountain et le basilic ; bien remuer. Servir immédiatement avec du riz vapeur.
REMARQUE : on peut utiliser d'autres champignons. Le galanga s'achète dans les épiceries asiatiques.

SAUCE GOLDEN MOUNTAIN

Cette sauce claire, salée et épicée, est disponible dans les magasins de produits asiatiques. Elle est faite à partir de soja et ressemble un peu à la sauce de poisson ou de soja, mais son goût est radicalement différent. On l'emploie souvent dans les plats thaïlandais ou pour remplacer la sauce de poisson.

*CI-DESSUS : Asperges sautées aux graines de sésame
CI-DESSOUS : Champignons sautés*

gingembre 30 s à feu moyen, en remuant constamment. Ajouter les doliques, les oignons nouveaux et le brocoli ; faire sauter 3 min en remuant.

3 Ajouter les poivrons rouges et prolonger la cuisson de 2 min. Ajouter le bok choy et cuire 1 min, toujours en remuant. Incorporer l'huile de sésame et la sauce de soja et bien remuer. Transférer dans le plat de service et servir immédiatement avec du riz vapeur.

REMARQUE : il est important de ne pas trop cuire les légumes en les faisant ainsi sauter. Utiliser le minimum d'huile et cuire à feu moyen ou vif sans cesser de remuer. Les légumes se ramolliront légèrement mais pas trop. Dans les sautés de légumes, ajouter les légumes verts en dernier et les cuire jusqu'à ce que les feuilles commencent à mollir. La cuisson des légumes est plus rapide lorsque ceux-ci sont détaillés en fines lanières diagonales.

LÉGUMES SAUTÉS
À LA THAÏLANDAISE

Préparation : 25 min
Cuisson : 5 min
Pour 4 personnes

1 cuil. à soupe d'huile

4 gousses d'ail hachées

3 bulbes (partie blanche) de citronnelle finement hachés

2 cuil. à café de piments rouges frais hachés

2 branches de céleri coupées en petits morceaux

100 g de haricots verts coupés en petits morceaux

150 g d'asperges vertes coupées en petits morceaux

1/2 poivron rouge coupé en petits morceaux

2 cuil. à soupe de sauce de poisson (facultatif)

2 à 6 cuil. à café de sauce au piment doux

1 cuil. à café de sauce Golden Mountain

100 g de pousses de soja .

80 g de cacahuètes grillées et concassées (facultatif)

Quelques feuilles de coriandre fraîche

1 Chauffer l'huile dans une grande poêle (un wok est l'idéal), faire cuire l'ail et la citronnelle 1 min. Ajouter les piments, le céleri et les haricots ; faire sauter 1 min en remuant.

LÉGUMES SAUTÉS
À LA CHINOISE

Préparation : 15 min
Cuisson : 7 min
Pour 4 personnes

CITRONNELLE

La citronnelle *(Cymbopogon citratus)* donne un arôme très particulier et indéfinissable aux plats. Elle se cultive facilement et s'achète fraîche chez les primeurs. La citronnelle est une tige épaisse et fibreuse dont on n'utilise que la partie renflée, ou bulbe. La citronnelle séchée est un bon substitut et sert à la confection d'une tisane rafraîchissante.

300 g de bok choy (bettes chinoises)

100 g de doliques asperges

2 oignons nouveaux

150 g de brocoli

1 poivron rouge moyen

2 cuil. à soupe d'huile

2 gousses d'ail écrasées

2 cuil. à café de gingembre frais râpé

1 cuil. à soupe d'huile de sésame

2 cuil. à café de sauce de soja

1 Laver et éliminer les tiges épaisses de bok choy. Couper les feuilles en larges lanières. Émincer les doliques en tronçons de 5 cm et les oignons nouveaux en diagonale. Partager le brocoli en petits bouquets et le poivron en losanges de 2,5 cm de côté environ.

CI-DESSUS : Légumes sautés à la chinoise

2 Chauffer l'huile dans une grande poêle à fond épais (un wok est l'idéal), faire revenir l'ail et le

2 Ajouter les asperges et le poivron, bien remuer ; couvrir et laisser cuire 1 min. Ajouter les diverses sauces, les pousses de soja et bien remuer.

3 Disposer les légumes sautés dans un plat de service ; parsemer de cacahuètes et de coriandre et servir immédiatement.

REMARQUE : cette recette peut se faire avec n'importe quel légume de saison, comme le brocoli, les jeunes épis de maïs ou les pois mange-tout.

SAUTÉ DE CHAMPIGNONS À L'ORIENTALE

Préparation : 35 min
Cuisson : 10 min
Pour 4 personnes

250 g de nouilles hokkein

1 cuil. à café d'huile de sésame

1 cuil. à soupe d'huile d'arachide

2 gousses d'ail écrasées

2 cuil. à soupe de gingembre frais râpé

6 oignons nouveaux émincés

1 poivron rouge émincé

200 g de pleurotes

200 g de champignons parfumés (shiitake) émincés

125 g de ciboulette fraîche hachée

3 cuil. à soupe de noix de cajou grillées

2 cuil. à soupe de kecap manis

3 cuil. à soupe de sauce de soja allégée en sel

1 Faire tremper les nouilles hokkein 2 min dans de l'eau bouillante ; égoutter et réserver.

2 Chauffer l'huile de sésame et l'huile d'arachide dans un wok, faire revenir l'ail, le gingembre et les oignons nouveaux 2 min à feu vif en remuant. Ajouter le poivron et les champignons et faire sauter 3 min à feu vif, jusqu'à ce que les champignons soient dorés.

3 Incorporer les nouilles égouttées. Ajouter la ciboulette, les noix de cajou, le kecap manis et la sauce de soja. Faire cuire 3 min en remuant.

REMARQUE : le kecap manis est une sauce de soja indonésienne, disponible dans les épiceries asiatiques et dans certains supermarchés.

RECETTE RAPIDE : LÉGUMES SAUTÉS AU SOJA
(pour 2 à 4 personnes)

CHAUFFER 1 à 2 cuil. à café d'huile de sésame et 2 cuil. à café d'huile d'olive dans une poêle ou un wok, en veillant à bien recouvrir le fond. Ajouter 200 g de brocoli en petits bouquets et remuer 2 min environ. Ajouter 150 g de chou finement émincé et 90 g de mange-tout (ou cocos plats) et remuer 2 à 3 min à feu moyen, jusqu'à ce que les légumes soient juste cuits. Arroser d'un peu de kecap manis ou de sauce de soja ordinaire et de miel. Bien remuer et servir immédiatement.

CHAMPIGNONS PARFUMÉS ET PLEUROTES

Les champignons parfumés, ou shiitake, séchés ou frais, sont très couramment employés dans la cuisine chinoise. En Asie, on les préfère séchés et on les cultive à cet effet. Les meilleurs shiitake ont une tête épaisse fendillée de blanc. Ils ont un parfum fort et fumé et sont sauvages ou cultivés. Les pleurotes poussent sur les arbres morts et se cultivent depuis des siècles pour leur subtil arôme de mer. Leur cuisson est délicate, mais ils accompagnent délicieusement les plats cuisinés et se consomment sautés, grillés ou frits en beignets.

CI-DESSUS : Sauté de champignons à l'orientale

223

PAINS SPÉCIAUX

Rien de tel qu'un bon pain fait maison pour rehausser la réputation d'un cuisinier. Que vous serviez des scones à l'oignon et au parmesan encore tout chauds avec un potage fumant, ou de la focaccia pour un déjeuner au soleil, ces pains nature ou parfumés sont toujours les bienvenus.

LEVAIN
Le levain, à l'origine, était fabriqué dans les régions pauvres en levure fraîche. Son goût procède d'un mélange de farine et d'eau (ou de lait) qu'on laisse fermenter avant de l'incorporer à la pâte. Le caractère de ce ferment varie en fonction du climat de la région où il est fabriqué. Pour faire du pain au levain, on mélange une part de ferment avec d'autres ingrédients et l'on procède comme pour n'importe quel autre pain. On ajoute de la farine et de l'eau au reste de ferment, que l'on réserve pour faire lever d'autres quantités de pâte.

CI-DESSUS : Pain de seigle au levain

PAIN DE SEIGLE AU LEVAIN

Préparation : 50 min + 1 à 3 jours de repos + 1 h 30 de levage
Cuisson : 40 min
Pour 2 miches

☆

Levain

7 g de levure en sachet
1 cuil. à café de sucre en poudre
200 g de farine de seigle
440 ml d'eau chaude

Pâte à pain

100 g de farine de seigle
550 g de farine non blanchie
45 g de sucre roux
3 cuil. à café de graines de carvi
2 cuil. à café de sel
7 g de levure en sachet
250 ml d'eau chaude
60 ml d'huile

1 Levain : mélanger la levure, le sucre, la farine et l'eau chaude dans une jatte. Couvrir de film plastique et laisser reposer toute la nuit à température ambiante. Pour un goût plus fort, laisser reposer 3 jours.

2 Pâte à pain : huiler une grande plaque de four. Dans une terrine, mélanger la farine de seigle, 440 g de farine ordinaire, le sucre, les graines et le sel. Délayer la levure dans l'eau chaude. Faire un puits au centre de la préparation ; ajouter le levain, la levure et l'huile. Mélanger à l'aide d'une cuillère en bois puis avec les mains, jusqu'à obtention d'une pâte légèrement poisseuse se détachant des parois de la terrine. Ajouter un peu de farine restante, si nécessaire.

3 Pétrir la pâte 10 min sur un plan de travail fariné, jusqu'à ce qu'elle soit homogène et élastique. Incorporer le reste de la farine, si nécessaire. Mettre la pâte dans une grande jatte huilée. Couvrir de film plastique et laisser reposer 45 min dans un endroit chaud, jusqu'à ce qu'elle soit bien levée. La rompre d'un coup de poing et la pétrir 1 min. La diviser en deux portions égales et leur donner une forme ronde ou oblongue. Disposer sur la plaque. Saupoudrer de farine de seigle et pratiquer des trous de 2 cm de profondeur ou trois rainures en surface, avec le manche d'une cuillère en bois. Couvrir de film plastique et laisser reposer 45 min au chaud, jusqu'à ce que la pâte soit bien levée. Saupoudrer du reste de farine. Passer au four préchauffé à 180 °C pendant 40 min (vérifier la cuisson à l'aide d'une lame de couteau : elle doit en ressortir sèche). Laisser refroidir sur une grille.

PAIN AU MAÏS TRADITIONNEL

Préparation : 15 min
Cuisson : 25 min
Pour 1 pain de 20 cm environ

150 g de semoule de maïs

2 cuil. à soupe de sucre en poudre

125 g de farine

2 cuil. à café de levure chimique

1/2 cuil. à café de bicarbonate de soude

1/2 cuil. à café de sel

1 œuf légèrement battu

250 ml de babeurre

60 g de beurre fondu

1 Préchauffer le four à 210 °C. Beurrer un moule carré de 20 cm environ et garnir le fond de papier sulfurisé. Dans une terrine, mélanger la semoule et le sucre. Ajouter la farine, la levure, le bicarbonate et le sel tamisés. Bien mélanger.
2 Dans un grand bol, mélanger l'œuf, le babeurre et le beurre fondu. Incorporer ce mélange dans la terrine et remuer jusqu'à ce que les ingrédients soient juste humides.
3 Verser la préparation dans le moule et égaliser la surface. Enfourner 20 à 25 min (vérifier la cuisson à l'aide d'une lame de couteau : elle doit ressortir sèche). Laisser refroidir 10 min sur une grille avant de démouler. Couper en carrés et servir chaud.
REMARQUE : ce pain est meilleur consommé le jour même. Utiliser de préférence de la semoule de maïs fine ou moyenne, disponible dans la plupart des boutiques de produits diététiques.

PAIN AU MALT

Préparation : 45 min + 1 h 50 de repos
Cuisson : 40 min
Pour 1 miche

250 ml d'eau tiède

7 g de levure en sachet

1 cuil. à café de sucre

300 g de farine complète

125 g de farine

2 cuil. à café de cannelle moulue

60 g de raisins secs

30 g de beurre fondu

1 cuil. à soupe de mélasse raffinée

1 cuil. à soupe d'extrait liquide de malt
   + 1/2 cuil. à café

1 cuil. à soupe de lait chaud

1 Huiler un moule à cake de 21 x 14 x 7 cm environ ; garnir le fond de papier sulfurisé. Dans un bol, mélanger l'eau, la levure et le sucre. Couvrir de film plastique et laisser reposer 10 min au chaud, jusqu'à ce que le mélange soit mousseux. Tamiser les farines et la cannelle dans une grande terrine ; ajouter les raisins secs et mélanger. Faire un puits au centre. Ajouter le beurre fondu, la mélasse, l'extrait de malt et le mélange de levure.
2 Mélanger le tout pour former une pâte lisse. Pétrir 10 min sur un plan de travail fariné jusqu'à ce que la pâte soit homogène. Former une boule et la mettre dans un saladier légèrement huilé. Couvrir de film plastique et laisser reposer 1 h au chaud, jusqu'à ce qu'elle soit bien levée. La rompre d'un coup de poing et la pétrir 3 min.
3 Étaler la pâte en un carré de 20 cm puis la rouler. La mettre dans le moule, côté jointure en bas, couvrir de film plastique et laisser reposer 40 min au chaud, jusqu'à ce qu'elle soit bien levée.
4 Préchauffer le four à 180 °C. Badigeonner la pâte du mélange de lait et de malt supplémentaire. Enfourner 40 min (vérifier la cuisson à l'aide d'un couteau : la lame doit en ressortir sèche). Laisser reposer 3 min dans le moule avant de le faire refroidir sur une grille.

BABEURRE
Le babeurre fermier est le liquide légèrement acide résultant du battage de la crème dans la préparation du beurre. Le babeurre industriel, ou lait ribot, s'utilise essentiellement dans les pains, les crêpes et les biscuits au bicarbonate de soude. Il ajoute du goût et réagit avec le bicarbonate de soude pour libérer le gaz qui allège la pâte. Le lait ribot commercialisé a une consistance plus lisse, étant produit par l'adjonction d'une culture bactérienne à du lait écrémé ou demi-écrémé.

CI-DESSUS : Pain au malt

227

3 Pétrir la pâte sur un plan de travail fariné, jusqu'à ce qu'elle soit bien homogène. La diviser en deux. Mettre chaque partie sur une plaque et la presser pour lui donner une forme ronde, de 2,5 cm d'épaisseur environ. À l'aide d'un couteau, entailler légèrement la pâte pour dessiner 8 parts. Saupoudrer légèrement de farine. Enfourner 20 à 25 min, jusqu'à ce que le pain soit doré et sonne creux quand on le frappe à sa base. Servir chaud avec du beurre.

GRESSINS

Préparation : 40 min + 25 min de repos
Cuisson : 30 min
Pour 18 gressins

★

1 sachet de levure

125 ml d'eau chaude

175 ml de lait

60 g de beurre

1 cuil. à soupe de sucre en poudre

500 g de farine non blanchie

1 cuil. à café de sel

Gros sel, graines de sésame ou de pavot

1 Beurrer ou huiler 3 plaques de four. Dans un bol, délayer la levure dans l'eau chaude. Couvrir de film plastique et laisser reposer 5 min au chaud, jusqu'à ce que le mélange devienne mousseux. Dans une petite casserole, chauffer le lait, le beurre et le sucre, jusqu'à ce que le mélange soit juste chaud et que le beurre soit fondu.
2 Mettre 430 g de farine dans une terrine avec le sel. Ajouter les mélanges de levure et de lait, et bien remuer. Ajouter suffisamment de farine pour former une pâte lisse. La pétrir 10 min sur un plan de travail fariné, jusqu'à ce qu'elle soit homogène et élastique. La diviser en 18 parties égales.
3 Rouler chaque partie en un bâtonnet de l'épaisseur d'un gros crayon et d'une longueur de 30 cm. Préchauffer le four à 210 °C. Disposer les bâtonnets tous les 3 cm sur les plaques. Couvrir de film et laisser reposer 20 min.
4 Badigeonner la pâte d'eau froide et saupoudrer de gros sel ou de graines. Enfourner 15 à 20 min, jusqu'à ce que les gressins soient dorés. Laisser refroidir sur une grille. Baisser la température du four à 180 °C. Remettre les gressins sur les plaques et passer encore 5 à 10 min au four, jusqu'à ce qu'ils soient bien secs et croustillants. Servir avec les potages, les salades, les sauces froides et les apéritifs.

PAIN AU CITRON ET AU POIVRE

Préparation : 20 min
Cuisson : 25 min
Pour 8 personnes

★

250 g de farine avec levure incorporée

1 cuil. à café de sel

1 cuil. à café de zeste de citron râpé

2 cuil. à café de poivre noir

45 g de beurre coupé en petits morceaux

1 cuil. à soupe de ciboulette fraîche hachée

90 g de fromage râpé

2 cuil à café de vinaigre de vin blanc

175 ml de lait

1 Préchauffer le four à 210 °C. Beurrer ou huiler 2 plaques de four. Tamiser la farine et le sel; ajouter le le zeste de citron et le poivre. Ajouter le beurre et le travailler du bout des doigts, jusqu'à ce que la préparation soit friable. Incorporer la ciboulette et le fromage.
2 Verser le vinaigre dans le lait (qui doit devenir légèrement caillé) et ajouter ce mélange dans la préparation. Bien remuer jusqu'à obtention d'une pâte lisse, en rajoutant du lait si nécessaire.

CI-DESSUS : Pain au citron et au poivre

FOCACCIA

Préparation : 50 min + 2 h de repos
Cuisson : 25 min
Pour 1 rectangle plat

★★

1 sachet de levure
250 ml d'eau chaude
1 cuil. à café de sucre en poudre
2 cuil. à soupe d'huile d'olive
400 g de farine non blanchie
1 cuil. à café de lait entier en poudre
1/2 cuil. à café de sel

Garniture

1 cuil. à soupe d'huile d'olive
1 à 2 gousses d'ail écrasées
12 olives noires
Brins de romarin frais
1 cuil. à café d'origan séché
1 à 2 cuil. à café de gros sel

 Graisser un moule rectangulaire de 28 x 18 cm environ. Dans une grande jatte, mettre la levure, l'eau et le sucre ; bien mélanger pour dissoudre la levure. Couvrir de film plastique et laisser reposer 10 min au chaud, jusqu'à ce que le mélange soit mousseux. Ajouter l'huile. Tamiser 375 g de farine, le lait en poudre et le sel dans le mélange de levure. Battre à la cuillère en bois jusqu'à obtention d'un mélange homogène. Ajouter suffisamment de farine (mais pas nécessairement tout le reste) pour former une pâte lisse.

2 Pétrir la pâte 10 min sur un plan de travail fariné, jusqu'à ce qu'elle soit homogène et élastique. La déposer dans une grande terrine huilée et badigeonner la surface d'huile. Couvrir de film plastique et laisser reposer 1 h au chaud, jusqu'à ce que la pâte soit bien levée. La rompre d'un coup de poing et la pétrir 1 min. L'étaler en un rectangle de 28 x 18 cm et le déposer dans le moule. Couvrir de film plastique et laisser lever 20 min au chaud. Avec le manche d'une cuillère en bois, former des trous de 1 cm de profondeur à intervalles réguliers. Couvrir de film plastique et laisser reposer encore 30 min, jusqu'à ce que la pâte soit bien levée. Préchauffer le four à 180 °C.

3 Garniture : badigeonner d'huile à l'ail la surface de la pâte. Garnir d'olives et de bouquets de romarin, saupoudrer d'origan et de sel.

4 Enfourner 20 à 25 min, jusqu'à ce que le pain soit bien doré. Couper en gros carrés et servir chaud. Les restes de focaccia peuvent se consommer grillés.

HUILE D'OLIVE

La meilleure et la plus onéreuse est l'huile d'olive vierge pressée à froid. Elle résulte de la première pression de fruits de très bonne qualité, à basse température. L'huile procédant de la pression suivante s'appelle huile d'olive « vierge ». Les pressions ultérieures produisent une huile plus fade et plus pâle. L'huile d'olive « légère » fait référence à la couleur et au parfum de l'huile, non à sa quantité de matières grasses ou de calories.

CI-DESSUS : Focaccia

CHAPATTIS

Préparation : 40 min + 2 h (ou 1 nuit) de repos
Cuisson : 40 min
Pour 20 chapattis

310 g de farine fine complète + 60 g
1 cuil. à café de sel
1 cuil. à soupe d'huile
250 ml d'eau chaude

1 Mettre la farine et le sel dans une terrine ; faire un puits au centre. Ajouter l'huile et l'eau en une seule fois et mélanger avec une cuillère en bois, puis avec les mains, jusqu'à obtention d'une pâte ferme.
2 Pétrir 15 min sur un plan de travail fariné (ne pas encore incorporer la farine supplémentaire). Former une boule homogène et la mettre dans un saladier. Couvrir de film plastique et laisser reposer 2 h minimum ou toute la nuit.
3 Diviser la pâte en 20 portions égales. Rouler chaque portion en petite boule. Avec la farine supplémentaire, étaler la boule en une fine galette, de la taille d'une petite crêpe. Couvrir chaque chapatti de film plastique fariné et laisser reposer pendant la confection des autres chapattis.
4 Chauffer une poêle à fond épais. Lorsqu'elle est chaude, cuire chaque chapatti 1 min, puis le retourner et prolonger la cuisson de 1 min. Ajuster le feu de sorte que le chapatti dore mais ne brûle pas. En cours de cuisson, presser les bords du chapatti avec un torchon plié : cela provoquera la formation de bulles et rendra le chapatti plus léger.
5 Empiler et envelopper les chapattis dans un torchon propre. Laisser tiédir et ramollir. Servir immédiatement avec un curry et des légumes indiens.
REMARQUE : on trouve de la farine fine complète, ou farine à roti, dans la plupart des magasins de produits diététiques. On peut la remplacer par de la farine complète ordinaire, mais les chapattis seront un peu plus compacts.

TORTILLAS

Préparation : 30 min
Cuisson : 20 min
Pour 16 tortillas

180 g de farine tamisée
150 g de farine de maïs tamisée
250 ml d'eau chaude

1 Mélanger les farines dans une grande terrine. Faire un puits au centre et ajouter l'eau peu à peu. Mélanger jusqu'à obtention d'une pâte ferme. La pétrir 3 min sur un plan de travail fariné.
2 Diviser la pâte en 16 portions égales. Étaler chaque portion sur un plan de travail fariné de façon à former un rond de 20 cm. Couvrir de film plastique, réserver et continuer avec le reste de pâte.
3 Chauffer une poêle à fond épais (sans matières grasses). Faire cuire une tortilla et la retourner quand les bords commencent à se soulever. Quelques secondes sur chaque face suffisent. Si des résidus de farines commencent à brûler au fond de la poêle, les essuyer avec du papier absorbant.
REMARQUE : la farine de maïs utilisée dans cette recette est faite à partir de grains de maïs. Elle doit être très fine. Ne pas la confondre avec la semoule de maïs, inappropriée pour cette recette. Les tortillas se conservent une semaine dans un récipient hermétique. Les réchauffer rapidement au four ou au micro-ondes. Les tortillas rassies peuvent être réduites en morceaux et frites à l'huile.

CHAPATTIS
Les chapattis sont une sorte de pain indien non levé, confectionné à partir d'une farine complète finement moulue appelée atta. Ils sont traditionnellement cuits en deux étapes : tout d'abord, la pâte est dorée à la poêle, puis elle est grillée directement sur le feu, la vapeur créant des boursouflures à l'intérieur. Les chapattis se dégustent chauds avec des plats salés et des curries indiens.

PAGE CI-CONTRE :
Chapattis (en haut),
Tortillas (en bas)

RECETTE RAPIDE : PETITS PAINS À LA BIÈRE
(pour 4 petits pains)

MIXER 400 g de farine, 3 cuil. à café de levure chimique, 1 cuil. à café de sel, 1 cuil. à soupe de sucre et 50 g de beurre haché (le mélange doit être friable). Ajouter 375 ml de bière et mixer par à-coups jusqu'à obtention d'une pâte souple. Pétrir sur un plan de travail fariné jusqu'à ce que la pâte soit homogène, en ajoutant un peu de farine si nécessaire. Diviser la pâte en quatre boules, les disposer sur des plaques de four en les aplatissant légèrement. Les humecter d'eau et strier la surface à l'aide d'un couteau. Passer au four préchauffé à 210 °C pendant 10 min. Laisser refroidir sur une grille. Servir avec du beurre.

FROMAGES
Tout le monde aime le fromage ;

les touches fantaisistes et décoratives apportées sur ce choix de fromages frais

en feront un régal pour les yeux et un délice pour le palais.

PETITS CHÈVRES
AUX HERBES GRILLÉES
Mettre 4 brins de sauge, de romarin, de thym et de marjolaine dans une petite casserole. Couvrir et cuire 20 min à feu moyen sans ôter le couvercle. Passer les herbes noircies au mixeur pour les hacher finement. Enduire d'herbes grillées 4 chèvres ronds de 100 g, les couvrir de film plastique et réfrigérer toute la nuit.

HALOUMI MARINÉ À L'AIL
Égoutter 500 g d'haloumi sur du papier absorbant. Le couper en fines tranches et les disposer dans un plat peu profond ; ajouter 2 gousses d'ail finement hachées, 2 cuil. à soupe de basilic frais, 1 cuil. à soupe de jus de citron vert, 60 g de tomates séchées émincées et 250 ml d'huile d'olive. Couvrir et laisser mariner toute la nuit. Retirer le fromage et les

tomates de la marinade et les disposer sur des tranches de pain ; passer au gril préchauffé jusqu'à ce que le fromage fonde et dore. Arroser de jus de citron vert et saupoudrer de poivre noir fraîchement moulu.

FETA ET TOMATES MARINÉES
Égoutter 350 g de feta sur du papier absorbant. La couper en cubes. Verser

1 cuil. à soupe de poivre noir concassé et d'origan séché au fond d'un bocal de 750 ml. Ajouter la feta, 4 petits piments rouges frais, quelques brins de romarin et 125 g de tomates séchées. Couvrir d'huile d'olive, fermer hermétiquement et réfrigérer. Cette marinade se conserve 1 à 2 mois au réfrigérateur.

RICOTTA AU FOUR

Laisser s'égoutter 500 g de ricotta dans un chinois fin au-dessus d'un bol, pendant 3 h. Dans un bol, mélanger la ricotta et 3 œufs légèrement battus. Déposer la préparation dans un moule à cake et tasser fermement. Arroser de 125 ml d'huile d'olive et saupoudrer avec 1 cuil. à soupe de paprika doux, 1 cuil. à café de cumin moulu et du poivre noir moulu. Passer au four préchauffé à 180 °C pendant 40 min, jusqu'à ce que

le fromage soit doré. Laisser tiédir, retirer du moule et arroser du jus de cuisson. Servir en tranches avec un plat d'anti-pasti.

FROMAGE FRAIS AU PESTO ET AUX HERBES

Passer 500 g de fromage frais crémeux et 1 cuil. à soupe de pesto prêt à l'emploi au mixeur. Ajouter 30 g de ciboulette fraîche et 3 cuil. à soupe de coriandre fraîche hachée et mixer pour bien mélanger. Mettre la préparation dans un moule rond de 20 cm environ, garni de film plastique. Couvrir et réfrigérer 3 h, jusqu'à ce que le fromage soit ferme. Retirer du moule et saupoudrer d'amandes grillées concassées. Servir avec des crackers, des tomates séchées et des olives.

CRÈME DE RICOTTA AUX AMANDES ET AUX FRUITS DE SAISON

Dans une jatte, mélanger 250 g de ricotta, 1 cuil. à soupe de crème fraîche épaisse, 100 g d'amandes pilées, 200 g de fromage blanc à la vanille, 4 cuil. à soupe de sucre en poudre et 1 cuil. à café d'essence de vanille. Déposer la préparation dans une double mousseline suspendue au-dessus d'un saladier. Laisser s'égoutter toute la nuit, au frais. Mettre sur un plat et servir avec des fruits frais.

À PARTIR D'EN HAUT, À GAUCHE : Haloumi mariné à l'ail, Feta et tomates marinées, Petits Chèvres aux herbes grillées, Crème de ricotta aux amandes et aux fruits de saison, Ricotta au four, Fromage frais au pesto et aux herbes

et le persil dans la farine. Remuer rapidement avec une cuillère en bois ou une spatule en caoutchouc jusqu'à ce que les ingrédients soient juste mélangés (sans trop travailler la pâte).

3 Verser la préparation dans le moule. Enfourner 20 min, jusqu'à ce que les muffins soient dorés. Retirer du four, détacher à l'aide d'un couteau mais laisser reposer 2 min dans le moule avant de faire refroidir sur une grille.

MUFFINS ÉPICÉS À LA PATATE DOUCE ET À LA CAROTTE

Préparation : 20 min
Cuisson : 25 min
Pour 12 muffins

★

250 g de farine avec levure incorporée

3 cuil. à café de curry en poudre

Sel et poivre noir fraîchement moulu

80 g de carotte râpée

60 g de patate douce orange râpée

125 g de fromage râpé

90 g de beurre fondu

1 œuf légèrement battu

175 ml de lait

1 Préchauffer le four à 180 °C. Huiler ou beurrer un moule à 12 trous. Tamiser la farine, le curry, le sel et le poivre dans une grande jatte. Ajouter la carotte, la patate douce et le fromage ; bien travailler du bout des doigts jusqu'à ce que les ingrédients soient mélangés. Faire un puits au centre.

CONGELER LES MUFFINS

Les muffins sont indéniablement meilleurs lorsqu'ils sortent du four, mais on peut toutefois les congeler pendant 3 mois. Mettez-les dans un récipient hermétique ou enveloppez-les séparément de papier aluminium. Ils n'ont pas besoin d'être décongelés, mais simplement réchauffés 10 min à four modéré (180 °C).

CI-DESSUS : Muffins au poivron et au maïs
CI-CONTRE : Muffins épicés à la patate douce et à la carotte

MUFFINS AU POIVRON ET AU MAÏS

Préparation : 15 min
Cuisson : 20 min
Pour 12 muffins

★

125 g de farine

1 pincée de sel

1 cuil. à soupe de levure chimique

150 g de semoule de maïs fine

1 cuil. à soupe de sucre en poudre

1 œuf

170 ml de lait

Quelques gouttes de Tabasco (facultatif)

60 ml d'huile

1/2 poivron rouge finement haché

440 g de maïs en boîte égoutté

3 cuil. à soupe de persil frais finement haché

1 Préchauffer le four à 210 °C. Huiler ou beurrer un moule à 12 trous. Tamiser la farine, le sel et la levure dans une grande jatte. Ajouter la semoule et le sucre. Bien mélanger et faire un puits au centre.
2 Dans un bol, mélanger l'œuf, le lait, le Tabasco et l'huile. Ajouter ce mélange, le poivron, le maïs

NOIX DE PÉCAN

Les noix de pécan, originaires des États-Unis, étaient très utilisées dans la cuisine amérindienne. Elles sont aujourd'hui intégrées dans la gastronomie américaine, notamment dans le pecan pie (tarte aux noix de pécan) et la farce de la célèbre dinde de Thanksgiving. Leur goût ressemble à celui de la noix ordinaire, mais la noix de pécan est plus huileuse. C'est d'ailleurs l'un des fruits oléagineux les plus gras, avec 70 % d'huile.

2 Ajouter le mélange de beurre, d'œuf et de lait en une seule fois. Avec une cuillère en bois, remuer jusqu'à ce que les ingrédients soient juste mélangés (sans trop travailler la pâte).

3 Verser la pâte dans le moule. Enfourner 25 min, jusqu'à ce que les muffins soient gonflés et dorés. Détacher avec un couteau, laisser reposer 2 min dans le moule avant de faire refroidir sur une grille.

MUFFINS AUX COURGETTES ET AUX CAROTTES

Préparation : 20 min
Cuisson : 20 min
Pour 12 muffins

2 courgettes moyennes

2 carottes pelées

250 g de farine avec levure incorporée

1 pincée de sel

1 cuil. à café de cannelle moulue

1/2 cuil. à café de muscade moulue

60 g de noix de pécan concassées

2 œufs

250 ml de lait

90 g de beurre fondu

1 Préchauffer le four à 210 °C. Huiler ou beurrer un moule à 12 trous. Râper les courgettes et les carottes. Tamiser la farine, le sel, la cannelle et la muscade dans une terrine. Ajouter les carottes, la courgette et les noix de pécan. Bien mélanger.

2 Dans un bol, mélanger les œufs, le lait et le beurre fondu en battant vigoureusement.

3 Faire un puits au centre de la farine ; ajouter le mélange aux œufs en une seule fois. Remuer rapidement avec une fourchette ou une spatule en caoutchouc, jusqu'à ce que les ingrédients soient juste mélangés (ne pas trop travailler la pâte).

4 Verser la pâte dans le moule. Enfourner 15 à 20 min, jusqu'à ce que les muffins soient dorés. Détacher avec une palette ou une spatule et laisser reposer 2 min dans le moule avant de faire refroidir sur une grille.

CI-DESSUS : Muffins aux courgettes et aux carottes

CHEDDAR

Le cheddar, probablement le plus connu des fromages anglais, est né dans la petite ville du Somerset qui lui a donné son nom. Le cheddar a la particularité très appréciable de s'adapter à toutes les situations : il trouve sa place aussi bien sur un plateau de fromage que dans les plats cuisinés. Comme beaucoup de fromages, il est plus ou moins fort et plus ou moins affiné. Goûtez-en plusieurs, avant de décider celui que vous préférez.

CI-DESSUS :
Miniscones à l'oignon et au parmesan

MINISCONES À L'OIGNON ET AU PARMESAN

Préparation : 25 min
Cuisson : 12 min
Pour 24 scones

30 g de beurre

1 petit oignon finement haché

250 g de farine avec levure incorporée, tamisée

1 pincée de sel

50 g de parmesan finement râpé

125 ml de lait

125 ml d'eau

Poivre de Cayenne

1 Préchauffer le four à 210 °C. Beurrer une plaque de four. Faire fondre le beurre dans une petite casserole et faire revenir l'oignon 2 à 3 min à feu doux. Laisser refroidir légèrement.
2 Dans une terrine, mélanger la farine, le sel et le parmesan. Faire un puits au centre ; ajouter les oignons et presque tout le mélange de lait et d'eau. Mélanger délicatement avec une spatule jusqu'à obtention d'une pâte souple, en rajoutant un peu de liquide si nécessaire.

3 Pétrir la pâte brièvement sur un plan de travail fariné et l'étaler jusqu'à ce qu'elle ait 2 cm d'épaisseur. Découper des ronds de 3 cm à l'aide d'un emporte-pièce fariné. Disposer les ronds sur la plaque et les saupoudrer légèrement de poivre de Cayenne. Enfourner 10 à 12 min, jusqu'à ce qu'ils soient dorés.
REMARQUE : travailler délicatement la pâte à scone en incorporant le liquide. Une pâte trop pétrie donnera des scones compacts.

SCONES AU FROMAGE ET À LA CIBOULETTE

Préparation : 20 min
Cuisson : 12 min
Pour 9 scones

250 g de farine avec levure incorporée

1 pincée de sel

30 g de beurre coupé en petits morceaux

60 g de cheddar râpé + 3 cuil. à soupe

3 cuil. à soupe de parmesan râpé

2 cuil. à soupe de ciboulette hachée

125 ml de lait

125 ml d'eau

Le nom latin du romarin, *Rosmarinus officinalis,* se traduit poétiquement par «rosée de la mer»; l'arôme puissant et le piquant de cette herbe évoquent en effet les collines méditerranéennes. Le romarin doit s'utiliser avec discrétion, car son goût particulier domine facilement les autres.

1 Préchauffer le four à 210 °C. Beurrer ou huiler une plaque de four. Tamiser la farine et le sel dans une terrine. Incorporer le beurre avec les doigts, puis les fromages et la ciboulette. Faire un puits au centre ; ajouter le lait et presque toute l'eau. Mélanger délicatement à l'aide d'une spatule jusqu'à obtention d'une pâte souple, en rajoutant un peu d'eau si nécessaire.
2 Pétrir la pâte brièvement sur un plan de travail fariné. L'étaler jusqu'à ce qu'elle ait 2 cm d'épaisseur. Avec un emporte-pièce fariné, découper des ronds de 5 cm, et les disposer sur la plaque ; saupoudrer du fromage supplémentaire. Enfourner 12 min, jusqu'à ce que le fromage soit doré.

SCONES AUX POMMES DE TERRE ET AUX OLIVES

Préparation : 25 min
Cuisson : 15 min
Pour 15 scones

250 g de pommes de terre pelées et hachées
125 ml de lait, et un peu plus pour badigeonner
Poivre noir fraîchement moulu

250 g de farine avec levure incorporée
30 g de beurre coupé en petits morceaux
3 cuil. à soupe d'olives noires dénoyautées et hachées
3 à 4 cuil. à café de romarin frais haché
125 ml d'eau

1 Préchauffer le four à 210 °C. Beurrer une plaque de four. Cuire les pommes de terre à l'eau ou au micro-ondes. Les écraser avec le lait et poivrer.
2 Tamiser la farine dans un grand saladier ; ajouter le beurre et le travailler du bout des doigts. Ajouter les olives et le romarin et mélanger légèrement. Faire un puits au centre ; ajouter la purée de pommes de terre et presque toute l'eau. Mélanger avec une spatule jusqu'à obtention d'une pâte souple, en rajoutant un peu d'eau si nécessaire.
3 Pétrir brièvement la pâte sur un plan de travail fariné et l'étaler jusqu'à ce qu'elle ait 2 cm d'épaisseur. À l'aide d'un emporte-pièce fariné, découper des ronds de 5 cm et les disposer sur la plaque. Les badigeonner d'un peu de lait et enfourner 10 à 15 min, jusqu'à ce que les scones soient dorés. Servir chaud ou froid avec du beurre.
REMARQUE : le goût salé des olives évite tout ajout de sel supplémentaire.

CI-DESSUS : Scones aux pommes de terre et aux olives

SAUCES ET CONDIMENTS

Destinés à améliorer le goût et l'aspect des plats qu'ils accompagnent, les innombrables sauces et condiments se confectionnent à l'ancienne ou adoptent une touche innovatrice. Quelle que soit leur forme, leur but est unique : élever des plats simples au rang de véritables mets de roi.

SAUCES CHAUDES

Les légumes sont délicieux servis avec une sauce. Essayez les artichauts ou les asperges avec de l'aïoli, de la sauce hollandaise ou de la mayonnaise; le brocoli ou le chou-fleur avec de la sauce béchamel ou de la sauce Mornay; les pommes de terre avec de la sauce au bleu ou de l'aïoli; les tomates, enfin, avec de la vinaigrette simple ou aux herbes, ou encore arrosées de vinaigrette au vinaigre balsamique.

CI-DESSUS :
Sauce Mornay
(avec des légumes)

SAUCE BÉCHAMEL

Préparation : 15 min
Cuisson : 10 min
Pour 250 ml

250 ml de lait
1 rondelle d'oignon
1 feuille de laurier
6 grains de poivre
30 g de beurre
1 cuil. à soupe de farine
Sel et poivre blanc

1 Mélanger le lait, l'oignon, le laurier et le poivre dans une petite casserole. Porter à ébullition, retirer la casserole du feu et laisser reposer 10 min. Passer le lait au chinois fin afin d'éliminer les aromates.
2 Faire fondre le beurre dans une petite casserole et ajouter la farine. Remuer 1 min à feu moyen, jusqu'à ce que le mélange dore et fasse des bulles. Retirer du feu, verser le lait très lentement et peu à peu, en remuant bien entre chaque ajout, jusqu'à ce que la sauce soit parfaitement lisse. Quand tout le lait est incorporé, remettre la casserole sur le feu et remuer constamment à feu moyen jusqu'à ébullition et épaississement.

3 Prolonger l'ébullition de 1 min et retirer du feu. Saler et poivrer.
REMARQUE : l'infusion du lait avec de l'oignon, du laurier et du poivre lui donne plus de goût, mais on peut parfaitement l'employer nature, surtout si l'on utilise d'autres aromates.

VARIANTE

Béchamel au persil : ajouter 3 cuil. à soupe de persil frais finement haché à la sauce et bien mélanger. On peut aussi parfumer la sauce à la ciboulette, à l'aneth ou à l'estragon, ou encore avec un mélange d'herbes.

SAUCE MORNAY

Préparation : 10 min
Cuisson : 10 min
Pour 250 ml environ

30 g de beurre
1 cuil. à soupe de farine
350 ml de lait
60 g de gruyère râpé
1 pincée de moutarde en poudre
Sel et poivre

1 Faire fondre le beurre dans une petite casserole et ajouter la farine. Remuer 1 min à feu moyen jusqu'à ce que le mélange dore et fasse des bulles. Retirer du feu, verser le lait très lentement et peu à peu, en remuant bien entre chaque ajout, jusqu'à ce que la sauce soit parfaitement lisse. Quand tout le lait est incorporé, remettre la casserole sur le feu et remuer constamment à feu moyen jusqu'à ébullition et épaississement.

2 Prolonger l'ébullition de 1 min et retirer du feu. Ajouter le fromage et la moutarde en poudre. Bien remuer pour faire fondre le fromage ; assaisonner.

SAUCE HOLLANDAISE

Préparation : 5 min
Cuisson : 10 min
Pour 300 ml environ

175 g de beurre

2 cuil. à soupe d'eau

4 jaunes d'œufs

1 cuil. à soupe de jus de citron

Sel et poivre blanc

1 Faire fondre le beurre dans une petite casserole. Éliminer l'écume superficielle et laisser refroidir. Dans une autre casserole, battre avec un fouet l'eau et les jaunes d'œuf pendant 30 s environ, jusqu'à obtention d'un mélange pâle et onctueux.

2 Mettre la casserole à feu très doux et continuer à battre 3 min jusqu'à ce que la sauce épaississe et devienne mousseuse ; retirer du feu (veiller à ce que la casserole ne soit pas trop chaude, ou bien votre sauce se transformera en œufs brouillés !).

3 Ajouter le beurre, d'abord peu à peu, en fouettant bien entre chaque ajout. Continuer à verser le beurre en un fin filet, en fouettant vigoureusement, jusqu'à ce que tout le beurre soit incorporé. Éviter autant que possible d'incorporer le petit-lait blanc au fond de la casserole. Verser le jus de citron, saler et poivrer.

VARIANTES

Méthode au mixeur : utiliser les mêmes quantités que pour la sauce hollandaise. Passer les jaunes d'œuf, l'eau et le jus de citron 10 s au mixeur. Faire fondre le beurre et l'écumer. Sans cesser de mixer, verser le beurre en un fin filet dans le mélange aux œufs. Transférer dans un bol et assaisonner.

Sauce maltaise : remplacer le jus de citron par 2 cuil. à soupe de jus d'orange (après l'avoir passé au tamis fin pour éliminer la pulpe).

SAUCE HOLLANDAISE AU MICRO-ONDES

La sauce hollandaise peut également se préparer rapidement au micro-ondes. Pour cela, faites fondre 200 g de beurre dans un bol spécial micro-ondes, pendant 1 min. Battez 3 jaunes d'œufs et 2 cuil. à soupe de jus de citron dans un autre bol spécial micro-ondes et incorporez le beurre, en remuant bien. Faites cuire 1 min 20 à température moyenne, en arrêtant la cuisson toutes les 20 s pour remuer. La sauce doit avoir bien épaissi en fin de cuisson.

CI-DESSUS :
Sauce hollandaise
(avec des asperges)

241

3 Porter à ébullition, baisser le feu et laisser mijoter 15 min à découvert, jusqu'à ce que la sauce épaississe légèrement. Saler et poivrer.
REMARQUE : cette sauce se conserve 2 jours au réfrigérateur dans un récipient fermé, ou 2 mois au congélateur. La réchauffer dans une casserole ou au micro-ondes. La servir chaude avec des pâtes ou l'utiliser comme base de pizza.

VINAIGRETTE

Préparation : 3 min
Pas de cuisson
Pour 125 ml environ

2 cuil. à soupe de vinaigre de vin blanc

80 ml d'huile d'olive légère

1 cuil. à café de moutarde

Sel et poivre blanc

1 Mélanger le vinaigre, l'huile et la moutarde dans un bocal. Secouer énergiquement pour bien mélanger les ingrédients. Saler et poivrer.

VARIANTE

Vinaigrette aux herbes : remplacer le vinaigre ordinaire par du vinaigre parfumé aux herbes, ou bien ajouter 1 cuil. à soupe de fines herbes finement hachées.

SAUCE AU BLEU

Préparation : 5 min
Pas de cuisson
Pour 250 ml environ

125 g de mayonnaise

60 ml de crème fraîche épaisse

1 cuil. à café de vinaigre de vin blanc

1 cuil. à soupe de ciboulette finement hachée

50 g de bleu

1 Dans un bol, mélanger la mayonnaise, la crème fraîche, le vinaigre et la ciboulette.
2 Émietter le bleu dans la mayonnaise et remuer délicatement. Couvrir et réfrigérer jusqu'à 3 jours. Servir sur des asperges cuites ou des petites pommes de terre bouillies, des pommes de terre au four ou de la salade verte.

SAUCE TOMATE

Préparation : 15 min
Cuisson : 20 min
Pour 4 personnes

1,5 kg de grosses tomates mûres

1 cuil. à soupe d'huile d'olive

1 oignon moyen finement haché

2 gousses d'ail écrasées

1 cuil. à café d'origan séché

2 cuil. à soupe de concentré de tomate

1 cuil. à café de sucre

Sel et poivre

1 Inciser d'une croix la base des tomates. Les mettre dans un bol et les couvrir d'eau bouillante pendant 2 min ; égoutter et laisser refroidir. Les peler à partir de la croix et hacher finement la chair.
2 Chauffer l'huile dans une casserole et faire revenir l'oignon 3 min à feu moyen, en remuant. Ajouter l'ail et prolonger la cuisson de 1 min. Ajouter les tomates, l'origan, le concentré de tomate et le sucre.

GRAINES DE MOUTARDE

Il existe trois sortes de graines de moutardes : noires, brunes et jaunes. Les graines de moutarde noires sont les plus fortes, mais, n'étant pas adaptées à la récolte mécanisée, elles ont été progressivement remplacées par les graines brunes.

CI-DESSUS : Sauce tomate (avec des pâtes)

MAYONNAISE

Préparation : 10 min
Pas de cuisson
Pour 250 ml environ

2 jaunes d'œufs
1 cuil. à soupe de moutarde
4 cuil. à café de jus de citron
1 tasse d'huile d'olive légère
Sel et poivre blanc

1 Mettre les jaunes d'œufs dans un grand bol. Ajouter la moutarde et 2 cuil. à café de jus de citron : battre jusqu'à obtention d'un mélange léger et onctueux.
2 Ajouter l'huile d'olive, 1 petite cuillerée à la fois, en battant continuellement. Augmenter la quantité d'huile à mesure que la mayonnaise épaissit. Quand toute l'huile a été incorporée, verser les 2 cuil. à café restantes de jus de citron. Saler et poivrer.

VARIANTE

Méthode au mixeur : passer les jaunes d'œufs, la moutarde et le jus de citron 10 s au mixeur. Sans cesser de mixer, ajouter l'huile en un fin filet. Transférer dans un bol, saler et poivrer.

SAUCE *THOUSAND ISLAND*

Préparation : 10 min
Pas de cuisson
Pour 350 ml environ

250 g de mayonnaise
2 à 3 cuil. à soupe de sauce au piment
1 pimento finement haché, ou 50 g d'olives
    finement hachées
1 cuil. à soupe d'oignon râpé
2 cuil. à soupe de poivron vert finement haché
Lait (facultatif)

1 Dans un bol, bien mélanger la mayonnaise, la sauce au piment, le pimento (ou les olives), l'oignon et le poivron.
2 Ajouter un peu de lait pour une consistance plus liquide. Laisser la sauce reposer 2 h minimum avant emploi. Réfrigérer jusqu'à 3 jours, dans un récipient fermé.

AÏOLI (MAYONNAISE À L'AIL)

Préparation : 10 min
Pas de cuisson
Pour 250 ml environ

2 jaunes d'œufs
3 belles gousses d'ail écrasées
4 cuil. à café de jus de citron
250 ml d'huile d'olive légère
Sel et poivre blanc

1 Mettre les jaunes d'œufs dans un grand bol. Ajouter l'ail et 2 cuil. à café de jus de citron ; fouetter 30 s jusqu'à obtention d'un mélange léger et onctueux.
2 Ajouter l'huile d'olive, 1 petite cuillerée à la fois, sans cesser de fouetter. Augmenter la quantité d'huile à mesure que la mayonnaise épaissit. Quand toute l'huile a été incorporée, verser les 2 cuil. à café restantes de jus de citron ; saler et poivrer.

*CI-DESSUS : Aïoli
(avec des légumes grillés)*

HARISSA

Préparation : 25 min + temps de trempage
Cuisson : 1 à 2 min
Pour 250 ml environ

250 g de petits piments rouges frais ou séchés

1 cuil. à soupe de graines de carvi

1 cuil. à soupe de graines de coriandre

2 cuil. à café de graines de cumin

4 à 6 gousses d'ail pelées

1 cuil. à soupe de menthe séchée

1 cuil. à café de sel

125 ml d'huile d'olive extravierge

1 Avec des gants en caoutchouc, retirer la tige des piments, les partager en deux et ôter les graines. Les mettre à ramollir 5 min dans de l'eau chaude (pour des piments frais, ou 30 min pour des piments séchés).
2 Pendant que les piments trempent, faire revenir les graines de carvi, coriandre et cumin dans une poêle sèche, jusqu'à ce que les arômes s'exhalent (1 à 2 min). Égoutter les piments et les mettre dans un mixeur. Ajouter les graines, l'ail, la menthe et le sel et, en ajoutant l'huile peu à peu, mixer jusqu'à obtention d'une purée épaisse et lisse.
REMARQUE : la harissa se conserve 2 semaines au réfrigérateur, dans un récipient fermé. La servir à température ambiante pour accompagner les plats marocains ou relever les soupes et les ragoûts.

RAÏTA AU CONCOMBRE

Préparation : 5 min
Cuisson : 1 min
Pour 2 à 4 personnes

2 concombres libanais pelés et finement hachés

250 g de yaourt nature

1 cuil. à café de cumin moulu

1/2 cuil. à café de gingembre frais râpé

Sel et poivre fraîchement moulu

Paprika

1 Mettre les concombres et le yaourt dans un bol. Faire frire le cumin à sec pendant 1 min, puis l'ajouter au yaourt avec le gingembre. Saler et poivrer.
2 Transférer dans le bol de service et saupoudrer de paprika. Servir très froid. Réfrigérer jusqu'à 2 jours.

AIL

L'intensité de l'ail en tant qu'aromate dépend de la façon dont il est préparé. Une gousse entière ajoutée aux potages et aux sauces et cuite lentement aura une saveur douce ; de l'ail finement haché sera fort et piquant car le fait d'être écrasé libère ses huiles ; enfin, une gousse ou une demi-gousse peut être utilisée pour parfumer l'huile de cuisson (on enlève la gousse de l'huile chaude une fois que celle-ci est parfumée).

PESTO

Préparation : 10 min
Pas de cuisson
Pour 250 ml environ

250 g de basilic frais

50 g de pignons grillés

2 gousses d'ail écrasées

35 g de parmesan finement râpé

80 ml d'huile d'olive

Sel et poivre

1 Éliminer les tiges du basilic. Laver et essorer les feuilles. Les passer au mixeur avec les pignons, l'ail et le parmesan, jusqu'à obtention d'un fin hachis.
2 Sans cesser de mixer, verser l'huile d'olive en un fin filet. Saler et poivrer à votre goût.
REMARQUE : pour griller les pignons, les faire dorer à feu doux dans une petite casserole, ou bien les passer au gril jusqu'à ce qu'ils soient dorés, en remuant pour qu'ils ne brûlent pas.

*CI-DESSUS : Pesto
(avec des pâtes)*

CHUTNEY À LA CORIANDRE

Préparation : 15 min
Pas de cuisson
Pour 250 ml environ

90 g de coriandre fraîche (feuilles, tiges
  et racines)
3 cuil. à soupe de noix de coco séchée
1 cuil. à soupe de sucre roux
1 cuil. à café de sel
1 cuil. à soupe de gingembre frais râpé
1 petit oignon haché
2 cuil. à soupe de jus de citron
1 ou 2 petits piments verts

1 Laver, essorer et hacher grossièrement la coriandre. La mettre dans un mixeur avec la noix de coco, le sucre, le sel, le gingembre, l'oignon et le jus de citron.
2 Retirer les graines des piments. Les hacher grossièrement et les ajouter au mixeur. Mixer 1 min environ. Servir très froid. Conserver jusqu'à 2 jours au réfrigérateur, dans un récipient fermé.

SALSA ÉPICÉE À LA TOMATE

Préparation : 15 min
Cuisson : 2 à 3 min
Pour 375 ml environ

1 piment rouge serrano ou jalapeño
3 tomates moyennes mûres, finement hachées
1 petit oignon rouge finement haché
3 cuil. à soupe de coriandre fraîche hachée
2 cuil. à soupe de jus de citron vert

1 Griller le piment en le maintenant au-dessus de la flamme du gaz (à l'aide d'une fourchette ou de pincettes) ou en le passant au gril chaud, jusqu'à ce que la peau cloque et noircisse. Laisser refroidir sous un torchon avant de le peler. Le couper en deux et ôter les graines. Hacher finement la chair.
2 Mettre tous les ingrédients dans un bol et laisser reposer 30 min. La salsa se conserve 3 jours au réfrigérateur.

CONFITURE DE PIMENTS

Préparation : 25 min
Cuisson : 35 min
Pour 250 ml environ

12 piments rouges jalapeño
2 tomates moyennes mûres
1 petit oignon finement haché
1 pomme verte finement râpée
125 ml de vinaigre de vin
125 g de sucre

1 Couper les piments en deux dans le sens de la longueur ; éliminer les graines. Disposer les piments, côté bombé en haut, sur une plaque de four et les passer au gril chaud jusqu'à ce que la peau noircisse. Laisser refroidir sous un torchon.
2 Inciser d'une petite croix la base des tomates. Les mettre dans un bol et les couvrir d'eau bouillante pendant 2 min. Égoutter et laisser refroidir. Peler les tomates et les piments, et couper finement la chair.
3 Dans une casserole, mélanger l'oignon, la pomme, le vinaigre, le sucre, les tomates et les piments ; remuer jusqu'à ce que le sucre soit dissous. Porter à ébullition, baisser le feu et laisser mijoter 30 min. Conserver 1 mois au réfrigérateur dans un bocal fermé.
REMARQUE : la confiture de piment s'utilise en petite quantité pour accompagner le fromage ou pour relever les soupes et les ragoûts.

NOIX DE COCO

À la récolte, les noix de coco sont couvertes d'une coquille verte souple ; leur chair est molle et elles sont remplies de jus. Une fois parvenues à maturité, la coquille se durcit et l'enveloppe verte extérieure se détache pour révéler la coquille marron fibreuse. Choisissez toujours une noix de coco en fonction de son poids : plus elle est lourde, plus elle sera juteuse. Veillez à ce que les « yeux » soient secs et que le fruit n'exhale pas d'odeur de moisi.

CI-DESSOUS :
 Confiture de piments
 (avec du fromage
 et des légumes grillés)

SAUCE CHAUDE AU CHOCOLAT

Préparation : 5 min
Cuisson : 20 min
Pour 300 ml environ

200 g de chocolat noir concassé

175 ml d'eau

1 cuil. à soupe de sucre en poudre

1/2 cuil. à café d'essence de vanille

60 ml de crème fleurette

1 noix de beurre

1 cuil. à soupe de rhum ou de cognac (facultatif)

1 Faire fondre le chocolat, l'eau et le sucre au bain-marie. Prolonger la cuisson de 15 min en remuant de temps en temps.
2 Retirer la casserole du bain-marie et incorporer la vanille, la crème fleurette, le beurre et l'alcool. Servir.
REMARQUE : cette sauce se conserve 2 semaines dans un bocal hermétique. Elle s'épaissit à la réfrigération, mais peut se réchauffer à feu doux avant emploi. Servir chaud sur de la glace ou pour napper des profiteroles, des gaufres ou des crêpes.

CRÈME ANGLAISE

Préparation : 5 min
Cuisson : 10 min
Pour 4 à 6 personnes

3 jaunes d'œufs

2 cuil. à soupe de sucre en poudre

375 ml de lait

1/2 cuil. à café d'essence de vanille

1 Fouetter les jaunes d'œufs et le sucre jusqu'à obtention d'un mélange crémeux. Chauffer le lait dans une casserole jusqu'au point d'ébullition ; l'incorporer au mélange à l'œuf en remuant constamment.
2 Remettre la préparation dans la casserole et remuer 5 min à feu doux jusqu'à ce que la crème épaississe légèrement. Ne pas faire bouillir, car la crème tournerait. Retirer du feu et incorporer l'essence de vanille. Transférer dans une saucière.
REMARQUE : cette crème est meilleure préparée 30 min avant emploi. Couvrir la surface de film

plastique afin d'éviter la formation d'une peau. Servir avec des fruits pochés ou tout autre dessert.

SAUCE BUTTERSCOTCH

Préparation : 5 min
Cuisson : 15 min
Pour 350 ml environ

125 g de beurre

100 g de sucre roux

2 cuil. à soupe de mélasse raffinée

125 ml de crème fraîche liquide

1 cuil. à café d'essence de vanille

1 Faire fondre le beurre et le sucre à feu doux dans une casserole. Porter à ébullition.
2 Ajouter la mélasse raffinée et la crème fraîche. Baisser le feu et laisser mijoter 10 min, jusqu'à ce que la sauce épaississe légèrement. Retirer du feu et ajouter la vanille. Servir chaud ou froid (cette sauce s'épaissit à température ambiante), sur de la glace, des gaufres ou des crêpes.

COULIS DE FRUITS ROUGES

Préparation : 8 min
Pas de cuisson
Pour 250 à 350 ml environ

250 g de fraises, framboises ou mûres

2 à 4 cuil. à soupe de sucre glace

1 cuil. à soupe de jus de citron

1 à 2 cuil. à soupe de Cointreau ou de Grand-Marnier (facultatif)

1 Équeuter les fruits et les passer au mixeur avec le sucre glace et le jus de citron.
2 Ajouter le Cointreau (ou le Grand-Marnier). Ce coulis se conserve 3 jours au réfrigérateur, dans un récipient fermé. Le servir avec des fruits frais ou cuits, des tartelettes ou de la glace.
REMARQUE : on peut utiliser des fruits rouges frais ou surgelés. Le coulis peut être passé au chinois fin, si la recette requiert une sauce très lisse. Pour du coulis de mangue, utiliser 2 mangues pelées, dénoyautées et réduites en purée (ou de la purée de mangue surgelée), et suivre les instructions ci-dessus.

VANILLE

La vanille provient de la gousse d'une orchidée grimpante tropicale. On fend cette gousse en deux afin d'en libérer les petites graines, et on l'utilise pour parfumer le lait ou la crème anglaise ou pour aromatiser le sucre en poudre. On trouve la vanille sous forme liquide – l'extrait ou l'essence de vanille – plus ou moins forte de goût. Son prix est généralement une bonne garantie de qualité : la meilleure vanille est onéreuse mais forte, et s'emploie en très petite quantité.

*PAGE CI-CONTRE :
À PARTIR D'EN HAUT
À GAUCHE :
Sauce chaude au chocolat, Crème anglaise, Coulis de fruits rouges, Sauce Butterscotch*

DESSERTS

Tartes aux fruits, puddings onctueux, mousses et soufflés maison – ces quelques mots suffisent à mettre l'eau à la bouche. Et cela n'est rien en comparaison de l'aspect, de l'arôme et de la saveur de ces plats sucrés que l'on présente en fin de repas... Les idées qui suivent enchanteront autant les pâtissiers ou apprentis pâtissiers que les convives, leur apparence sophistiquée cachant souvent une grande simplicité d'exécution.

Les Aztèques du Mexique utilisaient déjà les graines du cacaoyer pour concocter une boisson, et c'est l'explorateur espagnol Cortés qui les rapporta le premier en Europe, en 1528. Pendant longtemps, les Espagnols cachèrent si bien l'existence du chocolat que les pirates hollandais et anglais rejetaient systématiquement à la mer toutes les cargaisons de cacao des navires qu'ils capturaient. La première chocolaterie de Londres ouvrit en 1657, mais les droits de douane élevés placèrent le chocolat au rang des denrées de luxe jusqu'au XIXᵉ siècle.

GÂTEAU AU FROMAGE ET AUX MYRTILLES

Préparation : 40 min + temps de réfrigération
Cuisson : 45 à 50 min
Pour 8 à 10 personnes

★★

125 g de beurre
100 g de flocons d'avoine
100 g de biscuits au froment finement écrasés
2 cuil. à soupe de sucre roux

Garniture

375 g de fromage frais crémeux allégé
100 g de ricotta fraîche
90 g de sucre en poudre
125 g de crème fraîche
2 œufs
1 cuil. à soupe de zeste d'orange finement râpé
1 cuil. à soupe de farine

Décoration

250 g de myrtilles fraîches
240 g de confiture ou de gelée de mûres
60 ml de brandy à la cerise

1 Beurrer un moule rond et profond, de 20 cm environ, et garnir le fond de papier sulfurisé. Faire fondre le beurre dans une casserole, ajouter les flocons d'avoine et les biscuits émiettés ; bien mélanger. Incorporer le sucre. Tasser la moitié de ce mélange au fond du moule, puis remonter progressivement le long des bords, en vous aidant d'un verre pour bien tasser la pâte (arrêtez-vous avant le haut du bord). Réfrigérer 10 à 15 min. Préchauffer le four à 180 °C.

2 Garniture : battre le fromage frais, la ricotta, le sucre et la crème fraîche au batteur, jusqu'à obtention d'un mélange homogène. Incorporer les œufs, le zeste d'orange et la farine, sans cesser de battre. Verser la préparation dans le moule et enfourner 40 à 45 min, jusqu'à ce que la garniture soit juste prise. Retirer du four mais laisser refroidir dans le moule.

3 Décoration : éparpiller les myrtilles sur la surface du gâteau. Tamiser la confiture de mûres dans une casserole et ajouter le brandy. Remuer à feu moyen puis laisser mijoter 2 à 3 min. En badigeonner délicatement les myrtilles. Réfrigérer plusieurs heures ou toute la nuit.

CI-DESSUS : Gâteau au fromage et aux myrtilles

OMELETTE CHOCOLAT-NOISETTE

Préparation : 20 min
Cuisson : 15 min
Pour 4 personnes

3 cuil. à soupe de noisettes finement hachées
60 g de chocolat noir grossièrement concassé
4 jaunes d'œufs
3 cuil. à soupe de sucre en poudre
5 blancs d'œuf
Sel
30 g de beurre doux
1 cuil. à soupe de cacao en poudre

1 Faire dorer les noisettes dans une poêle sèche à feu moyen, en remuant. Réserver.
2 Faire fondre le chocolat au bain-marie et laisser refroidir légèrement.
3 Battre les jaunes d'œufs et le sucre 1 min au batteur, jusqu'à épaississement. Ajouter le chocolat fondu et bien battre.
4 Battre les blancs en neige avec une pincée de sel. Les incorporer, un tiers à la fois, dans le mélange au chocolat. Incorporer les noisettes. Préchauffer le gril.
5 Faire fondre le beurre dans une poêle. Quand le beurre est chaud, verser la préparation. Tourner la poêle de façon à couvrir équitablement le fond. Cuire 1 à 2 min à feu doux, jusqu'à ce que des bulles se forment en surface. Placer sous le gril et faire cuire jusqu'à ce que l'omelette soit dorée. Couper en 4 parts et les disposer sur les assiettes. Saupoudrer de cacao et servir avec de la glace à la vanille et des fruits rouges frais ou surgelés.

PUDDING AU CHOCOLAT CRÉMEUX

Préparation : 20 min
Cuisson : 45 à 50 min
Pour 6 personnes

180 g de farine avec levure incorporée
30 g de cacao en poudre
180 g de sucre en poudre
90 g de beurre fondu
180 ml de lait
2 œufs légèrement battus

Crème

375 ml de lait
250 ml d'eau
185 g de chocolat noir concassé

1 Préchauffer le four à 180 °C. Beurrer un plat à four profond d'une contenance de 2,25 l.
2 Tamiser la farine et le cacao dans une grande jatte ; ajouter le sucre et faire un puits au centre. Ajouter le beurre et le mélange de lait et d'œufs. Remuer avec une cuillère en bois jusqu'à obtention d'un mélange juste homogène (ne pas trop travailler la préparation). Verser dans le moule.
3 Crème : mélanger le lait, l'eau et le chocolat dans une casserole ; remuer à feu doux jusqu'à ce que le chocolat soit fondu. Verser lentement sur le pudding. Enfourner 45 à 50 min, jusqu'à ce que le pudding soit ferme au toucher. Servir avec de la crème fraîche ou de la glace et des fruits frais.

CHOCOLAT À CUIRE
Lorsque une recette requiert du chocolat, procurez-vous un « chocolat à cuire » de qualité. Le chocolat additionné de matières grasses végétales durcit beaucoup plus vite que le chocolat à cuire et convient plutôt à la confection de décorations en chocolat.

CI-CONTRE : Omelette chocolat-noisette
CI-DESSUS : Pudding au chocolat crémeux

de vanille dans une petite casserole. Remuer à feu doux jusqu'à ébullition. Retirer du feu et laisser refroidir. Enlever la gousse de vanille et la couper en deux. Gratter l'intérieur d'une moitié (réserver la deuxième pour un autre emploi) et incorporer les graines au mélange.

2 Battre les œufs, les jaunes d'œufs et le sucre en poudre dans une jatte, et incorporer peu à peu le mélange lait-crème. Verser dans les ramequins. Disposer les ramequins dans un plat à four verser de l'eau chaude jusqu'à mi-hauteur des ramequins. Couvrir le tout de papier aluminium.

3 Enfourner 45 min, jusqu'à ce que la crème soit prise et qu'une lame de couteau en ressorte sèche. Retirer les ramequins de l'eau et les laisser refroidir. Réfrigérer plusieurs heures.

4 Préchauffer le gril à température maximale. Saupoudrer chaque crème du mélange de sucre roux et de cannelle. Passer les ramequins sous le gril jusqu'à ce que la surface soit très foncée et fasse des bulles. Retirer du gril et réfrigérer 5 min avant de servir.

REMARQUE : pour varier, ajouter une cuillerée de myrtilles ou d'autres fruits rouges au fond des ramequins et verser la crème par-dessus.

BAKLAVA À LA PÊCHE

Préparation : 40 min
Cuisson : 20 à 25 min
Pour 8 personnes

✶✶

6 feuilles de pâte phyllo

60 g de beurre fondu

85 g d'amandes effilées

I cuil. à café 1/2 de cannelle moulue

100 g de sucre roux

185 ml de jus d'orange passé

4 pêches

Sucre glace pour décorer

I Préchauffer le four à 180 °C. Couper chaque feuille de pâte en 8 carrés. Garnir 8 petits moules à muffins de 3 couches de pâte, en faisant coïncider les bords et en les badigeonnant de beurre afin de les souder.

2 Dans un bol, mélanger les amandes, la cannelle et la moitié du sucre. Saupoudrer la pâte de ce mélange et couvrir des 3 derniers carrés de pâte phyllo badigeonnés de beurre. Enfourner 10 à 15 min.

3 Pendant ce temps, délayer le reste de sucre dans le jus d'orange. Porter à ébullition, baisser le

CRÈME BRÛLÉE

Une crème brûlée parfaite consiste en une croûte caramélisée recouvrant une crème onctueuse. Dans l'idéal, caramélisez la croûte sous la chaleur instantanée d'un gril à gaz. Les cuisiniers professionnels, eux, utilisent un chalumeau (en vente dans les quincailleries).

CI-DESSUS :
Crème brûlée à la vanille

CRÈME BRÛLÉE À LA VANILLE

Préparation : 10 min + 3 h de réfrigération
Cuisson : 55 min
Pour 4 personnes

✶✶

250 ml de crème fleurette

250 ml de lait

I gousse de vanille entière

2 œufs

2 jaunes d'œufs

60 g de sucre en poudre

60 g de sucre roux

1/2 cuil. à café de cannelle moulue

I Préchauffer le four à 160 °C. Beurrer 4 ramequins. Mettez la crème fleurette, le lait et la gousse

1 Inciser d'une petite croix la base de chaque pêche. Les mettre dans un saladier, les couvrir d'eau bouillante et laisser reposer 2 min.

2 Retirer les pêches de l'eau et les plonger dans de l'eau froide. Les peler à partir de la croix.

feu et laisser mijoter. Couper les pêches en deux et les émincer finement. Les mettre dans le sirop et remuer délicatement. Laisser mijoter 2 à 3 min et retirer les pêches de la casserole à l'aide d'une écumoire. Répartir les pêches dans les moules garnis de pâte, saupoudrer de sucre glace et servir avec de la crème fraîche épaisse ou de la glace.

REMARQUE : on peut aussi peler les pêches ou utiliser des pêches en boîte.

jusqu'à ce que le sucre soit dissous. Porter alors à ébullition.

2 Mettre les pommes dans la casserole. Cuire à feu doux 10 min, avec le couvercle légèrement en retrait pour laisser s'échapper la vapeur (les pommes doivent être tendres, mais pas trop molles). Ajouter le basilic. Laisser refroidir.

3 Retirer délicatement les pommes du sirop et les mettre dans un saladier ; passer le sirop dessus. Servir très froid avec des fruits rouges et de la crème fraîche ou du yaourt.

CI-DESSUS :
Baklava à la pêche
CI-DESSOUS : Pommes
pochées à la girofle,
à la menthe et au basilic

POMMES POCHÉES À LA GIROFLE, À LA MENTHE ET AU BASILIC

Préparation : 15 min
Cuisson : 30 min
Pour 4 personnes

4 grosses pommes vertes, ou 6 petites

600 ml d'eau

2 cuil. à soupe de jus de citron

125 g de sucre

4 clous de girofle

4 brins de menthe fraîche

6 feuilles de basilic frais

Crème fraîche ou yaourt pour la garniture

1 Peler les pommes, les épépiner et les couper en quartiers. Dans une casserole, mélanger l'eau, le jus de citron, le sucre, les clous de girofle et la menthe. Remuer à feu doux sans faire bouillir,

GÉRANIUMS ODORANTS

Les géraniums sont aussi séduisants dans le jardin que dans la cuisine. Il en existe 50 variétés différentes, de toutes les formes et de toutes les couleurs. Leurs feuilles s'utilisent dans les thés, les biscuits, les muffins et les gâteaux, et parfument agréablement les rince-doigts.

BISCOTTES AUX AMANDES ET À LA CRÈME AU GÉRANIUM

Préparation : 1 h + 1 nuit de repos
Cuisson : 1 h
Pour 6 à 8 personnes

★★

125 g de sucre en poudre + 2 cuil. à soupe
1 gousse de vanille coupée en deux
3 feuilles de géranium odorant (parfum de rose)

Biscottes

125 g d'amandes mondées
3 blancs d'œufs
90 g de farine

Crème au géranium

250 ml de crème fraîche
125 ml de crème fraîche très épaisse
Assortiment de fruits de saison : raisins, kiwis, fraises, myrtilles, mûres ou framboises

CI-DESSUS : Biscottes aux amandes et à la crème au géranium

1 Préchauffer le four à 180 °C. Mettre les 125 g de sucre dans un bocal avec la vanille, et les 2 cuillerées supplémentaires dans un autre bocal avec les feuilles de géranium. Secouer chaque bocal pendant 10 s et laisser reposer au moins 2 h.

2 Biscottes : beurrer ou huiler un moule étroit de 26 x 8 x 4,5 cm environ ; garnir le fond et les bords de papier sulfurisé. Étaler les amandes sur une plaque et les passer 4 min au four jusqu'à ce qu'elles soient légèrement dorées. Laisser refroidir.

3 Battre les œufs en neige. Ajouter peu à peu le sucre aromatisé à la vanille, sans cesser de battre, jusqu'à ce que les blancs soient luisants et le sucre dissous.

4 Mettre les blancs en neige dans une terrine. Ajouter la farine tamisée et les amandes. À l'aide d'une cuillère en métal, remuer délicatement le mélange. Le verser dans le moule et égaliser la surface. Enfourner 25 min, retirer du feu et laisser refroidir complètement dans le moule. Démouler et envelopper de papier aluminium. Réfrigérer toute la nuit.

5 Préchauffer le four à 160 °C. Huiler 2 plaques de four. Avec un couteau à lame tranchante, couper le biscuit aux amandes en tranches de 5 mm. Disposer les tranches sur les plaques et enfourner 30 min, jusqu'à ce qu'elles soient légèrement dorées et croquantes.

6 Crème au géranium : battre le sucre au géranium et la crème fraîche au batteur, jusqu'à épaississement. Avec une cuillère en métal, incorporer la crème fraîche épaisse. Équeuter les fruits et les servir avec les biscottes et la crème. Les biscottes se conservent 2 semaines dans un récipient hermétique. Les fruits et la crème sont meilleurs préparés le jour même. Les sucres aromatisés peuvent se préparer 2 semaines à l'avance.

REMARQUE : ce dessert peut être servi individuellement, mais constitue un très joli plat pour une soirée ou un buffet. Les biscottes se dégustent également telles quelles, avec le café. On peut les confectionner avec d'autres fruits secs, comme les noisettes ou les pistaches grillées.

CHARLOTTES AUX PÊCHES SAUCE MELBA

Préparation : 30 min + 20 min de repos
Cuisson : 40 min
Pour 4 personnes

★★

250 g de sucre

1 l d'eau

6 pêches moyennes

80 ml de liqueur de pêche

2 brioches oblongues

100 g de beurre fondu

160 g de confiture d'abricots, réchauffée et
    passée

Sauce Melba

300 g de framboises fraîches ou surgelées

2 cuil. à soupe de sucre glace

1 Préchauffer le four à 180 °C. Beurrer 4 ramequins ou moules individuels d'une capacité de 250 ml. Mélanger l'eau et le sucre dans une grande casserole à fond épais. Remuer à feu moyen jusqu'à ce que le sucre soit complètement dissous. Porter à ébullition, baisser légèrement le feu et ajouter les pêches entières. Laisser mijoter 20 min à couvert. Égoutter et laisser refroidir. Peler les pêches et les couper en gros morceaux. Les mettre dans un bol, arroser de liqueur et laisser reposer 20 min.

2 Couper les brioches en tranches de 1 cm d'épaisseur; retirer la croûte. Avec un emporte-pièce, couper des ronds de même diamètre que le fond et la surface du ramequin. Couper le reste des tranches en bâtonnets de 2 cm de large, et de même hauteur que le ramequin. Tremper les bâtonnets de brioche dans le beurre fondu et les tasser tout autour du ramequin, en les faisant se chevaucher légèrement. Garnir les autres ramequins de la même façon.

3 Remplir les ramequins de morceaux de pêche et couvrir du dernier rond de brioche trempé dans le beurre fondu. Bien tasser. Disposer les ramequins sur une plaque de four et enfourner 20 min. Retourner les ramequins sur les assiettes à dessert, badigeonner les charlottes de confiture et verser la sauce Melba à côté. Servir avec des fruits rouges frais.

4 Sauce Melba : passer les fruits au mixeur et ajouter le sucre glace à votre goût. Passer au chinois fin.

REMARQUE : on peut cuire les pêches, garnir les ramequins de brioche et préparer la sauce 6 h à l'avance. Réfrigérer les charlottes, puis les garnir et les cuire un peu avant de les servir.

CI-DESSUS : Charlottes aux pêches sauce Melba

FRUITS D'ÉTÉ
L'été évoque les fleurs multicolores, les longues journées paresseuses, les premiers bains de mer et la promesse de fruits et de baies gorgés de soleil. L'été est la saison des desserts fruités.

MOUSSE AUX FRAMBOISES

Fouetter 315 ml de crème fraîche au batteur, ajouter 40 g de sucre glace et bien battre. Écraser légèrement 250 g de framboises fraîches à la fourchette. Incorporer les framboises dans la crème et réfrigérer 2 h environ. Répartir la mousse dans les coupes à dessert et garnir de gaufrettes ou de cigarettes russes.

GLACE À LA MANGUE

Chauffer 315 ml de crème fleurette jusqu'à ébullition ; retirer du feu. Battre 4 jaunes d'œuf dans un bol résistant à la chaleur avec 185 g de sucre en poudre, jusqu'à obtention d'un mélange pâle et épais. Incorporer peu à peu la crème chaude dans le mélange à l'œuf sans cesser de remuer. Remettre le tout dans la casserole et remuer 5 min à feu très doux, jusqu'à ce

que la crème épaississe légèrement (ne pas faire bouillir car la crème tournerait). Verser la préparation dans un saladier propre et laisser refroidir en remuant de temps en temps. Peler 2 belles mangues, ôter le noyau et passer la chair au mixeur. Incorporer la mangue dans la crème et verser le tout dans un moule en métal peu profond. Couvrir et congeler jusqu'à ce que la glace soit ferme. Remettre la glace

dans une jatte, la travailler au batteur jusqu'à ce qu'elle soit lisse. Remettre dans le moule et congeler jusqu'à ce qu'elle soit ferme.

TARTELETTES
AUX NECTARINES

Préchauffer le four à 200 °C et beurrer une plaque de four. Couper un carré de pâte feuilletée en 4 petits carrés. Les badigeonner de beurre fondu et les saupoudrer généreusement de sucre glace. Disposer d'épaisses tranches de nectarines en diagonale et replier les deux coins de pâte par-dessus, en les soudant au centre. Badigeonner de nouveau la pâte de beurre et disposer les tartelettes sur la plaque. Enfourner 20 min, jusqu'à ce qu'elles soient dorées. Saupoudrer de sucre glace et servir chaud avec de la crème fraîche épaisse.

FRUITS FRAIS
AU BUTTERSCOTCH
ET AU MASCARPONE

Dans une petite casserole, mélanger 60 g de beurre, 95 g de sucre roux et 250 ml de crème fraîche. Remuer à feu doux jusqu'à ce que le mélange soit fondu, et porter à ébullition. Baisser le feu et laisser mijoter 3 min. Choisir un assortiment de fruits de saison et les servir avec une cuillerée de mascarpone, de ricotta ou de crème fraîche. Arroser de butterscotch et servir immédiatement.

GRATIN DE CERISES

Équeuter et dénoyauter 500 g de cerises ; les disposer dans un plat à gratin peu profond. Dans une casserole, mélanger 125 ml de crème fraîche et 125 ml de crème fraîche épaisse ; chauffer jusqu'à ébullition. Dans un saladier résistant à la

chaleur, battre 2 jaunes d'œufs avec 2 cuil. à soupe de sucre en poudre, jusqu'à obtention d'un mélange pâle et épais. Verser peu à peu dans la crème chaude, sans cesser de battre. Remettre la préparation dans la casserole et remuer 5 min à feu très doux, jusqu'à épaississement (sans faire bouillir). Laisser refroidir légèrement puis verser sur les cerises. Pour préparer ce dessert à l'avance, réfrigérer le gratin jusqu'à 4 h à partir de ce moment. Le saupoudrer de 2 cuil. à soupe de sucre roux et le passer au gril chaud jusqu'à ce que la surface dore et commence à bouillir. Saupoudrer de sucre glace et servir.

À PARTIR D'EN HAUT, À GAUCHE :
Tartelettes aux nectarines, Fruits frais au butterscotch et au mascarpone, Mousse aux framboises, Glace à la mangue, Gratin de cerises

les collerettes de papier, saupoudrer de sucre glace tamisé et servir immédiatement.

PUDDING AUX DATTES

Préparation : 35 min
Cuisson : 55 min
Pour 6 à 8 personnes

★

200 g de dattes dénoyautées et hachées
250 ml d'eau
1 cuil. à café de bicarbonate de soude
100 g de beurre
160 g de sucre en poudre
2 œufs légèrement battus
1 cuil. à café d'essence de vanille
180 g de farine avec levure incorporée

Sauce

180 g de sucre roux
125 ml de crème fraîche
100 g de beurre

1 Préchauffer le four à 180 °C. Beurrer un moule carré de 20 cm et garnir de papier sulfurisé. Mettre les dattes et l'eau dans une petite casserole, porter à ébullition puis retirer du feu. Incorporer le bicarbonate et laisser refroidir.

SOUFFLÉ CHAUD
AUX FRUITS DE LA PASSION

Préparation : 20 min
Cuisson : 20 à 25 min
Pour 4 personnes

★★★

2 jaunes d'œuf
125 g de pulpe de fruits de la passion (6 fruits environ)
2 cuil. à soupe de jus de citron
90 g de sucre glace
6 blancs d'œufs
Sucre glace pour décorer

1 Préchauffer le four à 210 °C. Découper une collerette de papier sulfurisé de 4 cm plus haute que le rebord de 4 petits ramequins. La fixer avec de la ficelle. Graisser légèrement l'intérieur des ramequins (y compris le papier) et saupoudrer de sucre en poudre ; ôter l'excédent.

2 Dans une jatte, mélanger les jaunes, la pulpe de fruit, le jus de citron et la moitié du sucre glace ; bien fouetter. Battre les œufs en neige, puis incorporer peu à peu le reste de sucre glace.

3 À l'aide d'une cuillère en métal, incorporer délicatement les œufs en neige dans la préparation aux fruits. Verser dans les ramequins à 2 cm du bord. Mettre les ramequins sur une grande plaque de four et enfourner 20 à 25 min, jusqu'à ce que le soufflé soit bien gonflé et cuit. Enlever

CI-DESSUS : Soufflé
chaud aux fruits
de la passion
CI-CONTRE : Pudding
aux dattes

2 Travailler le beurre et le sucre au batteur jusqu'à obtention d'un mélange onctueux. Ajouter les œufs peu à peu. Verser l'essence de vanille et bien battre. Transférer dans une grande jatte.

3 Avec une cuillère en métal, incorporer la farine puis les dattes avec leur jus, en veillant à ne pas trop travailler la préparation. Verser dans le moule et enfourner 50 min (vérifier la cuisson à l'aide d'une lame de couteau : elle doit ressortir sèche). Laisser reposer 10 min avant de démouler.

4 Sauce : dans une petite casserole, mélanger le sucre, la crème fraîche et le beurre ; remuer jusqu'à ce que le beurre soit fondu et le sucre dissous. Porter à ébullition, baisser le feu et laisser mijoter 2 min. Couper le pudding en parts, les disposer dans les assiettes et arroser de sauce chaude. Servir immédiatement, avec de la crème fraîche et des framboises.

TOURTE AUX POMMES À L'AMÉRICAINE

Préparation : 40 min + 20 min de réfrigération
Cuisson : 55 min
Pour 6 personnes

150 g de farine

30 g de sucre glace

90 g de beurre coupé en petits morceaux

2 jaunes d'œufs légèrement battus

1 cuil. à soupe d'eau glacée

Garniture

12 pommes à cuire

50 g de beurre

45 g de sucre roux

1 cuil. à café de cannelle

1 cuil. à café d'épices mélangées

1 blanc d'œuf

1 cuil. à café de sucre en poudre

1 Préchauffer le four à 210 °C. Beurrer le rebord d'un plat à tarte (de 23 cm environ). Tamiser la farine et le sucre dans un saladier ; ajouter le beurre. Le travailler du bout des doigts jusqu'à obtention d'une pâte friable. Ajouter les jaunes d'œufs et mélanger afin de former une pâte ferme, en rajoutant un peu d'eau si nécessaire. Pétrir légèrement sur un plan de travail fariné.

2 Étaler la pâte sur du papier sulfurisé, de façon à former un rond de 25 cm de diamètre. Découper

des bandelettes de 1 cm de large et en garnir le rebord du plat. Couvrir le plat et le reste de pâte de film plastique et réfrigérer 20 min.

3 Peler et épépiner les pommes ; les couper en 8 tranches. Faire fondre le beurre dans une grande poêle antiadhérente et ajouter le sucre roux et les épices. Remuer à feu moyen jusqu'à ce que le sucre soit dissous ; ajouter les pommes et bien les enduire de beurre. Faire cuire 10 min à couvert, en remuant de temps en temps, jusqu'à ce que les pommes soient tendres mais restent intactes. Retirer le couvercle et prolonger la cuisson de 5 min, jusqu'à ce que le jus soit réduit ; laisser refroidir.

4 Verser les pommes refroidies et leur jus dans le plat à tarte. Étendre la pâte par-dessus, en pressant légèrement les bords contre le rebord. Couper l'excédent de pâte, et pincer les bords pour les souder. Décorer avec l'excédent de pâte et badigeonner la surface de blanc d'œuf. Saupoudrer de sucre et enfourner 40 min, jusqu'à ce que la tarte soit dorée. Servir chaud avec de la crème anglaise.

POMMES
Quand une recette requiert des pommes, choisissez une variété qui conserve sa forme et son goût à la cuisson. Les pommes aigres, riches en tanin acide, sont parfaites lorsqu'elles sont sautées, pochées ou cuites au four ; les pommes à croquer, plus sucrées, ont tendance à perdre leur forme et à devenir aqueuses lorsqu'elles sont cuites. La Granny Smith est idéale, car elle est aussi bonne cuite que crue.

CI-DESSUS : Tarte aux pommes à l'américaine

MERINGUE

Selon la légende, Napoléon aimait tellement ce mé-lange de blancs d'œufs et de sucre qu'il le nomma d'après la petite ville suisse de Meringen, où on le lui servit. Il est important de cuire la meringue à tempé-rature très basse, afin qu'elle sèche sans brûler. Pour servir des meringues parfaites, passez-les au four le temps requis, puis éteignez le four, entrou-vrez la porte en coinçant une cuillère en bois et lais-sez-les à l'intérieur jusqu'à ce que le four soit complè-tement refroidi.

MERINGUES SURPRISE À LA FRAISE

Préparation : 25 min
Cuisson : 40 min
Pour 6 personnes

★★

4 blancs d'œufs
250 g de sucre en poudre
500 g de fraises équeutées
320 ml de crème fouettée

1 Préchauffer le four à 150 °C. Beurrer 2 plaques de four de 32 x 28 cm environ et découper 2 feuilles de papier sulfurisé de même taille. En vous aidant d'un emporte-pièce rond de 8 cm de diamètre, dessiner 6 cercles sur chaque feuille et les retourner sur les plaques.
2 Battre les blancs d'œufs en neige. Ajouter le sucre peu à peu, sans cesser de battre, jusqu'à ce que les blancs soient luisants et le sucre dissous. Déposer la meringue sur les ronds dessinés. Enfourner 40 min, puis éteindre le four et laisser les meringues refroidir à l'intérieur.
3 Passer la moitié des fraises au mixeur, jusqu'à obtention d'un coulis liquide. Émincer le reste des fraises et les incorporer à la crème fouettée. Avant de servir, former un sandwich avec deux meringues et de la crème aux fraises, et entourer la meringue de coulis.

REMARQUE : les meringues peuvent se préparer 2 jours à l'avance et se conserver dans un réci-pient hermétique. Le coulis peut se faire la veille. La crème aux fraises peut se confectionner jusqu'à 2 h à l'avance. Conserver le coulis et la crème au réfrigérateur, dans des récipients fer-més. Une fois les différentes parties assemblées, servir immédiatement. Pour un coulis plus sucré, ajouter un peu de sucre en poudre. Garnir de fraises avec leurs feuilles.

RECETTE RAPIDE : PARFAIT AU CARAMEL
(pour 4 à 6 personnes)

DANS UNE CASSEROLE, mélanger 100 g de beurre, 100 g de sucre roux, 2 cuil. à soupe de mélasse raffinée, 310 g de crème fraîche et fouetter à feu doux jusqu'à ce que le sucre soit dissous. Laisser frémir 5 min à petit feu, sans remuer (et sans que le caramel déborde), puis retirer du feu. Lorsque les bouillons disparaissent, incorporer 160 g de lait condensé. Laisser refroidir légèrement. Dans des coupes à dessert, disposer des ron-delles de banane, des boules de glace à la vanille, des noix de pécan hachées et arroser le tout de caramel chaud. Garnir d'un peu de liqueur au chocolat.

CI-DESSUS : Meringues surprise à la fraise

1 À l'aide d'un couteau tranchant, coupez le fruit dans le sens de la longueur

2 Incisez la chair d'un motif de croisillons.

3 Retournez les moitiés de mangue pour faire ressortir la chair.

FIGUES MARINÉES AU COULIS DE FRAMBOISE

Préparation : 20 min + temps de repos
Cuisson : 5 à 10 min
Pour 4 personnes

6 figues fraîches

320 ml de vin à dessert

1 bâton de cannelle

1 cuil. à soupe de sucre roux

320 g de framboises fraîches

60 g de sucre en poudre

1 cuil. à café de jus de citron

100 g de mascarpone

1 Mettre les figues dans un saladier. Réchauffer à feu doux le vin, la cannelle et le sucre. Lorsque le sucre est dissous, verser le sirop sur les figues. Couvrir et laisser reposer 2 h.

2 Réserver quelques framboises pour la garniture et mixer le reste avec le sucre en poudre. Passer le coulis et incorporer le jus de citron.

3 Égoutter les figues et réserver la marinade. Passer les figues au gril jusqu'à ce qu'elles soient dorées. Verser un peu de coulis de framboise dans les assiettes à dessert (suffisamment pour couvrir la base) et disposer 3 moitiés de figues dessus. Servir avec une cuillerée de mascarpone.

DÉLICE AUX AGRUMES

Préparation : 25 min
Cuisson : 1 h
Pour 4 personnes

60 g de farine avec levure incorporée

250 g de sucre en poudre

2 cuil. à café de zeste d'orange râpé

80 ml de jus d'orange

125 ml de jus de citron

125 g de beurre fondu

250 ml de lait

3 œufs, jaunes et blancs séparés

1 Préchauffer le four à 180 °C. Beurrer un plat (d'une capacité de 1,5 l) résistant à la chaleur. Tamiser la farine dans une terrine. Ajouter le sucre et bien remuer. Dans un grand bol, mélanger le zeste et le jus d'orange avec le jus de citron, le beurre, le lait et les jaunes d'œufs ; fouetter légèrement à l'aide d'une fourchette. Ajouter ce mélange à la farine et bien remuer.

2 Battre les blancs d'œufs en neige. À l'aide d'une cuillère en métal, les incorporer délicatement à la préparation. Verser dans le plat et placer ce plat au bain-marie avec de l'eau chaude jusqu'à mi-hauteur. Enfourner 1 h, jusqu'à ce que le centre soit ferme. Retirer le plat de l'eau et servir.

CI-DESSUS : Figues marinées au coulis de framboise

TARTE AU POTIRON

Préparation : 30 min + 30 min de repos
Cuisson : 1 h 15
Pour 8 personnes

★★

150 g de farine
100 g de beurre coupé en petits morceaux
2 cuil. à café de sucre en poudre
4 cuil. à soupe d'eau glacée
1 jaune d'œuf légèrement battu, mélangé
  à 1 cuil. à soupe de lait, pour dorer

Garniture

2 œufs légèrement battus
140 g de sucre roux
500 g de potiron cuit, réduit en purée et
  refroidi

80 ml de crème fraîche
1 cuil. à soupe de xérès doux
1 cuil. à café de cannelle moulue
1/2 cuil. à café de muscade moulue
1/2 cuil. à café de gingembre moulu

1 Tamiser la farine dans une terrine et ajouter le beurre. Malaxer 2 min avec les doigts jusqu'à obtention d'un mélange friable. Incorporer le sucre. Ajouter presque toute l'eau et former une pâte ferme, en rajoutant de l'eau si nécessaire. Pétrir 1 min sur un plan de travail fariné.

2 Étaler la pâte sur une feuille de papier sulfurisé, en garnir un moule à tarte de 23 cm. Ôter l'excédent de pâte et pincer les bords pour décorer. Étaler l'excédent de pâte jusqu'à ce qu'elle ait 2 mm d'épaisseur et découper des feuilles de différentes tailles. Dessiner des nervures avec la pointe d'un couteau. Réfrigérer le moule garni et les feuilles de pâte 20 min environ.

3 Couvrir le moule de papier sulfurisé et étaler une couche de haricots secs. Enfourner 10 min, retirer du four et jeter le papier et les haricots. Remettre le moule au four et prolonger la cuisson de 10 min, jusqu'à ce que la pâte soit dorée. Pendant ce temps, mettre les feuilles sur une plaque de four, les badigeonner d'œuf et enfourner 10 à 15 min, jusqu'à ce qu'elles soient dorées. Laisser refroidir.

4 Garniture : préchauffer le four à 180 °C. Battre les œufs et le sucre dans une grande terrine. Ajouter le potiron, la crème fraîche, le xérès et les épices ; bien remuer. Verser le mélange sur la pâte, égaliser la surface avec le dos d'une cuillère et enfourner 40 min. Laisser refroidir à température ambiante et décorer avec les feuilles. Servir avec de la crème fraîche ou de la glace.

REMARQUE : à défaut d'excédent de pâte, on peut réaliser les feuilles avec un rouleau de pâte feuilletée préétalée. Découper les feuilles, les badigeonner de blanc d'œuf et les passer au four préchauffé à 180 °C pendant 10 à 15 min.

CI-DESSOUS :
Tarte au potiron

PETITS CHOUX
À LA CRÈME CARAMÉLISÉS

Préparation : 30 min
Cuisson : 30 min
Pour 4 à 6 personnes

★★

30 g de beurre

60 ml d'eau

30 g de farine

1 œuf légèrement battu

Crème à la liqueur

125 ml de crème fraîche

1 cuil. à soupe de Grand-Marnier

Caramel

250 g de sucre en poudre

80 ml d'eau

 Préchauffer le four à 220 °C. Couvrir une plaque de four de papier sulfurisé. Dans une petite casserole, mettre le beurre et l'eau, remuer à feu doux jusqu'à ce que le beurre commence à bouillir. Retirer du feu et ajouter la farine en une seule fois. Avec une cuillère en bois, mélanger jusqu'à obtention d'une préparation homo-gène. Remettre sur le feu et remuer jusqu'à ce que la pâte épaississe et se détache des parois de la casserole. Retirer du feu et laisser légèrement refroidir. Transférer dans une terrine. Avec un batteur, incorporer l'œuf peu à peu jusqu'à obtention d'un mélange épais et luisant.

2 Déposer des cuillerées à café de pâte à choux sur la plaque, à 4 cm d'intervalle. Enfourner 10 min, baisser la température à 180 °C et pro-longer la cuisson au four de 5 à 10 min, jusqu'à ce que les choux soient dorés et bien gonflés. Percer le côté de chaque chou pour laisser s'échapper la vapeur. Éteindre le four, remettre les choux dedans et les laisser refroidir.

3 **Crème à la liqueur** : battre la crème en Chantilly. Ajouter le Grand-Marnier et bien battre. Remplir de crème une poche à douille (dotée d'un petit embout) et fourrer les choux.

4 **Caramel** : mélanger le sucre et l'eau dans une petite casserole. Remuer à feu doux jusqu'à ce que le sucre soit dissous, en raclant les parois de la casserole de temps en temps. Porter à ébulli-tion, baisser le feu et laisser mijoter jusqu'à ce que le mélange caramélise. Verser rapidement sur les choux et laisser refroidir.

REMARQUE : les choux peuvent se préparer jusqu'à 6 h à l'avance ; les conserver dans un récipient hermétique. On peut les fourrer et les caraméliser 1 h avant de servir.

MOUSSE AU CHOCOLAT

Préparation : 20 min
Cuisson : 2 min + 2 h de réfrigération
Pour 4 personnes

★★

250 g de chocolat noir

3 œufs

60 g de sucre en poudre

2 cuil. à café de rhum ambré

250 ml de crème fouettée

1 Faire fondre le chocolat au bain-marie ; laisser refroidir.

2 Travailler les œufs et le sucre 5 min au batteur, jusqu'à obtention d'un mélange pâle et épais.

3 Transférer le mélange dans une terrine. Avec une cuillère en métal, incorporer le chocolat fondu et le rhum, puis la crème fouettée. Travailler rapidement et délicatement jusqu'à ce que la préparation soit juste homogène.

4 Verser dans 4 ramequins (d'une capacité de 250 ml) ou coupes à dessert. Réfrigérer 2 h.

FEUILLES EN CHOCOLAT

Choisissez un assortiment de feuilles non toxiques (de rosier ou de lierre, par exemple), dotées de ner-vures proéminentes en dessous. Évitez les feuilles duveteuses, qui altèrent le résultat final. Faites fondre un peu de chocolat et badi-geonnez généreusement le dessous de la feuille à l'aide d'un pinceau fin. Laissez refroidir, puis détachez la feuille. Si la couche de cho-colat est trop fine, elle se brisera.

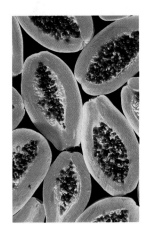

CI-DESSUS : Petits Choux à la crème caramélisés

tique. Réfrigérer 10 min. Mettre les myrtilles dans un saladier et les saupoudrer de sucre, de zeste de citron et de cannelle.

3 Disposer la pâte (toujours sur le papier sulfurisé) sur une plaque de four. Badigeonner légèrement le centre de blanc d'œuf. Déposer les myrtilles au centre, de façon à former un cercle de 20 cm et replier les bords de pâte par-dessus. Enfourner 30 à 35 min, jusqu'à ce que la pâte soit dorée. Saupoudrer de sucre glace et servir.

GLACE DE TOFU AUX PÉPITES DE CHOCOLAT

Préparation : 20 min + temps de congélation
Pas de cuisson
Pour 4 personnes

500 g de tofu tendre

60 ml de sirop d'érable

2 cuil. à soupe de miel

3 cuil. à soupe d'huile de noix de macadamia

250 ml de lait de soja

250 ml de crème fraîche épaisse

220 g de noix de macadamia grillées et
   grossièrement concassées

125 g de chocolat noir, grossièrement concassé

1 Faire tremper le tofu 2 min dans de l'eau chaude. Le plonger ensuite dans de l'eau froide et laisser reposer 2 min ; égoutter. Passer le tofu, le sirop, le miel et l'huile de macadamia au mixeur, jusqu'à obtention d'un mélange homogène. Incorporer peu à peu le lait de soja et la crème fraîche et mixer jusqu'à ce que le mélange soit épais et onctueux.

2 Transférer la préparation dans un grand récipient à congélateur ou un moule en métal. Incorporer les noix de macadamia et le chocolat. Couvrir d'un couvercle ou de papier aluminium et mettre au congélateur.

3 Remuer délicatement la glace quand elle commence à prendre sur les bords. Recommencer le procédé, en laissant congeler et en remuant encore deux fois, puis laisser congeler complètement.

REMARQUE : veiller à bien utiliser du tofu tendre, beaucoup plus mou et adapté à cette recette que le tofu ferme. Le tofu tendre possède une agréable texture onctueuse.

MYRTILLES

La myrtille est un fruit essentiellement américain. Ses petites baies bleu-violet sont issues d'un arbrisseau à feuilles persistantes ; l'Amérique du Nord assure 75 % de la récolte mondiale. La myrtille sauvage, plus petite et moins sucrée, est généralement préférée à celle qui est cultivée, comme l'attestent les campagnols d'Alaska, ces petits rongeurs dont les dents restent bleues pendant toute la saison des myrtilles.

CI-DESSUS :
Tarte aux myrtilles

TARTE AUX MYRTILLES

Préparation : 20 min + 10 min de réfrigération
Cuisson : 30 à 35 min
Pour 4 personnes

180 g de farine

125 g de beurre coupé en petits morceaux

60 g de sucre glace + 3 cuil. à soupe

60 ml de jus de citron

500 g de myrtilles fraîches

1 cuil. à café de zeste de citron finement râpé

1/2 cuil. à café de cannelle moulue

1 blanc d'œuf légèrement battu

1 Préchauffer le four à 180 °C. Passer la farine, le beurre et le sucre glace 15 s au mixeur, jusqu'à obtention d'un mélange friable. Ajouter presque tout le jus de citron et mixer jusqu'à formation d'une pâte, en rajoutant un peu de jus si nécessaire.

2 Pétrir légèrement la pâte sur une feuille de papier sulfurisé. L'étaler en un cercle de 30 cm de diamètre environ, et couvrir de film plas-

PAVLOVA ROULÉE
AU COULIS DE FRAMBOISE

Préparation : 25 min
Cuisson : 15 min
Pour 8 à 10 personnes

★★

4 blancs d'œufs

250 g de sucre en poudre

1 cuil. à café de Maïzena

2 cuil. à café de jus de citron ou de vinaigre

170 ml de crème fouettée

55 g de fruits rouges frais hachés

Coulis de framboise

2 cuil. à soupe de cognac

250 g de framboises fraîches lavées
   et équeutées

1 cuil. à soupe de sucre glace

 Huiler un moule à gâteau roulé (de 25 x 30 cm environ) et le garnir de papier sulfurisé antiadhérant, en le laissant dépasser sur 2 côtés. Préchauffer le four à 180 °C. Battre les blancs en neige. Incorporer peu à peu les 3/4 du sucre et battre jusqu'à ce que les blancs soient luisants et

fermes. Mélanger 1 cuil. à soupe de sucre avec la Maïzena. L'incorporer aux blancs avec le jus de citron (ou vinaigre). Verser dans le moule et égaliser la surface. Enfourner 12 à 15 min, jusqu'à ce que la meringue soit élastique.

2 Poser une grande feuille de papier sulfurisé sur un torchon et la saupoudrer généreusement du reste du sucre. Retourner le gâteau dessus, retirer le papier de cuisson et laisser reposer 3 min. Rouler le gâteau à partir d'un bord long en vous aidant du torchon ; laisser refroidir. Incorporer les fruits rouges dans la crème fouettée.

3 Dérouler le gâteau et le fourrer de crème aux fruits. Le rouler de nouveau sans torchon ni papier sulfurisé. Le mettre sur un plat et réfrigérer.

4 Coulis de framboise : passer le cognac, les framboises et le sucre glace au mixeur. Servir les tranches de pavlova avec du coulis.

RECETTE RAPIDE : TOFU TENDRE AUX FRUITS ROUGES (pour 4 personnes)

ÉGOUTTER ET COUPER 500 g de tofu tendre en morceaux. Les répartir dans 4 bols. Garnir de framboises, de myrtilles et de fraises. Arroser de sirop d'érable et servir avec des biscottes aux amandes.

SUCRE EN POUDRE
Le sucre en poudre est plus fin que le sucre cristallisé et se dissout plus rapidement. Si vous n'en avez plus, confectionnez-en vous-même en passant quelques morceaux de sucre ou du sucre cristallisé au mixeur.

CI-DESSUS : Pavlova roulée au coulis de framboise

GÂTEAUX ET PÂTISSERIES

Vous souvenez-vous des génoises moelleuses et des biscuits chauds de votre grand-mère, tout juste sortis du four? La confection de gâteaux est une tradition familiale qui mérite d'être perpétuée à une époque où l'on court après le temps. Les recettes suivantes s'adressent à toutes les personnes désireuses de terminer un repas en saveur et en beauté.

GÂTEAU AUX DATTES ET À LA MUSCADE

Préparation : 25 min
Cuisson : 55 min
Pour 8 à 10 personnes

★

375 g de sucre roux + 2 cuil. à soupe
    supplémentaires
250 g de farine
2 cuil. à café de levure chimique
125 g de beurre froid, coupé en petits morceaux
1 cuil. à café de bicarbonate de soude
175 ml de lait
2 œufs battus
1 1/2 cuil. à café de muscade fraîche râpée
375 g de dattes séchées grossièrement hachées
Sucre glace
Crème fouettée

1 Préchauffer le four à 180 °C. Beurrer un moule à manqué de 22 cm environ et garnir le fond de papier sulfurisé.
2 Passer le sucre roux, la farine et la levure 10 s au mixeur. Ajouter le beurre et mixer 10 s jusqu'à obtention d'une préparation friable. Tasser la moitié du mélange au fond du moule.
3 Délayer le bicarbonate dans le lait ; ajouter les œufs et la muscade et bien battre. Verser le mélange dans le reste de préparation à la farine et mixer 10 s. Verser dans le moule et éparpiller la moitié des dattes en surface. Enfourner 55 min. Retirer le gâteau du four et le laisser refroidir 10 min dans le moule. Démouler le gâteau et le laisser refroidir sur une grille.
4 Disposer le reste des dattes sur le gâteau, saupoudrer du sucre roux supplémentaire et passer 1 min au gril très chaud, jusqu'à ce que le sucre commence à fondre. Laisser refroidir. Saupoudrer de sucre glace et servir avec de la crème fouettée.

MUSCADE

La muscade perdant son goût très rapidement, il est recommandé d'acheter des noix muscade entières et de les râper au fur et à mesure de vos besoins. Les râpes à muscade s'achètent dans certains grands magasins et dans les boutiques d'ustensiles de cuisine. Cette épice s'utilise dans les plats salés et sucrés, surtout ceux à base de crème fraîche, de lait ou d'œufs.

CI-DESSUS : Gâteau aux dattes et à la muscade

RECETTE RAPIDE : COOKIES AU CHOCOLAT
(pour 30 cookies)

PRÉCHAUFFER le four à 180 °C. Dans une terrine, tamiser 90 g de farine et 60 g de farine avec levure incorporée. Ajouter 125 g de noix concassées et 90 g de pépites de chocolat ; bien remuer. Faire un puits au centre et ajouter 125 g de beurre fondu, 200 g de chocolat noir fondu, 2 cuil. à soupe de mélasse raffinée et 2 œufs légèrement battus. Bien mélanger le tout. Déposer des cuillerées à soupe de préparation sur une plaque de four huilée, à 4 cm d'intervalle. Enfourner 12 min et laisser refroidir sur une grille.

ANANAS FRAIS
Lorsque vous achetez un ananas, choisissez un fruit entièrement mûr. On le reconnaît à sa couleur jaune pâle, à son écorce dure et à la mobilité de ses feuilles centrales. Un fruit pas assez mûr, sans odeur et vert foncé, sera très acide et devra rester quelques jours hors du réfrigérateur pour mûrir. Les petits ananas ont souvent plus de goût que les gros.

GÂTEAU BANANE-ANANAS

Préparation : 40 min
Cuisson : 1 h
Pour 8 à 10 personnes

★

2 bananes moyennes écrasées

130 g d'ananas égoutté et écrasé

300 g de sucre en poudre

200 g de farine avec levure incorporée

2 cuil. à café de cannelle moulue

170 ml d'huile

60 ml de jus d'ananas

2 œufs

Glaçage

250 g de fromage frais crémeux

180 g de sucre glace

1 petite mangue finement émincée

1 Préchauffer le four à 180 °C. Beurrer un moule rond, de 23 cm environ, et garnir le fond et les bords de papier sulfurisé.

2 Dans une terrine, mettre les bananes, l'ananas et le sucre. Ajouter la farine et la cannelle tamisées ; bien mélanger à l'aide d'une cuillère en bois.

3 Battre l'huile, le jus d'ananas et les œufs dans un bol et incorporer au mélange à la banane. Bien mélanger.

4 Verser dans le moule, égaliser la surface et enfourner 1 h (vérifier la cuisson à l'aide d'une lame de couteau : elle doit en ressortir sèche). Laisser reposer 10 min dans le moule avant de démouler sur une grille.

5 Glaçage : travailler le fromage frais et le sucre glace au batteur, jusqu'à obtention d'un mélange léger. Avec un couteau tranchant, couper le gâteau en deux horizontalement. Étaler un tiers du glaçage sur la partie inférieure et y disposer les tranches de mangue. Couvrir de l'autre moitié de gâteau et garnir la surface de glaçage. Décorer avec quelques morceaux d'ananas confit.

REMARQUE : ce gâteau se conserve 4 jours (sans glaçage) dans un récipient hermétique. Si la température ambiante est élevée, le garder au réfrigérateur. On peut remplacer la mangue fraîche par de la mangue en boîte, de l'ananas ou de la papaye.

CI-DESSUS : Gâteau banane-ananas

269

MUFFINS AUX CACAHUÈTES ET AUX PÉPITES DE CHOCOLAT

Préparation : 15 min
Cuisson : 20 à 25 min
Pour 12 muffins

250 g de farine avec levure incorporée

80 g de sucre brut

250 g de pépites de chocolat noir

1 œuf

250 g de beurre de cacahuètes avec morceaux

2 cuil. à soupe de confiture de fraises

60 g de beurre fondu

250 ml de lait

Sucre glace pour décorer

1 Préchauffer le four à 180 °C. Beurrer un moule à muffins (à 12 trous).
2 Tamiser la farine dans une terrine. Ajouter le sucre et les pépites de chocolat ; faire un puits au centre. Ajouter le mélange d'œuf, de beurre de cacahuètes, de confiture, de beurre et de lait. Remuer.
3 Répartir la préparation dans le moule. Enfourner 20 à 25 min. Détacher les muffins des parois du moule et laisser refroidir 10 min avant de les démouler sur une grille. Saupoudrer de sucre glace.

GÂTEAU AU CHOCOLAT ET AUX FRUITS GLACÉS

Préparation : 40 min
Cuisson : 1 h
Pour 8 à 10 personnes

5 blancs d'œufs

185 g de sucre en poudre

100 g d'abricots glacés, hachés

100 g de figues glacées, hachées

80 g de gingembre glacé, haché

250 g d'amandes mondées, finement hachées

250 g de chocolat noir à cuire concassé

60 g de chocolat noir à cuire fondu

375 ml de crème fraîche

1 Préchauffer le four à 150 °C. Beurrer un moule à manqué et garnir le fond et les bords de papier sulfurisé.

2 Battre les blancs en neige. Ajouter le sucre peu à peu. Continuer à battre jusqu'à ce que le sucre soit dissous et que les blancs soient fermes.
3 Avec une cuillère en métal, incorporer les fruits, le gingembre, les amandes, le chocolat concassé et fondu. Remuer jusqu'à ce que les ingrédients soient juste mélangés. Verser dans le moule et enfourner 1 h (vérifier la cuisson à l'aide d'une lame de couteau : elle doit ressortir sèche). Laisser 15 min dans le moule, puis refroidir le gâteau sur une grille. Fouetter la crème et en décorer le gâteau à l'aide d'une poche à douille. Garnir de feuilles en chocolat.

GÂTEAU MOELLEUX AUX AMANDES

Préparation : 30 min
Cuisson : 50 min
Pour 8 à 10 personnes

4 œufs

180 g de sucre en poudre

2 cuil. à café de zeste d'orange râpé

90 g de beurre fondu

60 ml de crème fleurette

90 g de farine avec levure incorporée

Garniture aux amandes

180 g d'amandes effilées

90 g de beurre

90 g de sucre en poudre

60 ml de crème fleurette

2 cuil. à soupe de miel

1/2 cuil. à café d'épices mélangées

1 Préchauffer le four à 180 °C. Beurrer un moule à manqué profond, de 23 cm de diamètre environ, et le garnir de papier sulfurisé.
2 Dans une jatte, travailler les œufs et le sucre au batteur, jusqu'à obtention d'un mélange épais et pâle. Avec une cuillère en métal, incorporer le zeste d'orange, le beurre et la crème. Incorporer la farine tamisée. Verser dans le moule et enfourner 40 min, jusqu'à ce que le centre soit ferme.
3 Garniture aux amandes : dans une casserole, mélanger les ingrédients. Remuer à feu moyen jusqu'à ébullition. Étaler la préparation sur le gâteau et prolonger la cuisson au four de 10 min jusqu'à ce que la surface soit dorée. Laisser refroidir 10 min dans le moule avant de transférer sur le plat de service.

FRUITS GLACÉS
Un fruit glacé est un fruit conservé dans un sirop de sucre. Tendre et moelleux à l'intérieur, il présente une belle surface luisante.

PAGE CI-CONTRE :
Muffins aux cacahuètes et aux pépites de chocolat (en haut),
Gâteau au chocolat et aux fruits glacés

CI-DESSUS : Génoise à l'orange et aux fruits rouges

FRAISES

Les fraises telles que nous les connaissons aujourd'hui sont en fait une variété hybride. Cette variété fut développée en croisant des fraises américaines de Virginie, de grande taille mais au goût fade, avec des fraises chiliennes à la saveur intense. La fraise actuelle est donc née de ce croisement et a elle-même donné naissance à une multitude de variétés. N'achetez pas les fraises en fonction de leur taille ou de leur couleur, mais en fonction de leur parfum.

GÉNOISE À L'ORANGE ET AUX FRUITS ROUGES

Préparation : 1 h
Cuisson : 45 min
Pour 8 à 10 personnes

★★★

60 g de farine

30 g de Maïzena

1 cuil. à café de levure chimique

60 ml de lait

50 g de beurre

180 g de sucre en poudre

3 œufs

3 jaunes d'œufs

1 cuil. à café de zeste d'orange finement râpé

375 ml de crème fleurette

3 à 4 cuil. à café de sucre glace

1 à 2 cuil. à soupe de Grand-Marnier

250 g de fraises équeutées et tranchées

250 g de myrtilles

2 cuil. à soupe d'amandes effilées grillées

Sucre glace pour la garniture

1 Préchauffer le four à 180 °C. Beurrer un moule rectangulaire peu profond (de 30 x 20 cm environ) et garnir le fond et les bords de papier sulfurisé, en le faisant dépasser de 3 cm sur le pourtour. Tamiser la farine, la Maïzena et la levure deux fois sur une feuille de papier sulfurisé. Mettre le lait et le beurre dans une casserole. Remuer à feu moyen jusqu'à ce que le beurre soit fondu (sans faire bouillir).

2 Verser le sucre, les œufs et les jaunes dans un saladier résistant à la chaleur. Poser le saladier sur une casserole d'eau bouillante et travailler le mélange au batteur jusqu'à obtention d'une préparation jaune pâle, épaisse et luisante. Retirer le saladier de la casserole et incorporer le zeste d'orange.

3 Avec une cuillère en métal, incorporer la farine en trois fois. Verser le mélange de beurre encore chaud et remuer brièvement (ne pas trop battre pour conserver autant de volume que possible). Verser la préparation dans le moule et enfourner 25 à 30 min, jusqu'à ce que le gâteau soit élastique au toucher. Laisser refroidir dans le moule.

4 Retourner le gâteau sur un plan de travail. À l'aide d'un couteau tranchant, ôter toute tache brune. Couper le gâteau en trois rectangles égaux, de 10 x 20 cm environ chacun.

5 Fouetter la crème fleurette et le sucre glace au batteur. Incorporer le Grand-Marnier.

6 Étaler un quart de la crème fouettée sur une épaisseur de gâteau. Garnir d'un tiers des fruits rouges. Poser la deuxième épaisseur et appuyer légèrement. Continuer avec la crème et les fruits, en réservant quelques fruits rouges pour la décoration et en terminant par la troisième épaisseur de gâteau. Étaler le restant de crème sur la surface et les côtés. Décorer avec les fruits réservés et les amandes grillées. Saupoudrer légèrement de sucre glace.

REMARQUE : pour griller les amandes, les éparpiller sur une plaque de four garnie de papier sulfurisé. Passer au four préchauffé à 180 °C pendant 5 à 10 min. Pour cette recette, n'utiliser que des fruits frais, et non surgelés ou en boîte. À défaut de myrtilles, employer des fruits rouges de saison, comme des mûres, ou n'utiliser que des fraises.

BOUCHÉES CHOCOLAT-CAROTTE

Préparation : 20 min
Cuisson : 30 min
Pour 32 bouchées

125 g de farine avec levure incorporée

1 cuil. à café de cannelle moulue

180 g de sucre en poudre

80 g de carotte finement râpée

180 g de fruits secs variés

90 g de pépites de chocolat

30 g de noix de coco séchée

2 œufs légèrement battus

90 g de beurre doux fondu

40 g de noix hachées

Glaçage au fromage frais

125 g de fromage frais crémeux

30 g de beurre doux

185 g de sucre glace tamisé

1 cuil. à café d'eau chaude

1 Préchauffer le four à 180 °C. Beurrer un moule carré peu profond, de 23 cm environ. Garnir le fond et les bords de papier sulfurisé.

2 Tamiser la farine et la cannelle dans une grande jatte. Ajouter le sucre, la carotte, les fruits secs, les

pépites de chocolat et la noix de coco ; remuer jusqu'à ce que le mélange soit presque homogène. Ajouter les œufs et le beurre, mélanger.

3 Étaler la préparation en une couche régulière dans le moule ; égaliser la surface. Enfourner 30 min jusqu'à ce que le gâteau soit doré. Laisser refroidir dans le moule, puis démouler sur un plan de travail.

4 **Glaçage au fromage frais** : travailler le fromage et le beurre au batteur. Ajouter le sucre glace et battre encore 2 min, jusqu'à ce que le mélange soit léger et aéré. Ajouter l'eau et bien mélanger.

5 Étaler sur le gâteau à l'aide d'une palette. Saupoudrer de noix. Couper en 16 carrés, puis chaque carré en deux triangles.

REMARQUE : on peut congeler ces bouchées pendant 2 mois. On peut aussi garnir le glaçage de chocolat râpé.

FROMAGE FRAIS
Le fromage frais, très employé dans les pays anglo-saxons sous le nom de *cream cheese,* est fait à partir de lait entier ou d'un mélange de lait entier et de crème fraîche. Il se consomme tartiné sur du pain, mais également sous forme de sauce froide ou de glaçage. Pour le parfumer légèrement, incorporez quelques feuilles ou herbes aromatiques et enveloppez-le de film plastique toute une nuit. Éliminez les herbes et le fromage conservera un arôme subtil.

CI-DESSUS : Bouchées chocolat-carotte

GLAÇAGES Sucrés ou acidulés, cuits ou non,

les glaçages permettent de transformer un gâteau tout simple en un véritable

régal, pour les yeux d'abord, pour le palais ensuite.

CRÈME AU BEURRE

Travailler 80 g de beurre ramolli et 60 g de sucre glace au batteur. Pour parfumer la crème au beurre, on peut ajouter 2 cuil. à café de zeste d'orange râpé, 60 g de chocolat fondu et refroidi ou alors quelques gouttes d'essence de parfum (vanille…) additionnées de colorant alimentaire.

GLAÇAGE AU CHOCOLAT

Dans une terrine, mélanger 30 g de beurre fondu, 2 cuil. à soupe d'eau chaude et 2 cuil. à soupe de cacao en poudre tamisé. Bien remuer pour obtenir un mélange homogène. Ajouter 125 g de sucre glace tamisé et bien mélanger, jusqu'à ce que la préparation soit parfaitement lisse.

CRÈME AU MIEL

Travailler 125 g de beurre, 90 g de sucre en poudre et 2 cuil. à soupe de miel au batteur, jusqu'à obtention d'un mélange onctueux et léger. Verser de l'eau froide sur la préparation, la faire tourner autour de la terrine et la jeter. Battre le mélange encore 2 min, verser de l'eau, la faire tourner et la jeter. Répéter l'opération quatre fois, jusqu'à ce que le mélange soit

blanc et crémeux et que le sucre soit dissous. Cette crème accompagne très bien les gâteaux épicés ou les petits quatre-quart individuels.

GLAÇAGE AU CITRON

Dans un saladier résistant à la chaleur, mélanger 125 g de sucre glace tamisé, 10 g de beurre doux et 1 cuil. à café de zeste de citron râpé. Ajouter suffisamment de jus de citron (1 à 2 cuil. à soupe) pour former une préparation épaisse. Poser le saladier sur une casserole d'eau frémissante et remuer jusqu'à ce que le glaçage soit lisse et luisant; retirer du feu. Étaler sur le gâteau ou les biscuits à l'aide d'une longue palette. On peut remplacer le citron par du citron vert ou de l'orange.

GLAÇAGE AUX AGRUMES

Mélanger 150 g de sucre glace tamisé,
30 g de beurre ramolli, un peu de zeste d'agrume râpé et suffisamment d'eau chaude pour former une préparation épaisse et lisse. Étaler sur le gâteau. Ce glaçage se travaille facilement car il ne durcit pas instantanément. On peut le réchauffer au bain-marie et, dans ce cas, le travailler rapidement à l'aide d'un couteau chaud et humide car il prend très vite.

GLAÇAGE AU FROMAGE FRAIS

Détailler 185 g de fromage frais crémeux en petits cubes et les travailler au batteur jusqu'à ce que la pâte soit homogène. Ajouter 40 g de sucre glace tamisé et 2 cuil. à café de jus de citron; bien battre. Ajouter un peu plus de jus, selon le goût, sans toutefois rendre le glaçage trop fluide. Ce glaçage est parfait pour les gâteaux à la carotte ou à la banane.

GANACHE

Mélanger 100 g de chocolat noir concassé, 60 g de beurre doux et 1 cuil. à soupe de crème fraîche dans un saladier résistant à la chaleur. Poser le saladier sur une casserole d'eau frémissante; remuer jusqu'à obtention d'un mélange homogène. Laisser légèrement refroidir et verser, encore liquide, sur un gâteau très moelleux (si la surface n'est pas lisse, retourner le gâteau et utiliser la base en guise de surface). La ganache peut aussi être refroidie pour pouvoir être étalée au couteau, ou refroidie puis battue pour former un glaçage plus aéré.

À PARTIR D'EN HAUT, À GAUCHE : Glaçage au citron, Ganache (avec de la crème fouettée et de la dentelle de chocolat), Glaçage au chocolat, Crème au miel, Glaçage aux agrumes, Crème au beurre, Glaçage au fromage frais

GÂTEAU FOURRÉ
À LA CRÈME AU CAFÉ

Préparation : I h + I h de réfrigération
Cuisson : 40 à 50 min
Pour 8 à 10 personnes

★★★

125 g de noix du Brésil

100 g d'amandes mondées

80 g de noisettes

2 cuil. à soupe de farine

180 g de sucre en poudre

7 blancs d'œufs

60 ml de liqueur Tia Maria ou Kahlua

Pastilles en chocolat pour décorer

Sucre glace pour décorer

Crème au café

200 g de beurre

150 g de chocolat noir fondu

2 à 3 cuil. à café de sucre glace

2 cuil. à café d'eau chaude

3 à 4 cuil. à café de café instantané en poudre

PASTILLES
EN CHOCOLAT

On peut réaliser soi-même de petites pastilles en chocolat en faisant fondre 150 g de pépites de chocolat à cuire. Garnissez 2 plaques de papier sulfurisé. Versez la moitié du chocolat dans une poche à douille et former des petites pastilles sur les plaques. Tapez légèrement les plaques sur le plan de travail afin d'aplatir les pastilles. Laissez refroidir puis détachez du papier pour décorer les gâteaux.

CI-DESSUS : Gâteau
fourré à la crème au café

I Préchauffer le four à 180 °C. Beurrer un moule rond profond, de 20 cm environ. Garnir le fond et les bords de papier sulfurisé. Éparpiller les fruits secs sur une plaque de four. Les faire dorer 5 à 10 min au four. Les frotter vigoureusement dans un torchon pour ôter la pellicule des noisettes. Les broyer finement au mixeur.

2 Mélanger les fruits secs broyés, la farine et 125 g de sucre ; bien remuer. Dans un saladier, battre les blancs d'œufs en neige. Incorporer le sucre restant peu à peu, en battant jusqu'à ce que les blancs soient fermes et luisants. Avec une cuillère en métal, incorporer la préparation dans les blancs, en 3 fois. Verser dans le moule et égaliser la surface. Enfourner 35 à 40 min, jusqu'à ce que le gâteau soit élastique au toucher. Laisser refroidir complètement dans le moule.

3 **Crème au café :** travailler le beurre au batteur jusqu'à ce qu'il soit onctueux. Incorporer le chocolat fondu peu à peu, en battant bien. Ajouter le sucre glace et le café délayé dans l'eau. Battre jusqu'à obtention d'un mélange homogène.

4 **Assemblage :** démouler le gâteau sur un plan de travail. À l'aide d'un couteau tranchant, le couper en 3 épaisseurs horizontales. Utiliser l'épaisseur du dessus en guise de base. Badigeonner de la moitié de la liqueur et étaler 1/5 de la crème au café.

5 Poser la deuxième épaisseur de gâteau. La badigeonner du reste de liqueur et étaler 1/4 de la crème restante. Couvrir de la dernière épaisseur et étaler la crème sur le dessus et les côtés du gâteau. Décorer de pastilles en chocolat et saupoudrer de sucre glace. Réfrigérer 1 h.

PRÉPARER LES
AMANDES
Certaines recettes requièrent l'utilisation d'amandes
mondées, c'est-à-dire d'amandes débarrassées de leur
peau. À défaut d'amandes
déjà mondées, on peut les
préparer soi-même. Couvrez
les amandes d'eau bouil-
lante pendant 30 s, égout-
tez-les et ôtez la peau en
les frottant dans vos mains
ou dans un torchon. Pour
décorer les gâteaux, utilisez de préférence des
amandes grillées, au goût
plus fort. Pour cela, étalez-
les en une seule couche
sur une plaque de four et
enfournez-les 5 à 10 min à
180 °C, jusqu'à ce qu'elles
soient légèrement dorées.
Laissez refroidir.

GÂTEAU À LA BANANE

Préparation : 25 min
Cuisson : 1 h
Pour 1 gâteau rond de 20 cm

125 g de beurre

125 g de sucre en poudre

2 œufs légèrement battus

1 cuil. à café d'essence de vanille

4 bananes mûres écrasées

1 cuil. à café de bicarbonate de soude

125 ml de lait

250 g de farine avec levure incorporée

Glaçage au beurre

125 g de beurre

90 g de sucre glace

1 cuil. à soupe de jus de citron

15 g de copeaux de noix de coco grillés

1 Préchauffer le four à 180 °C. Beurrer un moule rond, de 20 cm environ, et garnir le fond et les bords de papier sulfurisé. Travailler le beurre et le sucre au batteur jusqu'à obtention d'un mélange léger et onctueux. Ajouter les œufs peu à peu, en battant bien après chaque ajout. Ajouter l'essence de vanille et les bananes et bien battre.

2 Transférer le mélange dans une grande terrine. Délayer le bicarbonate dans le lait. À l'aide d'une cuillère en métal, incorporer la farine tamisée en alternance avec le lait. Remuer jusqu'à ce que les ingrédients soient juste mélangés. Verser dans le moule et égaliser la surface. Enfourner 1 h (véri-fier la cuisson à l'aide d'une lame de couteau : elle doit ressortir sèche). Laisser reposer 10 min dans le moule, puis faire refroidir sur une grille.

3 Glaçage : travailler le beurre, le sucre glace et le jus de citron au batteur. Étaler sur le gâteau refroidi et parsemer de noix de coco grillée.

REMARQUE : cette recette sera meilleure avec des bananes très mûres. On peut aussi décorer avec de la noix de coco non grillée.

*CI-DESSUS : Gâteau
à la banane*

fourchette jusqu'à ce que le mélange soit juste homogène (ne pas trop travailler la préparation).

2 Verser la préparation dans le moule. Enfourner 12 à 15 min. Détacher les muffins à l'aide d'un couteau avant de les laisser refroidir sur une grille.

REMARQUE : servir avec une garniture composée de 50 g de chocolat, 1 cuil. à soupe de crème fraîche liquide et 10 g de beurre, fondue à feu doux. Réfrigérer jusqu'à ce que la crème soit ferme puis en décorer les muffins à l'aide d'une cuillère ou d'une poche à douille. Saupoudrer de sucre glace.

MUFFINS À LA FRAISE ET AUX FRUITS DE LA PASSION

Préparation : 20 min
Cuisson : 10 à 15 min
Pour 12 muffins

220 g de farine avec levure incorporée

1 pincée de sel

1 cuil. à café de levure chimique

1/2 cuil. à café de bicarbonate de soude

60 g de sucre en poudre

175 g de fraises fraîches hachées

125 g de pulpe de fruits de la passion en boîte (ou fraîche)

1 œuf

175 ml de lait

60 g de beurre fondu

CONSERVER LES MUFFINS

Les muffins sont meilleurs consommés le jour même; on peut toutefois les garder 3 mois au congélateur. Laissez-les refroidir complètement, puis mettez-les dans un sac à congélateur hermétique. Avant emploi, laissez-les décongeler à température ambiante, puis servez-les tels quels ou réchauffés à four doux.

CI-DESSUS : Muffins double chocolat
CI-CONTRE : Muffins à la fraise et aux fruits de la passion

MUFFINS DOUBLE CHOCOLAT

Préparation : 15 min
Cuisson : 12 à 15 min
Pour 6 gros muffins

250 g de farine

2 cuil. à café 1/2 de levure chimique

30 g de cacao en poudre

2 cuil. à soupe de sucre en poudre

175 g de pépites de chocolat noir

1 œuf légèrement battu

125 g de crème fraîche

175 ml de lait

90 g de beurre fondu

1 Préchauffer le four à 180 °C. Beurrer un moule à muffins de 6 cavités. Dans une grande jatte, tamiser la farine, la levure et le cacao. Ajouter le sucre et les pépites de chocolat; bien remuer. Faire un puits au centre et ajouter le mélange d'œuf, de crème fraîche, de lait et de beurre fondu, en une seule fois. Remuer à la

MOULES À MUFFINS
Les muffins ci-contre sont cuits dans des moules à muffins américains, disponibles dans les grands magasins et boutiques spécialisées. Ils existent en 6 ou 12 cavités de tailles diverses (petit, moyen et grand). Les recettes données ici utilisent des moules à trous moyens, sauf indication contraire. Même dans le cas de moules « antiadhérants », il est conseillé de les beurrer légèrement, au moins au fond, pour éviter que le sucre n'attache.

1 Préchauffer le four à 210 °C. Beurrer un moule à muffins de 12 trous.

2 Tamiser la farine, le sel, la levure, le bicarbonate et le sucre dans un saladier. Ajouter les fraises et bien remuer. Faire un puits au centre.

3 Ajouter la pulpe des fruits de la passion et le mélange d'œuf et de lait. Verser le beurre fondu en une seule fois et mélanger délicatement à la fourchette (sans trop travailler la préparation).

4 Verser la préparation dans les moules et enfourner 10 à 15 min, jusqu'à ce que les muffins soient bien dorés. Les détacher à la palette ou à la spatule et les laisser refroidir sur une grille. Garnir de fromage frais ramolli et sucré ou de crème fouettée, et déposer une moitié de fraise. Saupoudrer de sucre glace.

MUFFINS AUX MYRTILLES

Préparation : 20 min
Cuisson : 20 min
Pour 6 gros muffins

375 g de farine

1 cuil. à soupe de levure chimique

140 g de sucre roux

125 g de beurre fondu

2 œufs légèrement battus

250 ml de lait

150 g de myrtilles

Sucre glace pour décorer

1 Préchauffer le four à 210 °C. Beurrer un moule à muffins de 6 cavités. Dans une terrine, tamiser la farine et la levure. Incorporer le sucre et faire un puits au centre.

2 Ajouter le mélange de beurre fondu, d'œuf et de lait en une seule fois. Remuer jusqu'à obtention d'un mélange juste homogène.

3 Incorporer les myrtilles. Verser la préparation dans le moule. Enfourner 20 min jusqu'à ce que les muffins soient bien dorés. Laisser refroidir sur une grille. Saupoudrer de sucre glace.

CI-DESSUS :
Muffins aux myrtilles

279

SCONES

Les scones nature sont délicieux et très faciles à réaliser. Rien ne vous empêche toutefois d'y ajouter quelques ingrédients, comme des raisins secs, des fruits confits hachés ou même des pêches ou des abricots secs finement hachés. Confectionnez des scones salés en ajoutant du fromage râpé ou des herbes aromatiques à la préparation de base.

SCONES

Préparation : 20 min
Cuisson : 10 à 12 min
Pour 12 scones

250 g de farine avec levure incorporée
1 pincée de sel (facultatif, voir Remarque)
30 g de beurre coupé en petits morceaux
125 ml de lait + un peu pour badigeonner
80 ml d'eau

1 Préchauffer le four à 210 °C. Beurrer une plaque de four. Tamiser la farine et le sel dans un saladier. Ajouter le beurre et le travailler délicatement du bout des doigts.
2 Faire un puits au centre de la farine. Verser presque tout le mélange de lait et d'eau. Mélanger pour former une pâte souple, en rajoutant du liquide si nécessaire.
3 Pétrir brièvement la pâte sur un plan de travail fariné (de farine avec levure). L'étaler pour former un rond de 1,5 cm d'épaisseur.
4 Découper la pâte en petits ronds de 5 cm à l'aide d'un emporte-pièce fariné. Disposer les ronds sur la plaque et badigeonner de lait.

Enfourner 10 à 12 min jusqu'à ce qu'ils soient bien dorés. Servir avec de la confiture et de la crème fouettée.
REMARQUE : travailler délicatement et brièvement la pâte à scone pour éviter qu'ils ne soient trop denses. Il est courant d'ajouter 1 pincée de sel à la pâte afin de rehausser le goût des scones.

RECETTE RAPIDE : SABLÉS AU CITRON
(pour 20 sablés environ)

PRÉCHAUFFER le four à 180 °C. Mettre 125 g de farine, 1 cuil. à soupe de farine de riz, 100 g de beurre froid coupé en petits morceaux et 1/2 cuil. à café de zeste de citron râpé dans un mixeur. Ajouter 1 cuil. à soupe de jus de citron et mixer brièvement. Étaler la pâte sur un plan de travail fariné, en une épaisseur de 5 mm. Découper des formes de votre choix et les disposer sur une plaque de four garnie de papier sulfurisé. Enfourner 10 à 12 min, jusqu'à ce que les sablés soient légèrement dorés. Laisser refroidir sur une grille.

CI-DESSUS : Scones

STRUDEL AUX POMMES

Préparation : 20 min
Cuisson : 25 à 30 min
Pour 2 strudels

4 pommes vertes à cuire

30 g de beurre

2 cuil. à soupe de jus d'orange

I cuil. à soupe de miel

60 g de sucre

60 g de raisins de Smyrne

2 rouleaux carrés de pâte feuilletée préétalée

45 g d'amandes broyées

I œuf légèrement battu

2 cuil. à soupe de sucre roux

I cuil. à café de cannelle moulue

I Préchauffer le four à 220 °C. Beurrer 2 plaques de four. Peler, épépiner et trancher finement les pommes. Chauffer le beurre dans une casserole ; ajouter les pommes et faire cuire 2 min jusqu'à ce qu'elles soient légèrement dorées. Ajouter le jus d'orange, le miel, le sucre et les raisins secs. Remuer à feu moyen jusqu'à ce que le sucre soit dissous et les pommes juste

tendres. Transférer le mélange dans un saladier et laisser complètement refroidir.

2 Disposer un rouleau de pâte sur le plan de travail. Le plier en deux et pratiquer de petites fentes le long du bord replié, à 2 cm d'intervalle. Ouvrir la pâte et saupoudrer de la moitié des amandes broyées. Égoutter les pommes et étaler la moitié au centre de la pâte. Badigeonner les bords d'œuf battu et replier, en appuyant fermement pour souder les bords.

3 Placer le strudel sur une plaque. Badigeonner la surface d'œuf et saupoudrer de la moitié du mélange de sucre roux et de cannelle. Recommencer avec l'autre rouleau de pâte et le reste des ingrédients. Enfourner 20 à 25 min, jusqu'à ce que la pâte soit bien dorée. Servir chaud avec de la crème fraîche ou de la glace, ou à température ambiante à l'heure du thé.

REMARQUE : on peut remplacer la pomme par toutes sortes de fruits frais ou en boîte, comme les poires, les cerises ou les abricots. Il suffit de veiller à bien égoutter les fruits avant emploi.

ASTUCES DE PÂTISSIER

Le secret des pâtisseries, gâteaux et biscuits légers réside dans le travail de la pâte. Lorsqu'une recette demande « d'incorporer » la farine, utilisez une grande cuillère en métal ou une spatule en caoutchouc et remuez jusqu'à ce que la farine soit juste mélangée. Servez-vous d'un couteau à beurre pour incorporer des ingrédients liquides dans une préparation sèche (pâte à tarte ou à biscuits, par exemple), puis formez une boule ferme à l'aide de vos doigts. Les protéines de la farine (ou gluten) ont tendance à durcir la pâte si on les travaille trop.

CI-DESSUS :
Strudel aux pommes

281

découper des ronds de pâte. Les tasser légèrement dans les moules. Piquer chaque rond 3 fois à la fourchette, enfourner 10 min jusqu'à ce que la pâte commence à dorer. Retirer du four et déposer 2 cuil. à café de garniture dans chaque tartelette. Prolonger la cuisson au four de 5 min et laisser reposer légèrement avant de sortir les tartelettes de leurs moules. Garnir d'écorce confite.

ÉCLAIRS AU CHOCOLAT

Préparation : 20 min
Cuisson : 40 min
Pour 18 éclairs

250 ml d'eau

125 g de beurre

125 g de farine tamisée

4 œufs

320 ml de crème fraîche fouettée

150 g de chocolat noir fondu

1 Préchauffer le four à 210 °C. Huiler 2 plaques de four. Dans une casserole, mettre l'eau et le beurre. Remuer à feu moyen jusqu'à ce que le beurre soit fondu. Porter à ébullition et retirer du feu.
2 Ajouter la farine en une seule fois. Remettre sur le feu et remuer à la cuillère en bois jusqu'à ce que la pâte se détache des parois de la casserole et adhère à la cuillère. Transférer dans une terrine et laisser légèrement refroidir. Ajouter les œufs un à un, en battant bien après chaque ajout. Le mélange doit être épais, lisse et luisant.

TARTELETTES AU CITRON

Préparation : 40 min + temps de réfrigération
Cuisson : 15 min
Pour 24 tartelettes

250 g de farine

Sel

125 g de beurre coupé en petits morceaux

2 cuil. à café de sucre en poudre

1 cuil. à café de zeste de citron râpé

1 jaune d'œuf

Garniture

125 g de fromage frais crémeux ramolli

125 g de sucre en poudre

2 jaunes d'œufs

2 cuil. à soupe de jus de citron

160 g de lait condensé sucré

1 Préchauffer le four à 180 °C. Huiler 2 moules à 12 cavités. Tamiser la farine et 1 pincée de sel dans une terrine ; incorporer le beurre avec les doigts. Ajouter le sucre, le zeste, le jaune d'œuf et 2 à 3 cuil. à soupe d'eau glacée ; remuer. Pétrir délicatement sur un plan de travail fariné. Couvrir de film plastique et réfrigérer 10 min.
2 **Garniture** : travailler le fromage frais, le sucre et les jaunes d'œuf au batteur, jusqu'à obtention d'un mélange lisse et épais. Ajouter le jus de citron et le lait condensé ; bien battre.
3 Étaler la pâte entre 2 feuilles de papier sulfurisé, jusqu'à ce qu'elle ait 3 mm d'épaisseur. À l'aide d'un emporte-pièce cannelé de 7 cm,

LAIT CONDENSÉ

Le lait condensé est du lait entier ou écrémé qui a été bouilli jusqu'à un tiers de son volume d'origine, puis sucré, de sorte qu'il a plus le goût de caramel léger que de lait. Le sucre ajouté lui permet de se conserver plus longtemps que le lait évaporé, une fois la boîte ouverte. Le lait condensé est idéal pour confectionner du fondant au caramel et de la glace.

CI-DESSUS : Tartelettes au citron
CI-CONTRE : Éclairs au chocolat

3 Mettre la préparation dans une poche à douille munie d'un embout de 1,5 cm de diamètre. Former de longs cylindres de 15 cm.

4 Enfourner 10 à 15 min. Baisser la température à 180 °C. Prolonger la cuisson au four de 15 min, jusqu'à ce que les éclairs soient fermes et dorés. Les couper en deux et ôter la pâte non cuite. Les remplir de crème et badigeonner le dessus de chocolat fondu.

BISCUITS FOURRÉS AU CAFÉ

Préparation : 40 min
Cuisson : 10 min
Pour 30 biscuits

375 g de farine avec levure incorporée

160 g de beurre coupé en petits morceaux

125 g de sucre en poudre

1 œuf légèrement battu

1 cuil. à soupe de café instantané en poudre

1 à 2 cuil. à soupe d'eau glacée

Crème au café

80 g de beurre

125 g de sucre glace tamisé

2 cuil. à café d'eau

2 cuil. à café de café instantané en poudre

100 g de chocolat blanc fondu

1 Préchauffer le four à 180 °C. Huiler 2 plaques à biscuits et les garnir de papier sulfurisé. Tamiser la farine dans une terrine. Ajouter le beurre et l'incorporer avec les doigts, jusqu'à obtention d'une texture friable. Ajouter le mélange de sucre, d'œuf et de café dissous dans l'eau, en une seule fois. Mélanger jusqu'à formation d'une pâte souple. La pétrir brièvement.

2 Rouler la pâte jusqu'à ce qu'elle ait 5 mm d'épaisseur. Couper des ronds de 5 cm à l'aide d'un emporte-pièce cannelé et fariné. Les disposer sur les plaques et enfourner 10 min, jusqu'à ce que les biscuits soient légèrement dorés. Laisser refroidir sur une grille.

3 **Crème au café** : travailler le beurre et le sucre glace au batteur, jusqu'à obtention d'un mélange onctueux et léger. Ajouter le mélange d'eau et de café et bien battre. Mettre la crème dans une poche à douille munie d'un embout cannelé et en garnir le centre des biscuits. Recouvrir d'un autre biscuit et presser légèrement. Décorer de chocolat fondu et garnir d'un grain de café au chocolat.

BISCUITS COMPLETS AU CHOCOLAT

Préparation : 20 min
Cuisson : 15 à 20 min
Pour 25 biscuits

125 g de beurre

100 g de sucre roux

60 ml de lait

225 g de farine complète

40 g de farine avec levure incorporée

30 g de noix de coco en poudre

200 g de chocolat noir

1 Préchauffer le four à 180 °C. Beurrer 2 plaques de four et les garnir de papier sulfurisé. Travailler le beurre et le sucre au batteur, jusqu'à obtention d'un mélange onctueux et léger. Ajouter le lait et bien battre.

2 Ajouter les farines tamisées et la noix de coco ; mélanger pour former une pâte souple. L'étaler entre 2 feuilles de papier sulfurisé, jusqu'à ce qu'elle ait 5 mm d'épaisseur. Avec un emporte-pièce de 5 cm, découper des ronds et les placer sur les plaques. Enfourner 15 à 20 min, jusqu'à ce que les biscuits soient dorés. Laisser refroidir.

3 Faire fondre le chocolat au bain-marie. Retirer du feu et laisser refroidir légèrement. Étaler sur les biscuits et laisser refroidir.

ESSENCE DE CAFÉ
Pour faire vous-même de l'essence de café, mélangez une même quantité de café moulu et d'eau bouillante et laissez infuser une journée. Pour une essence plus forte, faites bouillir du café fraîchement passé jusqu'à réduction et épaississement. Laissez refroidir. Ces deux essences se conservent 2 semaines au réfrigérateur. Les essences disponibles dans le commerce existent en plusieurs intensités et qualités.

CI-DESSUS : Biscuits fourrés au café

283

3 Rouler en petites boules équivalant à 1 cuil. à café rase. Disposer les boules sur les plaques, à 5 cm d'intervalle. Les aplatir légèrement à la fourchette. Enfourner 12 min, jusqu'à ce que les biscuits soient dorés. Les laisser 5 min sur les plaques avant de les faire refroidir sur une grille. Garnir la moitié des biscuits avec 1/4 de cuil. à café de confiture et un peu de crème fouettée. Former des sandwichs avec le reste des biscuits.

BISCUITS AUX DEUX CITRONS

Préparation : 40 min + 1 h de réfrigération
Cuisson : 10 à 15 min
Pour 30 biscuits

★

150 g de beurre ramolli

180 g de sucre en poudre

1 œuf légèrement battu

1 cuil. à soupe de jus de citron vert

2 cuil. à café de zeste de citron vert râpé

2 cuil. à café de zeste de citron râpé

125 g de farine

60 g de farine avec levure incorporée

60 g de pâte d'amandes

Glaçage au citron vert

125 g de sucre glace tamisé

1 cuil. à café de zeste de citron vert râpé

1 cuil. à soupe de jus de citron vert

2 cuil. à café d'eau

FONDANTS À LA CRÈME ET À LA CONFITURE

Préparation : 15 min
Cuisson : 12 min
Pour 20 fondants

★

125 g de beurre doux

125 g de sucre en poudre

2 jaunes d'œufs

1 cuil. à café d'essence de vanille

30 g de préparation pour crème anglaise (en sachet)

90 g de farine

90 g de farine avec levure incorporée

160 g de confiture de fraises

175 ml de crème épaisse fouettée

CITRONS VERTS

Les citrons verts sont les agrumes les plus périssables. Ils doivent être pâles ou vert foncé, avec une pulpe acide et verte. Si leur peau est jaune, ils sont trop mûrs et auront perdu leur acidité. Le jus de citron vert remplace très bien le jus de citron dans le guacamole, et s'utilise également dans de nombreux desserts. Le jus des citrons verts frais entre aussi dans la composition des daiquiris et des margaritas.

1 Préchauffer le four à 180 °C. Garnir 2 plaques à biscuits de papier sulfurisé. Travailler le beurre et le sucre au batteur jusqu'à obtention d'un mélange onctueux et léger. Ajouter les jaunes d'œufs un à un, en battant bien après chaque ajout. Incorporer l'essence de vanille et bien battre.

2 Transférer le mélange dans une jatte. Avec une spatule, incorporer la crème anglaise en poudre et les farines tamisées. Remuer jusqu'à ce que le mélange soit juste homogène. Malaxer avec les doigts pour former une pâte souple.

CI-DESSUS : Fondants à la crème et à la confiture
CI-CONTRE : Biscuits aux deux citrons

1 Garnir 2 plaques de four de papier sulfurisé. Travailler le beurre et le sucre au batteur, jusqu'à obtention d'un mélange onctueux et léger. Ajouter l'œuf, le jus et le zeste des citron ; bien battre.

2 Transférer le mélange dans un grand saladier. Avec une spatule, incorporer les farines et la pâte d'amandes, et mélanger jusqu'à formation d'une pâte souple. Diviser la pâte en deux et pétrir légèrement une portion sur un plan de travail fariné.

3 Former un long cylindre de 4 cm de diamètre environ. Envelopper le cylindre de film plastique et réfrigérer 1 h. Répéter avec l'autre portion de pâte. Préchauffer le four à 180 °C. Couper la pâte en rondelles de 1 cm d'épaisseur. Disposer les rondelles sur les plaques et enfourner 10 à 15 min, jusqu'à ce que les biscuits soient légèrement dorés. Laisser refroidir sur les plaques. Tremper les biscuits dans le glaçage et décorer à votre goût.

4 Glaçage au citron vert : dans un bol, mélanger le sucre glace, le zeste et le jus de citron vert et l'eau. Battre le mélange jusqu'à ce qu'il soit lisse. Si la préparation est trop épaisse, ajouter un peu de jus ou d'eau.

CARRÉS AU CHOCOLAT

Préparation : 30 min + temps de réfrigération
Cuisson : 5 min
Pour 36 carrés

125 g de beurre

125 g de sucre en poudre

30 g de cacao en poudre

250 g de biscuits au froment écrasés

60 g de noix de coco en poudre

30 g de noisettes hachées

60 g de cerises confites hachées

1 œuf légèrement battu

1 cuil. à café d'essence de vanille

Garniture

60 g de beurre

220 g de sucre glace

2 cuil. à soupe de préparation pour crème anglaise (en sachet)

1 cuil. à soupe d'eau chaude

1 cuil. à soupe de Grand-Marnier

125 g de chocolat noir

60 g de matière grasse végétale

1 Garnir de papier aluminium le fond et les bords d'un moule peu profond, de 7 x 11 cm environ. Dans une petite casserole, mélanger le beurre, le sucre et le cacao. Remuer à feu doux jusqu'à ce que le beurre soit fondu. Prolonger la cuisson de 1 min en remuant, puis retirer du feu et laisser légèrement refroidir.

2 Dans une terrine, mélanger les biscuits émiettés, la noix de coco, les noisettes et les cerises. Faire un puits au centre et verser le beurre, l'œuf et la vanille en une seule fois ; bien remuer. Avec le dos d'une cuillère, tasser fermement la préparation au fond du moule. Réfrigérer jusqu'à ce qu'elle soit ferme.

3 Garniture : travailler le beurre au batteur jusqu'à ce qu'il soit crémeux. Ajouter peu à peu le sucre glace et la crème anglaise en poudre, en alternant avec le mélange d'eau et de Grand-Marnier. Bien battre jusqu'à obtention d'un mélange aéré. Étaler régulièrement sur le haut du gâteau et réfrigérer.

4 Faire fondre le chocolat et la matière grasse au bain-marie en remuant à feu doux jusqu'à obtention d'un mélange homogène. Étaler sur le gâteau. Réfrigérer 4 h minimum. Couper le gâteau en carrés avant de servir.

ŒUFS FRAIS

Quand vous achetez des œufs, veillez à ce qu'ils n'aient pas plus de 2 semaines. Un œuf frais se tient horizontalement au fond d'un verre d'eau. S'il se tient debout, c'est qu'il est vieux, et s'il remonte en surface, il est bon à jeter. Ce test détermine la quantité d'air logée à l'extrémité arrondie de l'œuf. Blancs ou bruns, les œufs ont la même valeur nutritionnelle. Conservez-les au réfrigérateur, pointe en bas. Les œufs utilisés à température ambiante donnent plus de volume quand on les bat, tandis que les œufs froids sont plus faciles à séparer, le jaune étant moins susceptible de se casser.

CI-DESSUS : Carrés au chocolat

BOISSONS

Qu'elles soient servies au brunch ou après minuit, les boissons maison donnent toujours un petit air de fête à la table qu'elles honorent. Les délicieux jus de fruits préparés pour un petit déjeuner en famille changent des boissons en brique ou en bouteille, et un café un tant soit peu sophistiqué termine parfaitement un dîner d'hiver consistant.

WHISKY

On écrit généralement «whisky» pour désigner la boisson écossaise et canadienne, et «whiskey» pour celle d'Irlande ou d'Amérique. Quelle que soit l'orthographe choisie, le mot est dérivé du terme gaélique *usquebaugh*, ou «eau-de-vie». La première référence écrite au Scotch whisky date de 1494, mais il est fort probable que cette boisson existait depuis plus longtemps encore. Dans les fermes écossaises, la distillation du whisky faisait partie des tâches domestiques courantes car il suffisait de le distiller deux fois. Le whisky irlandais se concocte en plus petites quantités et doit être distillé trois fois.

CI-DESSUS, DE GAUCHE À DROITE EN PARTANT DU FOND : Irish Coffee, Café épicé et Café viennois

CAFÉ VIENNOIS

Préparation : 10 min
Pas de cuisson
Pour 4 personnes

1 l de café au lait
80 g de chocolat au lait râpé
500 ml de crème fouettée

1 Incorporer 1 cuil. à soupe de chocolat râpé dans chaque tasse de café au lait et garnir d'une bonne cuillerée de crème fouettée. Décorer de copeaux de chocolat et servir immédiatement.

IRISH COFFEE

Préparation : 10 min
Pas de cuisson
Pour 4 personnes

1 l de café noir bien fort
Sucre
Whisky irlandais
Crème fraîche épaisse

1 Verser le café dans de hautes tasses, en verre de préférence. Ajouter le sucre et le whisky à votre goût.
2 Verser délicatement la crème fraîche sur le dos d'une cuillère, sur le café, pour former une couche de 6 mm. Servir immédiatement. Pour varier, remplacer le whisky par du rhum ambré et vous obtiendrez un café jamaïcain.

CAFÉ ÉPICÉ

Préparation : 10 min
Pas de cuisson
Pour 4 personnes

1/2 à 1 cuil. à café de cannelle
1 l de café noir bien fort
Kahlua
500 ml de crème fouettée
Zeste d'orange râpé pour décorer

1 Ajouter la cannelle dans la cafetière. Verser 1 à 2 cuil. à soupe de Kahlua dans chaque tasse.
2 Verser le café, garnir de crème fouettée (à la cuillère ou à la poche à douille) et décorer de zeste d'orange.

THÉ GLACÉ

Préparation : 5 min
Pas de cuisson
Pour 1 personne

Glaçons
125 ml de thé noir froid
1 cuil. à café de sucre

1 Mettre les glaçons, le thé et le sucre dans u
grand verre à whisky et remuer avec un foue
Garnir de rondelles de citron et de feuilles d
menthe. On peut aussi préparer de la tisane glacée

CHOCOLAT CHAUD CLASSIQUE

Préparation : 5 min
Cuisson : 5 min
Pour 2 personnes

1 cuil. à soupe de cacao en poudre
1 cuil. à soupe de sucre
60 ml d'eau
500 ml de lait chaud
Quelques gouttes de rhum ou de whisky
     (facultatif)

1 Mélanger le cacao et le sucre dans une petite
casserole. Ajouter l'eau et fouetter jusqu'à obtention d'un mélange lisse. Porter à ébullition, baisser le feu et ajouter le lait chaud, en battant jusqu'à ce qu'il soit mousseux. Saupoudrer de cacao
supplémentaire et servir avec un filet de rhum
ou de whisky.

CHOCOLAT GLACÉ

Préparation : 5 min
Pas de cuisson
Pour 1 personne

1 à 2 cuil. à soupe de chocolat en poudre
250 ml de lait très froid
Crème fouettée ou glace à la vanille

1 Dans un grand verre, délayer le cacao dans un
peu de lait et verser le reste du lait.

2 Garnir de crème fouettée ou d'une cuillerée
de glace à la vanille (ou les deux).

MILK-SHAKE AU CHOCOLAT

Préparation : 5 min
Pas de cuisson
Pour 1 personne

250 ml de lait
1 cuil. à soupe de sirop de chocolat
2 à 3 cuillerées de glace au chocolat

1 Passer le lait et le sirop brièvement au mixeur.
Ajouter la glace au chocolat et mixer jusqu'à
obtention d'un mélange lisse et très épais. Verser
dans un grand verre et servir avec une paille
large.
REMARQUE : on trouve du sirop au chocolat
tout prêt dans le commerce.

*CI-DESSUS : Chocolat
chaud classique*

MILK-SHAKE « ÉNERGIE »

Préparation : 5 min
Pas de cuisson
Pour 2 personnes

375 ml de lait écrémé ou de lait de soja
1 cuil. à soupe de lait écrémé en poudre
125 g de yaourt
1 cuil. à soupe de miel
1 banane pelée
6 fraises (facultatif)
Cannelle moulue

1 Passer tous les ingrédients sauf la cannelle au mixeur. Verser immédiatement dans de grands verres et saupoudrer de cannelle.

MILK-SHAKE AUX FRUITS

Préparation : 5 min
Pas de cuisson
Pour 2 personnes

2 boules de glace à la vanille
175 g de fruits hachés (fraises, bananes, fruits
   de la passion, etc.)
3 à 4 glaçons
2 cuil. à soupe de miel

1 Passer tous les ingrédients au mixeur. Verser dans de grands verres et servir.

FLIP À LA BANANE

Préparation : 5 min
Pas de cuisson
Pour 2 personnes

375 ml de lait
1 banane moyenne
1 cuil. à soupe de miel
1 œuf
2 à 3 cuil. à soupe de yaourt
2 boules de glace à la vanille
2 glaçons

1 Verser le lait dans un mixeur. Ajouter la banane pelée et grossièrement hachée, le miel, l'œuf, le yaourt, la glace et les glaçons ; mixer jusqu'à obtention d'un mélange lisse. Verser dans 2 verres et servir.

DÉLICE AUX PÊCHES

Préparation : 5 min
Pas de cuisson
Pour 4 personnes

452 g de tranches de pêche en boîte
3 à 4 boules de glace à la vanille
60 ml de jus d'orange
2 à 3 gouttes d'essence de vanille
500 ml de lait froid
Rondelles d'orange

1 Égoutter les pêches et les passer au mixeur avec la glace, le jus d'orange, la vanille et le lait. Servir immédiatement dans des verres garnis d'une rondelle d'orange.

FRAPPÉ À LA MANGUE

Préparation : 5 min
Pas de cuisson
Pour 2 personnes

20 glaçons
3 belles mangues fraîches, coupées en
   morceaux + quelques tranches
   supplémentaires

1 Passer les glaçons au mixeur pour obtenir de la glace pilée. Ajouter les morceaux de mangue et bien mixer.
2 Verser le mélange dans des verres, garnir de tranches de mangue et d'une feuille d'ananas et servir immédiatement.

CAFÉ

L'arôme et la saveur d'un café dépend du lieu de culture, de la façon dont les grains sont torréfiés, de la méthode utilisée pour le préparer et le servir. Mais la seule recommandation pour une bonne tasse de café, quelle que soit la méthode utilisée pour le faire, est d'employer une mouture de bonne qualité. Il est conseillé d'acheter du café fraîchement moulu, au parfum plus prononcé. Les vrais amateurs de café le moulent chez eux.

PAGE CI-CONTRE, EN PARTANT D'EN HAUT, À GAUCHE : Milk-shake aux fruits, Milk-shake « énergie », Délice aux pêches, Flip à la banane, Frappé à la mangue

CITRONNADE MAISON

Préparation : 10 min + 1 nuit d'infusion
Cuisson : 10 à 15 min
Pour 4 à 6 personnes

Sirop de citron

6 gros citrons

6 clous de girofle

1,25 l d'eau bouillante

500 g de sucre

Glaçons

Eau gazeuse

1 Sirop de citron : couper 6 citrons en rondelles, les mettre dans un saladier avec les clous de girofle et couvrir le tout d'eau bouillante. Laisser infuser toute la nuit. Passer le jus dans une grande casserole en filtrant les rondelles de citron et la girofle. Ajouter le sucre et remuer à feu doux, sans faire bouillir, jusqu'à ce que le sucre soit dissous. Porter à ébullition, laisser mijoter 10 min jusqu'à ce que le jus soit réduit et légèrement sirupeux ; laisser refroidir.

2 Mettre les glaçons dans un grand verre. Verser 2 cuil. à soupe minimum de sirop de citron et ajouter de l'eau gazeuse. Garnir de rondelles de citron et de feuilles de menthe.

TISANE D'ORGE AUX DEUX CITRONS

Préparation : 5 min
Cuisson : 30 min
Pour 4 personnes

220 g d'orge perlé

2 l d'eau

60 ml de jus de citron

125 ml de jus de citron vert

125 g de sucre en poudre

1 Faire bouillir l'orge et l'eau 30 min dans une grande casserole à fond épais, jusqu'à ce que le liquide ait réduit de moitié. Retirer du feu et passer au chinois.

2 Ajouter les jus de citron et le sucre : bien remuer. Servir très froid avec des glaçons et des rondelles de citron et de citron vert.

ORGE

La tisane d'orge soulage les douleurs d'estomac. On la confectionne avec de l'orge perlé, dépouillé de ses pellicules extérieures. L'orge a occupé une part très importante dans l'alimentation européenne jusqu'au début du XVIe siècle ; cette céréale servait non seulement d'aliment, mais aussi de mesure standard, de médicament et de monnaie.

CI-DESSUS : Citronnade maison

INDEX

Les références aux illustrations sont en *italique*.
Les références aux notes marginales sont en **gras**.